WIT-RUSSISCH

WOORDENSCHAT

THEMATISCHE WOORDENLIJST

NEDERLANDS
WIT-RUSSISCH

De meest bruikbare woorden
Om uw woordenschat uit te breiden en
uw taalvaardigheid aan te scherpen

9000 woorden

Thematische woordenschat Nederlands-Wit-Russisch - 9000 woorden

Door Andrey Taranov

Woordenlijsten van T&P Books zijn bedoeld om u woorden van een vreemde taal te helpen leren, onthouden, en bestudering. Dit woordenboek is ingedeeld in thema's en behandelt alle belangrijk terreinen van het dagelijkse leven, bedrijven, wetenschap, cultuur, etc.

Het proces van het leren van woorden met behulp van de op thema's gebaseerde aanpak van T&P Books biedt u de volgende voordelen:

- Correct gegroepeerde informatie is bepalend voor succes bij opeenvolgende stadia van het leren van woorden
- De beschikbaarheid van woorden die van dezelfde stam zijn maakt het mogelijk om woordgroepen te onthouden (in plaats van losse woorden)
- Kleine groepen van woorden faciliteren het proces van het aanmaken van associatieve verbindingen, die nodig zijn bij het consolideren van de woordenschat
- Het niveau van talenkennis kan worden ingeschat door het aantal geleerde woorden

T&P Books Publishing
www.tpbooks.com

ISBN: 978-1-78492-267-2

Dit boek is ook beschikbaar in e-boek formaat.
Gelieve www.tpbooks.com te bezoeken of de belangrijkste online boekwinkels.

WIT-RUSSISCHE WOORDENSCHAT
nieuwe woorden leren

T&P Books woordenlijsten zijn bedoeld om u te helpen vreemde woorden te leren, te onthouden, en te bestuderen. De woordenschat bevat meer dan 9000 veel gebruikte woorden die thematisch geordend zijn.

- De woordenlijst bevat de meest gebruikte woorden
- Aanbevolen als aanvulling bij welke taalcursus dan ook
- Voldoet aan de behoeften van de beginnende en gevorderde student in vreemde talen
- Geschikt voor dagelijks gebruik, bestudering en zelftestactiviteiten
- Maakt het mogelijk om uw woordenschat te evalueren

Bijzondere kenmerken van de woordenschat

- De woorden zijn gerangschikt naar hun betekenis, niet volgens alfabet
- De woorden worden weergegeven in drie kolommen om bestudering en zelftesten te vergemakkelijken
- Woorden in groepen worden verdeeld in kleine blokken om het leerproces te vergemakkelijken
- De woordenschat biedt een handige en eenvoudige beschrijving van elk buitenlands woord

De woordenschat bevat 256 onderwerpen zoals:

Basisconcepten, getallen, kleuren, maanden, seizoenen, meeteenheden, kleding en accessoires, eten & voeding, restaurant, familieleden, verwanten, karakter, gevoelens, emoties, ziekten, stad, dorp, bezienswaardigheden, winkelen, geld, huis, thuis, kantoor, werken op kantoor, import & export, marketing, werk zoeken, sport, onderwijs, computer, internet, gereedschap, natuur, landen, nationaliteiten en meer ...

INHOUDSOPGAVE

UITSPRAAKGIDS

Letter	Wit-Russisch voorbeeld	T&P fonetisch alfabet	Nederlands voorbeeld
A a	Англія	[a]	acht
Б б	бульба	[b]	hebben
В в	вечар	[v]	beloven, schrijven
Г г	галава	[ɣ]	Nederlands in Nederland - gaat, negen
Д д	дзіця	[d]	Dank u, honderd
Дж дж	джаз	[dʒ]	jeans, jungle
E e	метр	[ɛ]	elf, zwembad
Ё ё	вясёлы	[jɔ:], [ɜ:]	yoga, Joods
Ж ж	жыццё	[ʒ]	journalist, rouge
З з	заўтра	[z]	zeven, zesde
I і	нізкі	[i]	bidden, tint
Й й	англійскі	[j]	New York, januari
К к	красавік	[k]	kennen, kleur
Л л	лінія	[l]	delen, luchter
М м	камень	[m]	morgen, etmaal
Н н	Новы год	[n]	nemen, zonder
О о	опера	[ɔ]	aankomst, bot
П п	піва	[p]	parallel, koper
Р р	морква	[r]	roepen, breken
С с	соль	[s]	spreken, kosten
Т т	трус	[t]	tomaat, taart
У у	ізумруд	[u]	hoed, doe
Ў ў	каўбаса	[w]	twee, willen
Ф ф	футра	[f]	feestdag, informeren
Х х	захад	[h]	het, herhalen
Ц ц	цэнтр	[ts]	niets, plaats
Ч ч	пачатак	[tʃ]	Tsjechië, cello
Ш ш	штодня	[ʃ]	shampoo, machine
Ь ь	попельніца	[ʲ]	zachte teken - duidt aan dat de voorafgaande medeklinker zacht wordt uitgesproken
Ы ы	рыжы	[ɪ]	iemand, die
'	сузор'е	[ʰ]	harde teken - duidt aan dat de voorafgaande medeklinker hard wordt uitgesproken
Э э	Грэцыя	[ɛ]	elf, zwembad
Ю ю	плюс	[ju]	jullie, aquarium
Я я	трусяня	[ja]	signaal, Spanjaard

Letter	Wit-Russisch voorbeeld	T&P fonetisch alfabet	Nederlands voorbeeld

Lettercombinaties

дз	дзень	[ʣ]	zeldzaam
дзь	лебедзь	[ʣ]	jeans, bougie
дж	джаз	[ʤ]	jeans, jungle

Combinaties met het zachte teken (Ь ь)

зь	сувязь	[ź]	origineel, regime
ль	вугаль	[ʎ]	biljet, morille
нь	верасень	[ɲ]	cognac, nieuw
сь	Беларусь	[ɕ]	Chicago, jasje
ць	сыкаць	[ʨ]	cappuccino, Engels - 'cheese'

AFKORTINGEN
gebruikt in de woordenschat

Nederlandse afkortingen

mann.	-	mannelijk
vrouw.	-	vrouwelijk
mv.	-	meervoud
on.ww.	-	onovergankelijk werkwoord
ov.ww.	-	overgankelijk werkwoord
bn	-	bijvoeglijk naamwoord
bw	-	bijwoord
abn	-	als bijvoeglijk naamwoord
bijv.	-	bijvoorbeeld
enz.	-	enzovoort
wisk.	-	wiskunde
enk.	-	enkelvoud
ov.	-	over
mil.	-	militair
vn	-	voornaamwoord
telb.	-	telbaar
form.	-	formele taal
ontelb.	-	ontelbaar
inform.	-	informele taal
vw	-	voegwoord
vz	-	voorzetsel
ww	-	werkwoord

Nederlandse artikelen

de	-	gemeenschappelijk geslacht
het	-	onzijdig
de/het	-	onzijdig, gemeenschappelijk geslacht

Wit-Russische afkortingen

м	-	mannelijk zelfstandig naamwoord
ж	-	vrouwelijk zelfstandig naamwoord
н	-	onzijdig
м мн	-	mannelijk meervoud
ж мн	-	vrouwelijk meervoud

н мн	-	onzijdig meervoud
мн	-	meervoud
м, ж	-	mannelijk, vrouwelijk

BASISBEGRIPPEN

Basisbegrippen Deel 1

1. Voornaamwoorden

ik	я	[ja]
jij, je	ты	[tɪ]
hij	ён	[ɜn]
zij, ze	яна	[ja'na]
het	яно	[ja'nɔ]
wij, we	мы	[mɪ]
jullie	вы	[vɪ]
zij, ze	яны	[ja'nɪ]

2. Begroetingen. Begroetingen. Afscheid

Hallo! Dag!	Вітаю!	[wi'taju]
Hallo!	Вітаю вас!	[wi'taju vas]
Goedemorgen!	Добрай раніцы!	['dɔbraj 'ranitsɪ]
Goedemiddag!	Добры дзень!	['dɔbrɪ 'dzɛɲ]
Goedenavond!	Добры вечар!	['dɔbrɪ 'wɛtʃar]
gedag zeggen (groeten)	вітацца	[wi'tatsa]
Hoi!	Прывітанне!	[prɪwi'taŋɛ]
groeten (het)	прывітанне (н)	[prɪwi'taŋɛ]
verwelkomen (ww)	вітаць	[wi'tats]
Hoe gaat het?	Як маецеся?	[jak 'maɛtsɛsʲa]
Is er nog nieuws?	Што новага?	[ʃtɔ 'nɔvaɣa]
Dag! Tot ziens!	Да пабачэння!	[da paba'tʃɛnja]
Tot snel! Tot ziens!	Да хуткай сустрэчы!	[da 'hutkaj sust'rɛtʃɪ]
Vaarwel! (inform.)	Бывай!	[bɪ'vaj]
Vaarwel! (form.)	Бывайце!	[bɪ'vajtsɛ]
afscheid nemen (ww)	развітвацца	[razʲ'witvatsa]
Tot kijk!	Пакуль!	[pa'kuʎ]
Dank u!	Дзякуй!	['dzʲakuj]
Dank u wel!	Вялікі дзякуй!	[vʲa'liki 'dzʲakuj]
Graag gedaan	Калі ласка.	[kali'laska]
Geen dank!	Не варта падзякі	[ɲa 'varta pa'dzʲaki]
Geen moeite.	Няма за што.	[ɲa'ma za ʃtɔ]
Excuseer me, ... (inform.)	Прабач!	[pra'batʃ]
Excuseer me, ... (form.)	Прабачце!	[pra'batʃtsɛ]

excuseren (verontschuldigen)	прабачаць	[praba'ʧats]
zich verontschuldigen	прасіць прабачэння	[pra'sits praba'ʧɛnja]
Mijn excuses.	Прашу прабачэння	[pra'ʃu praba'ʧɛnja]
Het spijt me!	Выбачайце!	[vɪba'ʧajtsɛ]
vergeven (ww)	выбачаць	[vɪba'ʧats]
alsjeblieft	калі ласка	[kali'laska]

Vergeet het niet!	Не забудзьце!	[nɛ za'butsɛ]
Natuurlijk!	Вядома!	[vʲa'doma]
Natuurlijk niet!	Вядома, не!	[vʲa'doma 'nɛ]
Akkoord!	Згодзен!	['zɣodzɛn]
Zo is het genoeg!	Хопіць!	['hopits]

3. Hoe aan te spreken

meneer	Спадар	[spa'dar]
mevrouw	Спадарыня	[spa'darɪɲa]
juffrouw	Спадарыня	[spa'darɪɲa]
jongeman	Малады чалавек	[mala'dɪ ʧala'wɛk]
jongen	Хлопчык	['hlopʧɪk]
meisje	Дзяўчынка	[dzʲau'ʧɪŋka]

4. Kardinale getallen. Deel 1

nul	нуль (м)	[nuʎ]
een	адзін	[a'dzin]
twee	два	[dva]
drie	тры	[trɪ]
vier	чатыры	[ʧa'tɪrɪ]

vijf	пяць	[pʲats]
zes	шэсць	[ʃɛsʲts]
zeven	сем	[sɛm]
acht	восем	['vosɛm]
negen	дзевяць	['dzɛvʲats]

tien	дзесяць	['dzɛsʲats]
elf	адзінаццаць	[adzi'natsats]
twaalf	дванаццаць	[dva'natsats]
dertien	трынаццаць	[trɪ'natsats]
veertien	чатырнаццаць	[ʧatɪr'natsats]

vijftien	пятнаццаць	[pʲat'natsats]
zestien	шаснаццаць	[ʃas'natsats]
zeventien	семнаццаць	[sʲam'natsats]
achttien	васемнаццаць	[vasʲam'natsats]
negentien	дзевятнаццаць	[dzɛvʲat'natsats]

twintig	дваццаць	['dvatsats]
eenentwintig	дваццаць адзін	['dvatsats a'dzin]
tweeëntwintig	дваццаць два	['dvatsats 'dva]
drieëntwintig	дваццаць тры	['dvatsats 'trɪ]

dertig	трыццаць	['trɪtsats]
eenendertig	трыццаць адзін	['trɪtsats a'dzin]
tweeëndertig	трыццаць два	['trɪtsats 'dva]
drieëndertig	трыццаць тры	['trɪtsats 'trɪ]

veertig	сорак	['sɔrak]
eenenveertig	сорак адзін	['sɔrak a'dzin]
tweeënveertig	сорак два	['sɔrak 'dva]
drieënveertig	сорак тры	['sɔrak 'trɪ]

vijftig	пяцьдзесят	[pʲaddzʲa'sʲat]
eenenvijftig	пяцьдзесят адзін	[pʲaddzʲa'sʲat a'dzin]
tweeënvijftig	пяцьдзесят два	[pʲaddzʲa'sʲat 'dva]
drieënvijftig	пяцьдзесят тры	[pʲaddzʲa'sʲat 'trɪ]

zestig	шэсцьдзесят	['ʃɛzʲdzɛsʲat]
eenenzestig	шэсцьдзесят адзін	['ʃɛzʲdzɛsʲat a'dzin]
tweeënzestig	шэсцьдзесят два	['ʃɛzʲdzɛsʲat 'dva]
drieënzestig	шэсцьдзесят тры	['ʃɛzʲdzɛsʲat 'trɪ]

zeventig	семдзесят	['sɛmdzɛsʲat]
eenenzeventig	семдзесят адзін	['sɛmdzɛsʲat a'dzin]
tweeënzeventig	семдзесят два	['sɛmdzɛsʲat 'dva]
drieënzeventig	семдзесят тры	['sɛmdzɛsʲat 'trɪ]

tachtig	восемдзесят	['vɔsɛmdzɛsʲat]
eenentachtig	восемдзесят адзін	['vɔsɛmdzɛsʲat a'dzin]
tweeëntachtig	восемдзесят два	['vɔsɛmdzɛsʲat 'dva]
drieëntachtig	восемдзесят тры	['vɔsɛmdzɛsʲat 'trɪ]

negentig	дзевяноста	[dzɛvʲa'nɔsta]
eenennegentig	дзевяноста адзін	[dzɛvʲa'nɔsta a'dzin]
tweeënnegentig	дзевяноста два	[dzɛvʲa'nɔsta 'dva]
drieënnegentig	дзевяноста тры	[dzɛvʲa'nɔsta 'trɪ]

5. Kardinale getallen. Deel 2

honderd	сто	[stɔ]
tweehonderd	дзвесце	['dzʲwɛsʲtsɛ]
driehonderd	трыста	['trɪsta]
vierhonderd	чатырыста	[tʃa'tɪrɪsta]
vijfhonderd	пяцьсот	[pʲatsʲ'sɔt]
zeshonderd	шэсцьсот	[ʃɛsʲts'sɔt]
zevenhonderd	семсот	[sɛm'sɔt]
achthonderd	восемсот	[vɔsɛm'sɔt]
negenhonderd	дзевяцьсот	[dzɛvʲatsʲ'sɔt]

duizend	тысяча	['tɪsʲatʃa]
tweeduizend	дзве тысячы	['dzʲwɛ 'tɪsʲatʃɪ]
drieduizend	тры тысячы	['trɪ 'tɪsʲatʃɪ]
tienduizend	дзесяць тысяч	['dzɛsʲatsʲ 'tɪsʲatʃ]
honderdduizend	сто тысяч	[stɔ 'tɪsʲatʃ]
miljoen (het)	мільён (м)	[mi'ʎjɔn]
miljard (het)	мільярд (м)	[mi'ʎjart]

6. Ordinale getallen

eerste (bn)	першы	['pɛrʃi]
tweede (bn)	другі	[dru'ɣi]
derde (bn)	трэці	['trɛtsi]
vierde (bn)	чацвёрты	[tʃats'wɜrtɪ]
vijfde (bn)	пяты	['pʲatɪ]

zesde (bn)	шосты	['ʃostɪ]
zevende (bn)	сёмы	['sɜmɪ]
achtste (bn)	восьмы	['vosʲmɪ]
negende (bn)	дзевяты	[dzʲa'vʲatɪ]
tiende (bn)	дзесяты	[dzʲa'sʲatɪ]

7. Getallen. Breuken

breukgetal (het)	дроб (м)	[drɔp]
half	адна другая	[ad'na dru'ɣaja]
een derde	адна трэцяя	[ad'na 'trɛtsʲaja]
kwart	адна чацвёртая	[ad'na tʃats'wɜrtaja]

een achtste	адна восьмая	[ad'na 'vosʲmaja]
een tiende	адна дзесятая	[ad'na dzʲa'sʲataja]
twee derde	дзве трэція	['dzʲwɛ 'trɛtsija]
driekwart	тры чацвёртыя	['trɪ tʃats'wɜrtɪja]

8. Getallen. Eenvoudige berekeningen

aftrekking (de)	адніманне (н)	[adni'maɲɛ]
aftrekken (ww)	аднімаць	[adni'mats]
deling (de)	дзяленне (н)	[dzʲa'lɛɲɛ]
delen (ww)	дзяліць	[dzʲa'lits]

optelling (de)	складанне (н)	[skla'daɲɛ]
erbij optellen	скласці	['sklasʲtsi]
(bij elkaar voegen)		
optellen (ww)	прыбаўляць	[prɪbau'ʎats]
vermenigvuldiging (de)	множанне (н)	['mnɔʒaɲɛ]
vermenigvuldigen (ww)	памнажаць	[pamna'ʒats]

9. Getallen. Diversen

cijfer (het)	лічба (ж)	['lidʒba]
nummer (het)	лік (м)	[lik]
telwoord (het)	лічэбнік (м)	[li'tʃɛbnik]
minteken (het)	мінус (м)	['minus]
plusteken (het)	плюс (м)	[plys]
formule (de)	формула (ж)	['formula]
berekening (de)	вылічэнне (н)	[vɪli'tʃɛɲɛ]

tellen (ww)	лічыць	[li'tʃɪts]
bijrekenen (ww)	падлічваць	[pad'litʃvats]
vergelijken (ww)	параўноўваць	[parau'nɔuvats]

Hoeveel?	Колькі?	['kɔʎki]
som (de), totaal (het)	сума (ж)	['suma]
uitkomst (de)	вынік (м)	['vɪnik]
rest (de)	астача (ж)	[as'tatʃa]

enkele (bijv. ~ minuten)	некалькі	['nɛkaʎki]
weinig (bw)	трохі ...	['trɔhi]
restant (het)	астатняе (н)	[as'tatɲaɛ]
anderhalf	паўтара	[pauta'ra]
dozijn (het)	тузін (м)	['tuzin]

middendoor (bw)	напалову	[napa'lɔvu]
even (bw)	пароўну	[pa'rɔunu]
helft (de)	палова (ж)	[pa'lɔva]
keer (de)	раз (м)	[ras]

10. De belangrijkste werkwoorden. Deel 1

aanbevelen (ww)	рэкамендаваць	[rɛkamɛnda'vats]
aandringen (ww)	настойваць	[nas'tɔjvats]
aankomen (per auto, enz.)	прыязджаць	[prɪjaʒ'dʒats]
aanraken (ww)	кранаць	[kra'nats]
adviseren (ww)	раіць	['raits]

afdalen (on.ww.)	спускацца	[spus'katsa]
afslaan (naar rechts ~)	паварочваць	[pava'rotʃvats]
antwoorden (ww)	адказваць	[at'kazvats]
bang zijn (ww)	баяцца	[ba'jatsa]
bedreigen (bijv. met een pistool)	пагражаць	[paɣra'ʒats]

bedriegen (ww)	падманваць	[pad'manvats]
beëindigen (ww)	заканчваць	[za'kantʃvats]
beginnen (ww)	пачынаць	[patʃɪ'nats]
begrijpen (ww)	разумець	[razu'mɛts]
beheren (managen)	кіраваць	[kira'vats]

beledigen (met scheldwoorden)	абражаць	[abra'ʒats]
beloven (ww)	абяцаць	[abʲa'tsats]
bereiden (koken)	гатаваць	[ɣata'vats]
bespreken (spreken over)	абмяркоўваць	[abmʲar'kɔuvats]

bestellen (eten ~)	заказваць	[za'kazvats]
bestraffen (een stout kind ~)	караць	[ka'rats]
betalen (ww)	плаціць	[pla'tsits]
betekenen (beduiden)	азначаць	[azna'tʃats]
betreuren (ww)	шкадаваць	[ʃkada'vats]
bevallen (prettig vinden)	падабацца	[pada'batsa]
bevelen (mil.)	загадваць	[za'ɣadvats]

bevrijden (stad, enz.)	вызваляць	[vɪzva'ʎats]
bewaren (ww)	захоўваць	[za'houvats]
bezitten (ww)	валодаць	[va'lɔdats]

bidden (praten met God)	маліцца	[ma'litsa]
binnengaan (een kamer ~)	уваходзіць	[uva'hɔdzits]
breken (ww)	ламаць	[la'mats]
controleren (ww)	кантраляваць	[kantraʎa'vats]
creëren (ww)	стварыць	[stva'rɪts]

deelnemen (ww)	удзельнічаць	[u'dzɛʎnitʃats]
denken (ww)	думаць	['dumats]
doden (ww)	забіваць	[zabi'vats]
doen (ww)	рабіць	[ra'bits]
dorst hebben (ww)	хацець піць	[ha'tsɛts 'pits]

11. De belangrijkste werkwoorden. Deel 2

een hint geven	намякаць	[namʲa'kats]
eisen (met klem vragen)	патрабаваць	[patraba'vats]
existeren (bestaan)	існаваць	[isna'vats]
gaan (te voet)	ісці	[isʲ'tsi]

gaan zitten (ww)	садзіцца	[sa'dzitsa]
gaan zwemmen	купацца	[ku'patsa]
geven (ww)	даваць	[da'vats]
glimlachen (ww)	усміхацца	[usʲmi'hatsa]
goed raden (ww)	адгадаць	[adɣa'dats]

grappen maken (ww)	жартаваць	[ʒarta'vats]
graven (ww)	капаць	[ka'pats]

hebben (ww)	мець	[mɛts]
helpen (ww)	дапамагаць	[dapama'ɣats]
herhalen (opnieuw zeggen)	паўтараць	[pauta'rats]
honger hebben (ww)	хацець есці	[ha'tsɛts 'ɛsʲtsi]

hopen (ww)	спадзявацца	[spadzʲa'vatsa]
horen (waarnemen met het oor)	чуць	[tʃuts]
huilen (wenen)	плакаць	['plakats]
huren (huis, kamer)	наймаць	[naj'mats]
informeren (informatie geven)	інфармаваць	[infarma'vats]

instemmen (akkoord gaan)	згаджацца	[zɣa'dʒatsa]
jagen (ww)	паляваць	[paʎa'vats]
kennen (kennis hebben van iemand)	ведаць	['wɛdats]
kiezen (ww)	выбіраць	[vɪbi'rats]
klagen (ww)	скардзіцца	['skardzitsa]

kosten (ww)	каштаваць	[kaʃta'vats]
kunnen (ww)	магчы	[mah'tʃɪ]
lachen (ww)	смяяцца	[sʲmʲa'jatsa]

laten vallen (ww)	упускаць	[upus'kats]
lezen (ww)	чытаць	[tʃɪ'tats]

liefhebben (ww)	кахаць	[ka'hats]
lunchen (ww)	абедаць	[a'bɛdats]
nemen (ww)	браць	[brats]
nodig zijn (ww)	патрабавацца	[patraba'vatsa]

12. De belangrijkste werkwoorden. Deel 3

onderschatten (ww)	недаацэньваць	[nɛda:'tsɛɲvats]
ondertekenen (ww)	падпісваць	[pat'pisvats]
ontbijten (ww)	снедаць	['sʲnɛdats]
openen (ww)	адчыняць	[atʃɪ'ɲats]
ophouden (ww)	спыняць	[spɪ'ɲats]
opmerken (zien)	заўважаць	[zauva'ʒats]

opscheppen (ww)	выхваляцца	[vɪhva'ʎatsa]
opschrijven (ww)	запісваць	[za'pisvats]
plannen (ww)	планаваць	[plana'vats]
prefereren (verkiezen)	аддаваць перавагу	[adda'vats pɛra'vaɣu]
proberen (trachten)	спрабаваць	[spraba'vats]
redden (ww)	ратаваць	[rata'vats]

rekenen op ...	разлічваць на ...	[razʲ'litʃvats na]
rennen (ww)	бегчы	['bɛhtʃɪ]
reserveren	рэзервaваць	[rɛzɛrva'vats]
(een hotelkamer ~)		
roepen (om hulp)	клікаць	['klikats]

schieten (ww)	страляць	[stra'ʎats]
schreeuwen (ww)	крычаць	[krɪ'tʃats]

schrijven (ww)	пісаць	[pi'sats]
souperen (ww)	вячэраць	[vʲa'tʃɛrats]
spelen (kinderen)	гуляць	[ɣu'ʎats]
spreken (ww)	гаварыць	[ɣava'rɪts]

stelen (ww)	красці	['krasʲtsi]
stoppen (pauzeren)	спыняцца	[spɪ'ɲatsa]

studeren (Nederlands ~)	вывучаць	[vɪvu'tʃats]
sturen (zenden)	адпраўляць	[atprau'ʎats]
tellen (optellen)	лічыць	[li'tʃɪts]
toebehoren ...	належаць	[na'lɛʒats]

toestaan (ww)	дазваляць	[dazva'ʎats]
tonen (ww)	паказваць	[pa'kazvats]

twijfelen (onzeker zijn)	сумнявацца	[sumɲa'vatsa]
uitgaan (ww)	выходзіць	[vɪ'hodzits]
uitnodigen (ww)	запрашаць	[zapra'ʃats]
uitspreken (ww)	вымаўляць	[vɪmau'ʎats]
uitvaren tegen (ww)	лаяць	['lajats]

13. De belangrijkste werkwoorden. Deel 4

vallen (ww)	падаць	['padats]
vangen (ww)	лавіць	[la'wits]
veranderen (anders maken)	змяніць	[zʲmʲa'nits]
verbaasd zijn (ww)	здзіўляцца	[zʲdziu'ʎatsa]
verbergen (ww)	хаваць	[ha'vats]

verdedigen (je land ~)	абараняць	[abara'ɲats]
verenigen (ww)	аб'ядноўваць	[abʰjad'nɔuvats]
vergelijken (ww)	параўноўваць	[parau'nɔuvats]
vergeten (ww)	забываць	[zabɪ'vats]
vergeven (ww)	выбачаць	[vɪba'tʃats]

verklaren (uitleggen)	тлумачыць	[tlu'matʃɪts]
verkopen (per stuk ~)	прадаваць	[prada'vats]
vermelden (praten over)	згадваць	['zɣadvats]
versieren (decoreren)	упрыгожваць	[uprɪ'ɣɔʒvats]
vertalen (ww)	перакладаць	[pɛrakla'dats]

vertrouwen (ww)	давяраць	[davʲa'rats]
vervolgen (ww)	працягваць	[pra'tsʲaɣvats]
verwarren (met elkaar ~)	блытаць	['blɪtats]
verzoeken (ww)	прасіць	[pra'sits]
verzuimen (school, enz.)	прапускаць	[prapus'kats]

vinden (ww)	знаходзіць	[zna'hɔdzits]
vliegen (ww)	ляцець	[ʎa'tsɛts]
volgen (ww)	накіроўвацца	[naki'rɔuvatsa]
voorstellen (ww)	прапаноўваць	[prapa'nɔuvats]
voorzien (verwachten)	прадбачыць	[prad'batʃɪts]
vragen (ww)	пытаць	[pɪ'tats]

waarnemen (ww)	назіраць	[nazi'rats]
waarschuwen (ww)	папярэджваць	[papʲa'rɛdʒvats]
wachten (ww)	чакаць	[tʃa'kats]
weerspreken (ww)	пярэчыць	[pʲa'rɛtʃɪts]
weigeren (ww)	адмаўляцца	[admau'ʎatsa]

werken (ww)	працаваць	[pratsa'vats]
weten (ww)	ведаць	['wɛdats]
willen (verlangen)	хацець	[ha'tsɛts]
zeggen (ww)	сказаць	[ska'zats]
zich haasten (ww)	спяшацца	[sʲpʲa'ʃatsa]

zich interesseren voor ...	цікавіцца	[tsi'kawitsa]
zich vergissen (ww)	памыляцца	[pamɪ'ʎatsa]

zich verontschuldigen	прасіць прабачэння	[pra'sits praba'tʃɛɲja]
zien (ww)	бачыць	['batʃɪts]

zijn (ww)	быць	[bɪts]
zoeken (ww)	шукаць	[ʃu'kats]
zwemmen (ww)	плаваць	['plavats]
zwijgen (ww)	маўчаць	[mau'tʃats]

14. Kleuren

kleur (de)	колер (м)	['kɔlɛr]
tint (de)	адценне (н)	[a'ʦɛŋɛ]
kleurnuance (de)	тон (м)	[ton]
regenboog (de)	вясёлка (ж)	[vʲa'sɔlka]
wit (bn)	белы	['bɛlɪ]
zwart (bn)	чорны	['ʧɔrnɪ]
grijs (bn)	шэры	['ʃɛrɪ]
groen (bn)	зялёны	[zʲa'lɔnɪ]
geel (bn)	жоўты	['ʒɔutɪ]
rood (bn)	чырвоны	[ʧɪr'vɔnɪ]
blauw (bn)	сіні	['sini]
lichtblauw (bn)	блакітны	[bla'kitnɪ]
roze (bn)	ружовы	[ru'ʒɔvɪ]
oranje (bn)	аранжавы	[a'ranʒavɪ]
violet (bn)	фіялетавы	[fija'lɛtavɪ]
bruin (bn)	карычневы	[ka'rɪʧnɛvɪ]
goud (bn)	залаты	[zala'tɪ]
zilverkleurig (bn)	серабрысты	[sɛrab'rɪstɪ]
beige (bn)	бэжавы	['bɛʒavɪ]
roomkleurig (bn)	крэмавы	['krɛmavɪ]
turkoois (bn)	бірузовы	[biru'zɔvɪ]
kersrood (bn)	вішнёвы	[wiʃ'nɔvɪ]
lila (bn)	ліловы	[li'lɔvɪ]
karmijnrood (bn)	малінавы	[ma'linavɪ]
licht (bn)	светлы	['sʲwɛtlɪ]
donker (bn)	цёмны	['ʦɔmnɪ]
fel (bn)	яркі	['jarki]
kleur-, kleurig (bn)	каляровы	[kaʎa'rɔvɪ]
kleuren- (abn)	каляровы	[kaʎa'rɔvɪ]
zwart-wit (bn)	чорна-белы	['ʧɔrna 'bɛlɪ]
eenkleurig (bn)	аднакаляровы	[adnakaʎa'rɔvɪ]
veelkleurig (bn)	рознакаляровы	[rɔznakaʎa'rɔvɪ]

15. Vragen

Wie?	Хто?	[htɔ]
Wat?	Што?	[ʃtɔ]
Waar?	Дзе?	[dzɛ]
Waarheen?	Куды?	[ku'dɪ]
Waar ... vandaan?	Адкуль?	[at'kuʎ]
Wanneer?	Калі?	[ka'li]
Waarom?	Навошта?	[na'vɔʃta]
Waarom?	Чаму?	[ʧa'mu]
Waarvoor dan ook?	Для чаго?	[dʎa ʧa'ɣɔ]

23

Hoe?	Як?	[jak]
Wat voor …?	Які?	[ja'ki]
Welk?	Каторы?	[ka'tɔrɪ]

Aan wie?	Каму?	[ka'mu]
Over wie?	Пра каго?	[pra ka'ɣɔ]
Waarover?	Пра што?	[pra 'ʃtɔ]
Met wie?	З кім?	[s kim]

| Hoeveel? | Колькі? | ['kɔʎki] |
| Van wie? (mann.) | Чый? | [ʧɪj] |

16. Voorzetsels

met (bijv. ~ beleg)	з	[z]
zonder (~ accent)	без	[bɛs]
naar (in de richting van)	у	[u]
over (praten ~)	аб	[ap]
voor (in tijd)	перад	['pɛrat]
voor (aan de voorkant)	перад	['pɛrat]

onder (lager dan)	пад	[pat]
boven (hoger dan)	над	[nat]
op (bovenop)	на	[na]
van (uit, afkomstig van)	з	[z]
van (gemaakt van)	з	[z]

| over (bijv. ~ een uur) | праз | [pras] |
| over (over de bovenkant) | праз | [pras] |

17. Functiewoorden. Bijwoorden. Deel 1

Waar?	Дзе?	[dzɛ]
hier (bw)	тут	[tut]
daar (bw)	там	[tam]

| ergens (bw) | дзесьці | ['dzɛsʲtsi] |
| nergens (bw) | нідзе | [ni'dzɛ] |

| bij … (in de buurt) | ля … | [ʎa] |
| bij het raam | ля акна | [ʎa ak'na] |

Waarheen?	Куды?	[ku'dɪ]
hierheen (bw)	сюды	[sy'dɪ]
daarheen (bw)	туды	[tu'dɪ]
hiervandaan (bw)	адсюль	[a'tsyʎ]
daarvandaan (bw)	адтуль	[at'tuʎ]

dichtbij (bw)	блізка	['bliska]
ver (bw)	далёка	[da'lɔka]
in de buurt (van …)	каля	[ka'ʎa]
vlakbij (bw)	побач	['pɔbaʧ]

niet ver (bw)	недалёка	[nɛda'lзka]
linker (bn)	левы	['lɛvi]
links (bw)	злева	['zʲlɛva]
linksaf, naar links (bw)	налева	[na'lɛva]

rechter (bn)	правы	['pravi]
rechts (bw)	справа	['sprava]
rechtsaf, naar rechts (bw)	направа	[nap'rava]

vooraan (bw)	спераду	['sʲpɛradu]
voorste (bn)	пярэдні	[pʲa'rɛdni]
vooruit (bw)	наперад	[na'pɛrat]

achter (bw)	ззаду	['zzadu]
van achteren (bw)	ззаду	['zzadu]
achteruit (naar achteren)	назад	[na'zat]

| midden (het) | сярэдзіна (ж) | [sʲa'rɛdzina] |
| in het midden (bw) | пасярэдзіне | [pasʲa'rɛdzinɛ] |

opzij (bw)	збоку	['zbɔku]
overal (bw)	усюды	[u'sydi]
omheen (bw)	навакол	[nava'kɔl]

binnenuit (bw)	знутры	[znut'ri]
naar ergens (bw)	кудысьці	[ku'dɪsʲtsi]
rechtdoor (bw)	наўпрост	[naup'rɔst]
terug (bijv. ~ komen)	назад	[na'zat]

| ergens vandaan (bw) | адкуль-небудзь | [at'kuʎ 'nɛbuts] |
| ergens vandaan (en dit geld moet ~ komen) | аднекуль | [ad'nɛkuʎ] |

ten eerste (bw)	па-першае	[pa 'pɛrʃaɛ]
ten tweede (bw)	па-другое	[pa dru'ɣɔɛ]
ten derde (bw)	па-трэцяе	[pa 'trɛtsʲaɛ]

plotseling (bw)	раптам	['raptam]
in het begin (bw)	напачатку	[napa'ʧatku]
voor de eerste keer (bw)	упершыню	[upɛrʃʲ'ny]
lang voor ... (bw)	задоўга да ...	[za'dɔuɣa da]
opnieuw (bw)	нанава	['nanava]
voor eeuwig (bw)	назусім	[nazu'sim]

nooit (bw)	ніколі	[ni'kɔli]
weer (bw)	зноўку	['znɔuku]
nu (bw)	цяпер	[tsʲa'pɛr]
vaak (bw)	часта	['ʧasta]
toen (bw)	тады	[ta'di]
urgent (bw)	тэрмінова	[tɛrmi'nɔva]
meestal (bw)	звычайна	[zvɪ'ʧajna]

trouwens, ... (tussen haakjes)	дарэчы	[da'rɛʧɪ]
mogelijk (bw)	магчыма	[mah'ʧɪma]
waarschijnlijk (bw)	напэўна	[na'pɛuna]

misschien (bw)	мабыць	['mabɪts]
trouwens (bw)	акрамя таго, ...	[akra'mʲa ta'ɣɔ]
daarom ...	таму	[ta'mu]
in weerwil van ...	нягледзячы на ...	[naɣ'lɛdzʲatʃɪ na]
dankzij ...	дзякуючы ...	['dzʲakujutʃɪ]

wat (vn)	што	[ʃtɔ]
dat (vw)	што	[ʃtɔ]
iets (vn)	нешта	['nɛʃta]
iets	што-небудзь	[ʃtɔ'nɛbuts]
niets (vn)	нічога	[ni'tʃɔɣa]

wie (~ is daar?)	хто	[htɔ]
iemand (een onbekende)	хтосьці	['htɔsʲtsi]
iemand	хто-небудзь	[htɔ'nɛbuts]
(een bepaald persoon)		

niemand (vn)	ніхто	[nih'tɔ]
nergens (bw)	нікуды	[ni'kudɪ]
niemands (bn)	нічый	[ni'tʃij]
iemands (bn)	чый-небудзь	[tʃij'nɛbuts]

zo (Ik ben ~ blij)	так	[tak]
ook (evenals)	таксама	[tak'sama]
alsook (eveneens)	таксама	[tak'sama]

18. Functiewoorden. Bijwoorden. Deel 2

Waarom?	Чаму?	[tʃa'mu]
om een bepaalde reden	чамусьці	[tʃa'musʲtsi]
omdat ...	бо ...	[bɔ]
voor een bepaald doel	наштосьці	[naʃ'tɔsʲtsi]

en (vw)	і	[i]
of (vw)	або	[a'bɔ]
maar (vw)	але	[a'lɛ]
voor (vz)	для	[dʎa]

te (~ veel mensen)	занадта	[za'natta]
alleen (bw)	толькі	['tɔʎki]
precies (bw)	дакладна	[dak'ladna]
ongeveer (~ 10 kg)	каля	[ka'ʎa]

omstreeks (bw)	прыблізна	[prɪb'lizna]
bij benadering (bn)	прыблізны	[prɪb'liznɪ]
bijna (bw)	амаль	[a'maʎ]
rest (de)	астатняе (н)	[as'tatɲaɛ]

elk (bn)	кожны	['kɔʒnɪ]
om het even welk	любы	[ly'bɪ]
veel (grote hoeveelheid)	шмат	[ʃmat]
veel mensen	многія	['mnɔɣija]
iedereen (alle personen)	усе	[u'sɛ]
in ruil voor ...	у абмен на ...	[u ab'mɛn na]

in ruil (bw)	наўзамен	[nauza'mɛn]
met de hand (bw)	уручную	[urutʃ'nuju]
onwaarschijnlijk (bw)	наўрад ці	[nau'ratsi]

waarschijnlijk (bw)	пэўна	['pɛuna]
met opzet (bw)	знарок	[zna'rɔk]
toevallig (bw)	выпадкова	[vɪpat'kɔva]

zeer (bw)	вельмі	['wɛʎmi]
bijvoorbeeld (bw)	напрыклад	[nap'rɪklat]
tussen (~ twee steden)	між	[miʃ]
tussen (te midden van)	сярод	[sʲa'rɔt]
zoveel (bw)	столькі	['stɔʎki]
vooral (bw)	асабліва	[asab'liva]

Basisbegrippen Deel 2

19. Dagen van de week

maandag (de)	панядзелак (м)	[paɲa'dzɛlak]
dinsdag (de)	аўторак (м)	[au'tɔrak]
woensdag (de)	серада (ж)	[sɛra'da]
donderdag (de)	чацвер (м)	[ʧats'wɛr]
vrijdag (de)	пятніца (ж)	[ˈpʲatniˌtsa]
zaterdag (de)	субота (ж)	[su'bota]
zondag (de)	нядзеля (ж)	[ɲa'dzɛʎa]

vandaag (bw)	сёння	['sɜnja]
morgen (bw)	заўтра	['zautra]
overmorgen (bw)	паслязаўтра	[pasʲʎa'zautra]
gisteren (bw)	учора	[u'ʧora]
eergisteren (bw)	заўчора	[zau'ʧora]

dag (de)	дзень (м)	[dzɛɲ]
werkdag (de)	працоўны дзень (м)	[pra'tsounɪ 'dzɛɲ]
feestdag (de)	святочны дзень (м)	[sʲvʲa'toʧnɪ 'dzɛɲ]
verlofdag (de)	выхадны дзень (м)	[vɪhad'nɪ 'dzɛɲ]
weekend (het)	выхадныя (м мн)	[vɪhad'nɪja]

de hele dag (bw)	увесь дзень	[u'wɛzʲ 'dzɛɲ]
de volgende dag (bw)	на наступны дзень	[na nas'tupnɪ 'dzɛɲ]
twee dagen geleden	два дні таму	[dva 'dni ta'mu]
aan de vooravond (bw)	напярэдадні	[napʲa'rɛdadni]
dag-, dagelijks (bn)	штодзённы	[ʃto'dzɜnɪ]
elke dag (bw)	штодня	[ʃtod'ɲa]

week (de)	тыдзень (м)	['tɪdzɛɲ]
vorige week (bw)	на мінулым тыдні	[na mi'nulɪm 'tɪdni]
volgende week (bw)	на наступным тыдні	[na nas'tupnɪm 'tɪdni]
wekelijks (bn)	штотыднёвы	[ʃtotɪd'nɜvɪ]
elke week (bw)	штотыдзень	[ʃto'tɪdzɛɲ]
twee keer per week	два разы на тыдзень	['dva ra'zɪ na 'tɪdzɛɲ]
elke dinsdag	штоаўторак	[ʃtoau'tɔrak]

20. Uren. Dag en nacht

morgen (de)	ранак (м)	['ranak]
's morgens (bw)	ранкам	['raŋkam]
middag (de)	поўдзень (м)	['poudzɛɲ]
's middags (bw)	пасля абеду	[pasʲʎa a'bɛdu]

avond (de)	вечар (м)	['wɛʧar]
's avonds (bw)	увечар	[u'wɛʧar]

nacht (de)	ноч (ж)	[nɔtʃ]
's nachts (bw)	уначы	[una'tʃı]
middernacht (de)	поўнач (ж)	['pɔunatʃ]

seconde (de)	секунда (ж)	[sɛ'kunda]
minuut (de)	хвіліна (ж)	[hwi'lina]
uur (het)	гадзіна (ж)	[ɣa'dzina]
halfuur (het)	паўгадзіны	[pauɣa'dzinı]
kwartier (het)	чвэрць (ж) гадзіны	['tʃvɛrdzʲ ɣa'dzinı]
vijftien minuten	пятнаццаць хвілін	[pʲat'natsats hwi'lin]
etmaal (het)	суткі (мн)	['sutki]

zonsopgang (de)	узыход (м) сонца	[uzı'hɔt 'sɔntsa]
dageraad (de)	світанак (м)	[sʲwi'tanak]
vroege morgen (de)	ранічка (ж)	['ranitʃka]
zonsondergang (de)	захад (м)	['zahat]

's morgens vroeg (bw)	ранічкаю	['ranitʃkaju]
vanmorgen (bw)	сёння ранкам	['sɜɲa 'raŋkam]
morgenochtend (bw)	заўтра ранкам	['zautra 'raŋkam]

vanmiddag (bw)	сёння ўдзень	['sɜɲa u'dzɛɲ]
's middags (bw)	пасля абеду	[pasʲʲʎa a'bɛdu]
morgenmiddag (bw)	заўтра пасля абеду	['zautra pasʲʲʎa a'bɛdu]

| vanavond (bw) | сёння ўвечары | ['sɜɲa u'wɛtʃarı] |
| morgenavond (bw) | заўтра ўвечары | ['zautra u'wɛtʃarı] |

klokslag drie uur	роўна а трэцяй гадзіне	['rɔuna a 'trɛtsʲaj ɣa'dzinɛ]
ongeveer vier uur	каля чацвёртай гадзіны	[ka'ʎa tʃats'wɜrtaj ɣa'dzinı]
tegen twaalf uur	пад дванаццатую гадзіну	[pad dva'natsatuju ɣa'dzinu]

over twintig minuten	праз дваццаць хвілін	[praz 'dvatsats hwi'lin]
over een uur	праз гадзіну	[praz ɣa'dzinu]
op tijd (bw)	своечасова	[svɔetʃa'sɔva]

kwart voor ...	без чвэрці	[bʲaʃ 'tʃvɛrtsi]
binnen een uur	на працягу гадзіны	[na pra'tsʲaɣu ɣa'dzinı]
elk kwartier	кожныя пятнаццаць хвілін	['kɔʒnıja pʲat'natsats hwi'lin]
de klok rond	круглыя суткі (мн)	['kruɣlıja 'sutki]

21. Maanden. Seizoenen

januari (de)	студзень (м)	['studzɛɲ]
februari (de)	люты (м)	['lytı]
maart (de)	сакавік (м)	[saka'wik]
april (de)	красавік (м)	[krasa'wik]
mei (de)	май (м)	[maj]
juni (de)	чэрвень (м)	['tʃɛrwɛɲ]

juli (de)	ліпень (м)	['lipɛɲ]
augustus (de)	жнівень (м)	['ʒniwɛɲ]
september (de)	верасень (м)	['wɛrasɛɲ]

oktober (de)	кастрычнік (м)	[kast'rɪtʃnik]
november (de)	лістапад (м)	[lista'pat]
december (de)	снежань (м)	['sʲnɛʒaɲ]

lente (de)	вясна (ж)	[vʲas'na]
in de lente (bw)	увесну	[u'wɛsnu]
lente- (abn)	вясновы	[vʲas'novɪ]

zomer (de)	лета (н)	['lɛta]
in de zomer (bw)	улетку	[u'lɛtku]
zomer-, zomers (bn)	летні	['lɛtni]

herfst (de)	восень (ж)	['vosɛɲ]
in de herfst (bw)	увосень	[u'vosɛɲ]
herfst- (abn)	восеньскі	['vosɛɲski]

winter (de)	зіма (ж)	[zi'ma]
in de winter (bw)	узімку	[u'zimku]
winter- (abn)	зімовы	[zi'movɪ]

maand (de)	месяц (м)	['mɛsʲats]
deze·maand (bw)	у гэтым месяцы	[u 'ɣɛtɪm 'mɛsʲatsɪ]
volgende maand (bw)	у наступным месяцы	[u nas'tupnɪm 'mɛsʲatsɪ]
vorige maand (bw)	у мінулым месяцы	[u mi'nulɪm 'mɛsʲatsɪ]

een maand geleden (bw)	месяц таму	['mɛsʲats ta'mu]
over een maand (bw)	праз месяц	[prazʲ 'mɛsʲats]
over twee maanden (bw)	праз два месяцы	[praz 'dva 'mɛsʲatsɪ]
de hele maand (bw)	увесь месяц	[u'wɛsʲ 'mɛsʲats]
een volle maand (bw)	цэлы месяц	['tsɛlɪ 'mɛsʲats]

maand-, maandelijks (bn)	штомесячны	[ʃtɔ'mɛsʲatʃnɪ]
maandelijks (bw)	штомесяц	[ʃtɔ'mɛsʲats]
elke maand (bw)	штомесяц	[ʃtɔ'mɛsʲats]
twee keer per maand	два разы на месяц	[dva ra'zɪ na 'mɛsʲats]

jaar (het)	год (м)	[ɣɔt]
dit jaar (bw)	сёлета	['sɔlɛta]
volgend jaar (bw)	налета	[na'lɛta]
vorig jaar (bw)	летась	['lɛtasʲ]

een jaar geleden (bw)	год таму	['ɣɔt ta'mu]
over een jaar	праз год	[praz 'ɣɔt]
over twee jaar	праз два гады	[praz dva ɣa'dɪ]
het hele jaar	увесь год	[u'wɛzʲ 'ɣɔt]
een vol jaar	цэлы год	['tsɛlɪ 'ɣɔt]

elk jaar	штогод	[ʃtɔ'ɣɔt]
jaar-, jaarlijks (bn)	штогадовы	[ʃtɔɣa'dovɪ]
jaarlijks (bw)	штогод	[ʃtɔ'ɣɔt]
4 keer per jaar	чатыры разы на год	[tʃa'tɪrɪ ra'zɪ na 'ɣɔt]

datum (de)	дзень (м)	[dzɛɲ]
datum (de)	дата (ж)	['data]
kalender (de)	каляндар (м)	[kaʎan'dar]
een half jaar	паўгода	[pau̯'ɣoda]

zes maanden	паўгоддзе (н)	[pau'ɣɔddzɛ]
seizoen (bijv. lente, zomer)	сезон (м)	[sɛ'zɔn]
eeuw (de)	стагоддзе (н)	[sta'ɣɔddzɛ]

22. Tijd. Diversen

tijd (de)	час (м)	['ʧas]
ogenblik (het)	імгненне (н)	[imɣ'nɛɲɛ]
moment (het)	момант (н)	[mɔmant]
ogenblikkelijk (bn)	імгненны	[imɣ'nɛɲɪ]
tijdsbestek (het)	адрэзак (м)	[ad'rɛzak]
leven (het)	жыццё (н)	[ʒɪ'ʦɜ]
eeuwigheid (de)	вечнасць (ж)	['wɛʧnasʲts]

epoche (de), tijdperk (het)	эпоха (ж)	[ɛ'pɔha]
era (de), tijdperk (het)	эра (ж)	['ɛra]
cyclus (de)	цыкл (м)	[tsɪkl]
periode (de)	перыяд (м)	[pɛ'rijat]
termijn (vastgestelde periode)	тэрмін (м)	['tɛrmin]

toekomst (de)	будучыня (ж)	['buduʧɪɲa]
toekomstig (bn)	будучы	['buduʧɪ]
de volgende keer	наступным разам	[nas'tupnɪm 'razam]

verleden (het)	мінуўшчына (ж)	[mi'nu:ʃʧɪna]
vorig (bn)	мінулы	[mi'nulɪ]
de vorige keer	мінулым разам	[mi'nulɪm 'razam]

later (bw)	пазней	[pazʲ'nɛj]
na (~ het diner)	пасля	[pasʲ'ʎa]
tegenwoordig (bw)	цяпер	[tsʲa'pɛr]
nu (bw)	цяпер	[tsʲa'pɛr]
onmiddellijk (bw)	неадкладна	[nɛatk'ladna]
snel (bw)	неўзабаве	[nɛuza'bawɛ]
bij voorbaat (bw)	загадзя	['zaɣadzʲa]

lang geleden (bw)	даўно	[dau'nɔ]
kort geleden (bw)	нядаўна	[ɲa'dauna]
noodlot (het)	лёс (м)	['lɜs]
herinneringen (mv.)	памяць (ж)	['pamʲats]
archief (het)	архіў (м)	[ar'hiu]

tijdens ... (ten tijde van)	падчас ...	[pa'ʧas]
lang (bw)	доўга	['dɔuɣa]
niet lang (bw)	нядоўга	[ɲa'dɔuɣa]

| vroeg (bijv. ~ in de ochtend) | рана | ['rana] |
| laat (bw) | позна | ['pɔzna] |

voor altijd (bw)	назаўжды	[nazauʒ'dɪ]
beginnen (ww)	пачынаць	[paʧɪ'nats]
uitstellen (ww)	перанесці	[pɛra'nɛsʲtsi]
tegelijkertijd (bw)	адначасова	[adnaʧa'sɔva]
voortdurend (bw)	заўсёды	[zau'sɜdɪ]

constant (bijv. ~ lawaai)	заўсёдны	[zau'sɜdnɪ]
tijdelijk (bn)	часовы	[tʃa'sɔvɪ]
soms (bw)	часам	['tʃasam]
zelden (bw)	рэдка	['rɛtka]
vaak (bw)	часта	['tʃasta]

23. Tegenovergestelden

rijk (bn)	багаты	[ba'ɣatɪ]
arm (bn)	бедны	['bɛdnɪ]
ziek (bn)	хворы	['hvɔrɪ]
gezond (bn)	здаровы	[zda'rɔvɪ]
groot (bn)	вялікі	[vʲa'liki]
klein (bn)	маленькі	[ma'lɛɲki]
snel (bw)	хутка	['hutka]
langzaam (bw)	павольна	[pa'vɔʎna]
snel (bn)	хуткі	['hutki]
langzaam (bn)	павольны	[pa'vɔʎnɪ]
vrolijk (bn)	вясёлы	[vʲa'sɜlɪ]
treurig (bn)	сумны	['sumnɪ]
samen (bw)	разам	['razam]
apart (bw)	асобна	[a'sɔbna]
hardop (~ lezen)	уголас	[u'ɣɔlas]
stil (~ lezen)	сам сабе	[sam sa'bɛ]
hoog (bn)	высокі	[vɪ'sɔki]
laag (bn)	нізкі	['niski]
diep (bn)	глыбокі	[ɣlɪ'bɔki]
ondiep (bn)	мелкі	['mɛlki]
ja	так	[tak]
nee	не	['nɛ]
ver (bn)	далёкі	[da'lɜki]
dicht (bn)	блізкі	['bliski]
ver (bw)	далёка	[da'lɜka]
dichtbij (bw)	побач	['pɔbatʃ]
lang (bn)	доўгі	['dɔuɣi]
kort (bn)	кароткі	[ka'rɔtki]
vriendelijk (goedhartig)	добры	['dɔbrɪ]
kwaad (bn)	злы	[zlɪ]
gehuwd (mann.)	жанаты	[ʒa'natɪ]

ongehuwd (mann.)	халасты	[halas'tɪ]
verbieden (ww)	забараніць	[zabara'nits]
toestaan (ww)	дазволіць	[daz'volits]
einde (het)	канец (м)	[ka'nɛts]
begin (het)	пачатак (м)	[pa'tʃatak]
linker (bn)	левы	['lɛvɪ]
rechter (bn)	правы	['pravɪ]
eerste (bn)	першы	['pɛrʃɪ]
laatste (bn)	апошні	[a'poʃni]
misdaad (de)	злачынства (н)	[zla'tʃɪnstva]
bestraffing (de)	пакаранне (н)	[paka'raɲɛ]
bevelen (ww)	загадаць	[zaɣa'dats]
gehoorzamen (ww)	падпарадкавацца	[patparatka'vatsa]
recht (bn)	прамы	[pra'mɪ]
krom (bn)	крывы	[krɪ'vɪ]
paradijs (het)	рай (м)	[raj]
hel (de)	пекла (н)	['pɛkla]
geboren worden (ww)	нарадзіцца	[nara'dzitsa]
sterven (ww)	памерці	[pa'mɛrtsi]
sterk (bn)	моцны	['motsnɪ]
zwak (bn)	слабы	['slabɪ]
oud (bn)	стары	[sta'rɪ]
jong (bn)	малады	[mala'dɪ]
oud (bn)	стары	[sta'rɪ]
nieuw (bn)	новы	['novɪ]
hard (bn)	цвёрды	['tsvɜrdɪ]
zacht (bn)	мяккі	['mʲakki]
warm (bn)	цёплы	['tsɜplɪ]
koud (bn)	халодны	[ha'lodnɪ]
dik (bn)	тоўсты	['toustɪ]
dun (bn)	худы	[hu'dɪ]
smal (bn)	вузкі	['vuski]
breed (bn)	шырокі	[ʃɪ'roki]
goed (bn)	добры	['dobrɪ]
slecht (bn)	дрэнны	['drɛɲɪ]
moedig (bn)	адважны	[ad'vaʒnɪ]
laf (bn)	баязлівы	[bajazʲ'livɪ]

24. Lijnen en vormen

vierkant (het)	квадрат (м)	[kvad'rat]
vierkant (bn)	квадратны	[kvad'ratnı]
cirkel (de)	круг (м)	[kruɥ]
rond (bn)	круглы	['kruɥlı]
driehoek (de)	трохвугольнік (м)	[trɔhvu'ɣɔʎnik]
driehoekig (bn)	трохвугольны	[trɔhvu'ɣɔʎnı]

ovaal (het)	авал (м)	[a'val]
ovaal (bn)	авальны	[a'vaʎnı]
rechthoek (de)	прамавугольнік (м)	[pramavu'ɣɔʎnik]
rechthoekig (bn)	прамавугольны	[pramavu'ɣɔʎnı]

piramide (de)	піраміда (ж)	[pira'mida]
ruit (de)	ромб (м)	[rɔmp]
trapezium (het)	трапецыя (ж)	[tra'pɛtsıja]
kubus (de)	куб (м)	[kup]
prisma (het)	прызма (ж)	['prızma]

omtrek (de)	акружнасць (ж)	[ak'ruʒnasʲts]
bol, sfeer (de)	сфера (ж)	['sfɛra]
bal (de)	шар (м)	[ʃar]
diameter (de)	дыяметр (м)	[dı'jamɛtr]
straal (de)	радыус (м)	['radıus]
omtrek (~ van een cirkel)	перыметр (м)	[pɛ'rımɛtr]
middelpunt (het)	цэнтр (м)	[tsɛntr]

horizontaal (bn)	гарызантальны	[ɣarızan'taʎnı]
verticaal (bn)	вертыкальны	[wɛrtı'kaʎnı]
parallel (de)	паралель (ж)	[para'lɛʎ]
parallel (bn)	паралельны	[para'lɛʎnı]

lijn (de)	лінія (ж)	['linija]
streep (de)	рыса (ж)	['rısa]
rechte lijn (de)	прамая (ж)	[pra'maja]
kromme (de)	крывая (ж)	[krı'vaja]
dun (bn)	тонкі	['tɔŋki]
omlijning (de)	контур (м)	['kɔntur]

snijpunt (het)	перасячэнне (н)	[pɛrasʲa'tʃɛŋɛ]
rechte hoek (de)	прамы вугал (м)	[pra'mı 'vuɣal]
segment (het)	сегмент (м)	[sɛɣ'mɛnt]
sector (de)	сектар (м)	['sɛktar]
zijde (de)	старана (ж)	[stara'na]
hoek (de)	вугал (м)	['vuɣal]

25. Meeteenheden

gewicht (het)	вага (ж)	[va'ɣa]
lengte (de)	даўжыня (ж)	[dauʒı'ɲa]
breedte (de)	шырыня (ж)	[ʃırı'ɲa]
hoogte (de)	вышыня (ж)	[vıʃı'ɲa]

diepte (de)	глыбіня (ж)	[ɣlɨbi'ɲa]
volume (het)	аб'ём (м)	[abʰɜm]
oppervlakte (de)	плошча (ж)	['plɔʃʧa]

gram (het)	грам (м)	[ɣram]
milligram (het)	міліграм (м)	[miliɣ'ram]
kilogram (het)	кілаграм (м)	[kilaɣ'ram]
ton (duizend kilo)	тона (ж)	['tɔna]
pond (het)	фунт (м)	[funt]
ons (het)	унцыя (ж)	['unʦɨja]

meter (de)	метр (м)	[mɛtr]
millimeter (de)	міліметр (м)	[mili'mɛtr]
centimeter (de)	сантыметр (м)	[santɨ'mɛtr]
kilometer (de)	кіламетр (м)	[kila'mɛtr]
mijl (de)	міля (ж)	['miʎa]

duim (de)	цаля (ж)	['ʦaʎa]
voet (de)	фут (м)	[fut]
yard (de)	ярд (м)	[jart]

| vierkante meter (de) | квадратны метр (м) | [kvad'ratnɨ 'mɛtr] |
| hectare (de) | гектар (м) | [ɣɛk'tar] |

liter (de)	літр (м)	[litr]
graad (de)	градус (м)	['ɣradus]
volt (de)	вольт (м)	[vɔʎt]
ampère (de)	ампер (м)	[am'pɛr]
paardenkracht (de)	конская сіла (ж)	['kɔnskaja 'sila]

hoeveelheid (de)	колькасць (ж)	['kɔʎkasʲʦ]
een beetje …	трохі …	['trɔhi]
helft (de)	палова (ж)	[pa'lɔva]
dozijn (het)	тузін (м)	['tuzin]
stuk (het)	штука (ж)	['ʃtuka]

| afmeting (de) | памер (м) | [pa'mɛr] |
| schaal (bijv. ~ van 1 op 50) | маштаб (м) | [maʃ'tap] |

minimaal (bn)	мінімальны	[mini'maʎnɨ]
minste (bn)	найменшы	[naj'mɛnʃɨ]
medium (bn)	сярэдні	[sʲa'rɛdni]
maximaal (bn)	максімальны	[maksi'maʎnɨ]
grootste (bn)	найбольшы	[naj'bɔʎʃɨ]

26. Containers

glazen pot (de)	слоік (м)	['slɔik]
blik (conserven~)	бляшанка (ж)	[bʎa'ʃanka]
emmer (de)	вядро (н)	[vʲad'rɔ]
ton (bijv. regenton)	бочка (ж)	['bɔʧka]

| ronde waterbak (de) | таз (м) | [tas] |
| tank (bijv. watertank-70-ltr) | бак (м) | [bak] |

heupfles (de)	біклажка (ж)	[bik'laʃka]
jerrycan (de)	каністра (ж)	[ka'nistra]
tank (bijv. ketelwagen)	цыстэрна (ж)	[tsɪs'tɛrna]

beker (de)	кубак (м)	['kubak]
kopje (het)	кубак (м)	['kubak]
schoteltje (het)	сподак (м)	['spɔdak]
glas (het)	шклянка (ж)	['ʃkʎaŋka]
wijnglas (het)	келіх (м)	['kɛlih]
steelpan (de)	рондаль (м)	['rɔndaʎ]

| fles (de) | бутэлька (ж) | [bu'tɛʎka] |
| flessenhals (de) | рыльца (н) | ['rɪʎtsa] |

karaf (de)	графін (м)	[ɣra'fin]
kruik (de)	збан (м)	[zban]
vat (het)	пасудзіна (ж)	[pa'sudzina]
pot (de)	гаршчок (м)	[ɣarʃ'tʃɔk]
vaas (de)	ваза (ж)	['vaza]

flacon (de)	флакон (м)	[fla'kɔn]
flesje (het)	бутэлечка (ж)	[bu'tɛlɛtʃka]
tube (bijv. ~ tandpasta)	цюбік (м)	['tsybik]

zak (bijv. ~ aardappelen)	мяшок (м)	[mʲa'ʃɔk]
tasje (het)	пакет (м)	[pa'kɛt]
pakje (~ sigaretten, enz.)	пачак (м)	['patʃak]

doos (de)	каробка (ж)	[ka'rɔpka]
kist (de)	скрынка (ж)	['skrɪŋka]
mand (de)	кош (м)	[kɔʃ]

27. Materialen

materiaal (het)	матэрыял (м)	[matɛrɪ'jal]
hout (het)	дрэва (н)	['drɛva]
houten (bn)	драўляны	[drau'ʎanɪ]

| glas (het) | шкло (н) | [ʃklɔ] |
| glazen (bn) | шкляны | [ʃkʎa'nɪ] |

| steen (de) | камень (м) | ['kamɛɲ] |
| stenen (bn) | каменны | [ka'mɛɲɪ] |

| plastic (het) | пластык (м) | ['plastɪk] |
| plastic (bn) | пластмасавы | [plast'masavɪ] |

| rubber (het) | гума (ж) | ['ɣuma] |
| rubber-, rubberen (bn) | гумовы | [ɣu'mɔvɪ] |

stof (de)	тканіна (ж)	[tka'nina]
van stof (bn)	з тканіны	[s tka'ninɪ]
papier (het)	папера (ж)	[pa'pɛra]
papieren (bn)	папяровы	[papʲa'rɔvɪ]

| karton (het) | кардон (м) | [kar'dɔn] |
| kartonnen (bn) | кардонны | [kar'dɔɲɪ] |

polyethyleen (het)	поліэтылен (м)	[pɔliɛtɪ'lɛn]
cellofaan (het)	цэлафан (м)	[ʦɛla'fan]
multiplex (het)	фанера (ж)	[fa'nɛra]

porselein (het)	фарфор (м)	[far'fɔr]
porseleinen (bn)	фарфоравы	[far'fɔravɪ]
klei (de)	гліна (ж)	['ɣlina]
klei-, van klei (bn)	гліняны	[ɣli'ɲanɪ]
keramiek (de)	кераміка (ж)	[kɛ'ramika]
keramieken (bn)	керамічны	[kɛra'miʧnɪ]

28. Metalen

metaal (het)	метал (м)	[mɛ'tal]
metalen (bn)	металічны	[mɛta'liʧnɪ]
legering (de)	сплаў (м)	['splau]

goud (het)	золата (н)	['zɔlata]
gouden (bn)	залаты	[zala'tɪ]
zilver (het)	срэбра (н)	['srɛbra]
zilveren (bn)	срэбны	['srɛbnɪ]

IJzer (het)	жалеза (н)	[ʒa'lɛza]
IJzeren (bn)	жалезны	[ʒa'lɛznɪ]
staal (het)	сталь (ж)	[staʎ]
stalen (bn)	сталёвы	[sta'lɜvɪ]
koper (het)	медзь (ж)	[mɛʦ]
koperen (bn)	медны	['mɛdnɪ]

aluminium (het)	алюміній (м)	[aly'minij]
aluminium (bn)	алюмініевы	[aly'miniɛvɪ]
brons (het)	бронза (ж)	['brɔnza]
bronzen (bn)	бронзавы	['brɔnzavɪ]

messing (het)	латунь (ж)	[la'tuɲ]
nikkel (het)	нікель (м)	['nikɛʎ]
platina (het)	плаціна (ж)	['plaʦina]
kwik (het)	ртуць (ж)	[rtuʦ]
tin (het)	волава (н)	['vɔlava]
lood (het)	свінец (м)	[sʲwi'nɛʦ]
zink (het)	цынк (м)	[ʦɪŋk]

MENS

Mens. Het lichaam

29. Mensen. Basisbegrippen

mens (de)	чалавек (м)	[ʧala'wɛk]
man (de)	мужчына (м)	[muʃ'ʧɪna]
vrouw (de)	жанчына (ж)	[ʒan'ʧɪna]
kind (het)	дзіця (н)	[dzi'tsʲa]
meisje (het)	дзяўчынка (ж)	[dzʲau'ʧɪŋka]
jongen (de)	хлопчык (м)	['hlɔpʧɪk]
tiener, adolescent (de)	падлетак (м)	[pad'lɛtak]
oude man (de)	стары (м)	[sta'rɪ]
oude vrouw (de)	старая (ж)	[sta'raja]

30. Menselijke anatomie

organisme (het)	арганізм (м)	[arɣa'nizm]
hart (het)	сэрца (н)	['sɛrtsa]
bloed (het)	кроў (ж)	['krɔu]
slagader (de)	артэрыя (ж)	[ar'tɛrɪja]
ader (de)	вена (ж)	['wɛna]
hersenen (mv.)	мозг (м)	[mɔsk]
zenuw (de)	нерв (м)	[nɛrv]
zenuwen (mv.)	нервы (м мн)	['nɛrvɪ]
wervel (de)	пазванок (м)	[pazva'nɔk]
ruggengraat (de)	пазваночнік (м)	[pazva'nɔʧnik]
maag (de)	страўнік (м)	['straunik]
darmen (mv.)	кішэчнік (м)	[ki'ʃɛʧnik]
darm (de)	кішка (ж)	['kiʃka]
lever (de)	печань (ж)	['pɛʧaɲ]
nier (de)	нырка (ж)	['nɪrka]
been (deel van het skelet)	косць (ж)	[kɔsʲts]
skelet (het)	шкілет (м)	[ʃki'lɛt]
rib (de)	рабро (н)	[rab'rɔ]
schedel (de)	чэрап (м)	['ʧɛrap]
spier (de)	цягліца (ж)	[tsʲaɣ'litsa]
biceps (de)	біцэпс (м)	['bitsɛps]
triceps (de)	трыцэпс (м)	['trɪtsɛps]
pees (de)	сухажылле (н)	[suha'ʒɪllɛ]
gewricht (het)	сустаў (м)	[sus'tau]

longen (mv.)	лёгкія (н мн)	['lɜhkija]
geslachtsorganen (mv.)	палавыя органы (м мн)	[pala'vija 'orɣanı]
huid (de)	скура (ж)	['skura]

31. Hoofd

hoofd (het)	галава (ж)	[ɣala'va]
gezicht (het)	твар (м)	[tvar]
neus (de)	нос (м)	[nɔs]
mond (de)	рот (м)	[rɔt]

oog (het)	вока (н)	['vɔka]
ogen (mv.)	вочы (н мн)	['vɔtʃı]
pupil (de)	зрэнка (ж)	['zrɛŋka]
wenkbrauw (de)	брыво (н)	[brı'vɔ]
wimper (de)	вейка (ж)	['wɛjka]
ooglid (het)	павека (н)	[pa'wɛka]

tong (de)	язык (м)	[ja'zık]
tand (de)	зуб (м)	[zup]
lippen (mv.)	губы (ж мн)	['ɣubı]
jukbeenderen (mv.)	скулы (ж мн)	['skulı]
tandvlees (het)	дзясна (ж)	[dzʲas'na]
gehemelte (het)	паднябенне (н)	[padɲa'bɛɲɛ]

neusgaten (mv.)	ноздры (ж мн)	['nɔzdrı]
kin (de)	падбародак (м)	[padba'rɔdak]
kaak (de)	сківіца (ж)	['skiwitsa]
wang (de)	шчака (ж)	[ʃtʃa'ka]

voorhoofd (het)	лоб (м)	[lɔp]
slaap (de)	скронь (ж)	[skrɔɲ]
oor (het)	вуха (н)	['vuha]
achterhoofd (het)	патыліца (ж)	[pa'tılitsa]
hals (de)	шыя (ж)	['ʃıja]
keel (de)	горла (н)	['ɣɔrla]

haren (mv.)	валасы (м мн)	[vala'sı]
kapsel (het)	прычоска (ж)	[prı'tʃɔska]
haarsnit (de)	стрыжка (ж)	['strıʃka]
pruik (de)	парык (м)	[pa'rık]

snor (de)	вусы (м мн)	['vusı]
baard (de)	барада (ж)	[bara'da]
dragen (een baard, enz.)	насіць	[na'sits]
vlecht (de)	каса (ж)	[ka'sa]
bakkebaarden (mv.)	бакенбарды (мн)	[bakɛn'bardı]

ros (roodachtig, rossig)	рыжы	['rıʒı]
grijs (~ haar)	сівы	[si'vı]
kaal (bn)	лысы	['lısı]
kale plek (de)	лысіна (ж)	['lısina]
paardenstaart (de)	хвост (м)	[hvɔst]
pony (de)	чубок (м)	[tʃu'bɔk]

32. Menselijk lichaam

hand (de)	кісць (ж)	[kisʲts]
arm (de)	рука (ж)	[ru'ka]

vinger (de)	палец (м)	['palɛts]
duim (de)	вялікі палец (м)	[vʲa'liki 'palɛts]
pink (de)	мезенец (м)	['mɛzɛnɛts]
nagel (de)	пазногаць (м)	[paz'nɔɣats]

vuist (de)	кулак (м)	[ku'lak]
handpalm (de)	далонь (ж)	[da'lɔɲ]
pols (de)	запясце (н)	[za'pʲasʲtsɛ]
voorarm (de)	перадплечча (н)	[pɛratp'lɛtʃa]
elleboog (de)	локаць (м)	['lɔkats]
schouder (de)	плячо (н)	[pʎa'tʃɔ]

been (rechter ~)	нага (ж)	[na'ɣa]
voet (de)	ступня (ж)	[stup'ɲa]
knie (de)	калена (н)	[ka'lɛna]
kuit (de)	лытка (ж)	['lɪtka]
heup (de)	сцягно (н)	[sʲtsʲaɣ'nɔ]
hiel (de)	пятка (ж)	['pʲatka]

lichaam (het)	цела (н)	['tsɛla]
buik (de)	жывот (м)	[ʒɪ'vot]
borst (de)	грудзі (мн)	['ɣrudzi]
borst (de)	грудзі (мн)	['ɣrudzi]
zijde (de)	бок (м)	[bɔk]
rug (de)	спіна (ж)	['sʲpina]
lage rug (de)	паясніца (ж)	[pajasʲ'nitsa]
taille (de)	талія (ж)	['talija]

navel (de)	пупок (м)	[pu'pɔk]
billen (mv.)	ягадзіцы (ж мн)	['jaɣadzitsɪ]
achterwerk (het)	зад (м)	[zat]

huidvlek (de)	радзімка (ж)	[ra'dzimka]
moedervlek (de)	радзімая пляма (ж)	[ra'dzimaja 'pʎama]
tatoeage (de)	татуіроўка (ж)	[tatui'rɔuka]
litteken (het)	шрам (м)	[ʃram]

Kleding en accessoires

33. Bovenkleding. Jassen

kleren (mv.), kleding (de)	адзенне (н)	[a'dzɛŋɛ]
bovenkleding (de)	вопратка (ж)	['vɔpratka]
winterkleding (de)	зімовая вопратка (ж)	[zi'mɔvaja 'vɔpratka]
jas (de)	паліто (н)	[pali'tɔ]
bontjas (de)	футра (н)	['futra]
bontjasje (het)	паўкажушак (м)	[pauka'ʒuʃak]
donzen jas (de)	пухавік (м)	[puha'wik]
jasje (bijv. een leren ~)	куртка (ж)	['kurtka]
regenjas (de)	плашч (м)	[plaʃtʃ]
waterdicht (bn)	непрамакальны	[nɛprama'kaʎnɪ]

34. Heren & dames kleding

overhemd (het)	кашуля (ж)	[ka'ʃuʎa]
broek (de)	штаны (мн)	[ʃta'nɪ]
jeans (de)	джынсы (мн)	['dʒɪnsɪ]
colbert (de)	пінжак (м)	[pin'ʒak]
kostuum (het)	касцюм (м)	[kasʲ'tsym]
jurk (de)	сукенка (ж)	[su'kɛŋka]
rok (de)	спадніца (ж)	[spad'nitsa]
blouse (de)	блузка (ж)	['bluska]
wollen vest (de)	кофта (ж)	['kɔfta]
blazer (kort jasje)	жакет (м)	[ʒa'kɛt]
T-shirt (het)	футболка (ж)	[fud'bɔlka]
shorts (mv.)	шорты (мн)	['ʃɔrtɪ]
trainingspak (het)	спартыўны касцюм (м)	[spar'tɪunɪ kasʲ'tsym]
badjas (de)	халат (м)	[ha'lat]
pyjama (de)	піжама (ж)	[pi'ʒama]
sweater (de)	світэр (м)	['sʲwitɛr]
pullover (de)	пуловер (м)	[pu'lɔwɛr]
gilet (het)	камізэлька (ж)	[kami'zɛʎka]
rokkostuum (het)	фрак (м)	[frak]
smoking (de)	смокінг (м)	['smɔkinh]
uniform (het)	форма (ж)	['fɔrma]
werkkleding (de)	працоўнае адзенне (н)	[pra'tsɔunaɛ a'dzɛŋɛ]
overall (de)	камбінезон (м)	[kambinɛ'zɔn]
doktersjas (de)	халат (м)	[ha'lat]

35. Kleding. Ondergoed

ondergoed (het)	бялізна (ж)	[bʲaˈlizna]
onderhemd (het)	майка (ж)	[ˈmajka]
sokken (mv.)	шкарпэткі (ж мн)	[ʃkarˈpɛtki]

nachthemd (het)	начная кашуля (ж)	[natʃˈnaja kaˈʃuʎa]
beha (de)	бюстгальтар (м)	[byzˈɣaʎtar]
kniekousen (mv.)	гольфы (мн)	[ˈɣɔʎfɪ]
panty (de)	калготкі (мн)	[kalˈɣotki]
nylonkousen (mv.)	панчохі (ж мн)	[panˈtʃɔhi]
badpak (het)	купальнік (м)	[kuˈpaʎnik]

36. Hoofddeksels

hoed (de)	шапка (ж)	[ˈʃapka]
deukhoed (de)	капялюш (м)	[kapʲaˈlyʃ]
honkbalpet (de)	бейсболка (ж)	[bɛjzˈbolka]
kleppet (de)	кепка (ж)	[ˈkɛpka]

baret (de)	берэт (м)	[bʲaˈrɛt]
kap (de)	капюшон (м)	[kapyˈʃɔn]
panamahoed (de)	панамка (ж)	[paˈnamka]
gebreide muts (de)	вязаная шапачка (ж)	[ˈvʲazanaja ˈʃapatʃka]

hoofddoek (de)	хустка (ж)	[ˈhustka]
dameshoed (de)	капялюшык (м)	[kapʲaˈlyʃik]

veiligheidshelm (de)	каска (ж)	[ˈkaska]
veldmuts (de)	пілотка (ж)	[piˈlotka]
helm, valhelm (de)	шлем (м)	[ʃlɛm]

bolhoed (de)	кацялок (м)	[katsʲaˈlɔk]
hoge hoed (de)	цыліндр (м)	[tsɪˈlindr]

37. Schoeisel

schoeisel (het)	абутак (м)	[aˈbutak]
schoenen (mv.)	чаравікі (м мн)	[tʃaraˈwiki]
vrouwenschoenen (mv.)	туфлі (м мн)	[ˈtufli]
laarzen (mv.)	боты (м мн)	[ˈbotɪ]
pantoffels (mv.)	тапачкі (ж мн)	[ˈtapatʃki]

sportschoenen (mv.)	красоўкі (ж мн)	[kraˈsouki]
sneakers (mv.)	кеды (м мн)	[ˈkɛdɪ]
sandalen (mv.)	сандалі (ж мн)	[sanˈdali]

schoenlapper (de)	шавец (м)	[ʃaˈwɛts]
hiel (de)	абцас (м)	[apˈtsas]
paar (een ~ schoenen)	пара (ж)	[ˈpara]
veter (de)	шнурок (м)	[ʃnuˈrɔk]

rijgen (schoenen ~)	шнураваць	[ʃnura'vats]
schoenlepel (de)	ражок (м)	[ra'ʒɔk]
schoensmeer (de/het)	крэм (м) для абутку	['krɛm dʎa a'butku]

38. Textiel. Weefsel

katoen (de/het)	бавоўна (ж)	[ba'vɔuna]
katoenen (bn)	з бавоўны	[z ba'vɔunɪ]
vlas (het)	лён (м)	['lɜn]
vlas-, van vlas (bn)	з лёну	[zʲ 'lɜnu]

zijde (de)	шоўк (м)	['ʃɔuk]
zijden (bn)	шаўковы	[ʃau'kɔvɪ]
wol (de)	шэрсць (ж)	[ʃɛrsʲts]
wollen (bn)	шарсцяны	[ʃarsʲtsʲa'nɪ]

fluweel (het)	аксаміт (м)	[aksa'mit]
suède (de)	замша (ж)	['zamʃa]
ribfluweel (het)	вельвет (м)	[wɛʎ'wɛt]

nylon (de/het)	нейлон (м)	[nɛj'lɔn]
nylon-, van nylon (bn)	з нейлону	[zʲ nɛj'lɔnu]
polyester (het)	паліэстэр (м)	[pali'ɛstɛr]
polyester- (abn)	паліэстэравы	[pali'ɛstɛravɪ]

leer (het)	скура (ж)	['skura]
leren (van leer gemaak)	са скуры	[sa 'skurɪ]
bont (het)	футра (н)	['futra]
bont- (abn)	футравы	['futravɪ]

39. Persoonlijke accessoires

handschoenen (mv.)	пальчаткі (ж мн)	[paʎ'tʃatki]
wanten (mv.)	рукавіцы (ж мн)	[ruka'witsɪ]
sjaal (fleece ~)	шалік (м)	['ʃalik]

bril (de)	акуляры (мн)	[aku'ʎarɪ]
brilmontuur (het)	аправа (ж)	[ap'rava]
paraplu (de)	парасон (м)	[para'sɔn]
wandelstok (de)	палка (ж)	['palka]
haarborstel (de)	шчотка (ж) для валасоў	['ʃtʃɔtka dʎa vala'sɔu]
waaier (de)	веер (м)	['wɛːr]

das (de)	гальштук (м)	['ɣaʎʃtuk]
strikje (het)	гальштук-мушка (ж)	['ɣaʎʃtuk 'muʃka]
bretels (mv.)	шлейкі (мн)	['ʃlɛjki]
zakdoek (de)	насоўка (ж)	[na'sɔuka]

kam (de)	грабянец (м)	[ɣrabʲa'nɛts]
haarspeldje (het)	заколка (ж)	[za'kɔlka]
schuifspeldje (het)	шпілька (ж)	['ʃpiʎka]
gesp (de)	спражка (ж)	['spraʃka]

43

| broekriem (de) | пояс (м) | ['pɔjas] |
| draagriem (de) | рэмень (м) | ['rɛmɛɲ] |

handtas (de)	сумка (ж)	['sumka]
damestas (de)	сумачка (ж)	['sumatʃka]
rugzak (de)	рукзак (м)	[ruɣ'zak]

40. Kleding. Diversen

mode (de)	мода (ж)	['mɔda]
de mode (bn)	модны	['mɔdnɪ]
kledingstilist (de)	мадэльер (м)	[madɛ'ʎjɛr]

kraag (de)	каўнер (м)	[kau'nɛr]
zak (de)	кішэня (ж)	[ki'ʃɛɲa]
zak- (abn)	кішэнны	[ki'ʃɛɲɪ]
mouw (de)	рукаў (м)	[ru'kau]
lusje (het)	вешалка (ж)	['wɛʃalka]
gulp (de)	прарэх (м)	[pra'rɛh]

rits (de)	маланка (ж)	[ma'laŋka]
sluiting (de)	зашпілька (ж)	[zaʃ'piʎka]
knoop (de)	гузік (м)	['ɣuzik]
knoopsgat (het)	прарэшак (м)	[pra'rɛʃak]
losraken (bijv. knopen)	адарвацца	[adar'vatsa]

naaien (kleren, enz.)	шыць	[ʃɪts]
borduren (ww)	вышываць	[vɪʃɪ'vats]
borduursel (het)	вышыўка (ж)	['vɪʃiuka]
naald (de)	іголка (ж)	[i'ɣɔlka]
draad (de)	нітка (ж)	['nitka]
naad (de)	шво (н)	[ʃvɔ]

vies worden (ww)	запэцкацца	[za'pɛtskatsa]
vlek (de)	пляма (ж)	['pʎama]
gekreukt raken (ov. kleren)	памяцца	[pa'mʲatsa]
scheuren (ov.ww.)	падраць	[pad'rats]
mot (de)	моль (ж)	[mɔʎ]

41. Persoonlijke verzorging. Schoonheidsmiddelen

tandpasta (de)	зубная паста (ж)	[zub'naja 'pasta]
tandenborstel (de)	зубная шчотка (ж)	[zub'naja 'ʃtʃotka]
tanden poetsen (ww)	чысціць зубы	['tʃisʲtsidzʲ zu'bɪ]

scheermes (het)	брытва (ж)	['brɪtva]
scheerschuim (het)	крэм (м) для галення	['krɛm dʎa ɣa'lɛnja]
zich scheren (ww)	галіцца	[ɣa'litsa]

zeep (de)	мыла (н)	['mɪla]
shampoo (de)	шампунь (м)	[ʃam'puɲ]
schaar (de)	нажніцы (мн)	[naʒ'nitsɪ]

nagelvijl (de)	пілачка (ж) для пазногцяў	['pilatʃka dʎa paz'nɔhts'au]
nagelknipper (de)	шчыпчыкі (мн)	['ʃtʃɪptʃɪki]
pincet (het)	пінцэт (м)	[pin'tsɛt]

cosmetica (de)	касметыка (ж)	[kas'ʲmɛtɪka]
masker (het)	маска (ж)	['maska]
manicure (de)	манікюр (м)	[mani'kyr]
manicure doen	рабіць манікюр	[ra'bits mani'kyr]
pedicure (de)	педыкюр (м)	[pɛdɪ'kyr]

cosmetica tasje (het)	касметычка (ж)	[kas'ʲmɛ'tɪtʃka]
poeder (de/het)	пудра (ж)	['pudra]
poederdoos (de)	пудраніца (ж)	['pudranitsa]
rouge (de)	румяны (мн)	[ru'mʲanɪ]

parfum (de/het)	парфума (ж)	[par'fuma]
eau de toilet (de)	туалетная вада (ж)	[tua'lɛtnaja va'da]
lotion (de)	ласьён (м)	[la'sjɔn]
eau de cologne (de)	адэкалон (м)	[adɛka'lɔn]

oogschaduw (de)	цені (м мн) для павек	['tsɛni dʎa pa'wɛk]
oogpotlood (het)	аловак (м) для вачэй	[a'lɔvaɣ dʎa va'tʃɛj]
mascara (de)	туш (ж)	[tuʃ]

lippenstift (de)	губная памада (ж)	[ɣub'naja pa'mada]
nagellak (de)	лак (м) для пазногцяў	['laɣ dʎa paz'nɔhts'au]
haarlak (de)	лак (м) для валасоў	['laɣ dʎa vala'sɔu]
deodorant (de)	дэзадарант (м)	[dɛzada'rant]

crème (de)	крэм (м)	[krɛm]
gezichtscrème (de)	крэм (м) для твару	['krɛm dʎa 'tvaru]
handcrème (de)	крэм (м) для рук	['krɛm dʎa 'ruk]
antirimpelcrème (de)	крэм (м) супраць зморшчын	['krɛm 'supradzʲ z'mɔrʃtʃin]

| dag- (abn) | дзённы | ['dzɜnɪ] |
| nacht- (abn) | начны | [natʃ'nɪ] |

tampon (de)	тампон (м)	[tam'pɔn]
toiletpapier (het)	туалетная папера (ж)	[tua'lɛtnaja pa'pɛra]
föhn (de)	фен (м)	[fɛn]

42. Juwelen

sieraden (mv.)	каштоўнасці (ж мн)	[kaʃ'tɔunas'tsi]
edel (bijv. ~ stenen)	каштоўны	[kaʃ'tɔunɪ]
keurmerk (het)	проба (ж)	['prɔba]

ring (de)	пярсцёнак (м)	[pʲars'ʲ'tsɜnak]
trouwring (de)	заручальны пярсцёнак (м)	[zaru'tʃaʎnɪ pʲars'ʲ'tsɜnak]
armband (de)	бранзалет (м)	[branza'lɛt]

oorringen (mv.)	завушніцы (ж мн)	[zavuʃ'nitsɪ]
halssnoer (het)	каралі (мн)	[ka'rali]
kroon (de)	карона (ж)	[ka'rɔna]

kralen snoer (het)	пацеркі (ж мн)	['paʦɛrki]
diamant (de)	брыльянт (м)	[brɪ'ʌjant]
smaragd (de)	ізумруд (м)	[izum'rut]
robijn (de)	рубін (м)	[ru'bin]
saffier (de)	сапфір (м)	[sap'fir]
parel (de)	жэмчуг (м)	['ʒɛmtʃuh]
barnsteen (de)	бурштын (м)	[burʃ'tɪn]

43. Horloges. Klokken

polshorloge (het)	гадзіннік (м)	[ɣa'dziɲik]
wijzerplaat (de)	цыферблат (м)	[ʦɪfɛrb'lat]
wijzer (de)	стрэлка (ж)	['strɛlka]
metalen horlogeband (de)	бранзалет (м)	[branza'lɛt]
horlogebandje (het)	раменьчык (м)	[ra'mɛɲtʃɪk]

batterij (de)	батарэйка (ж)	[bata'rɛjka]
leeg zijn (ww)	сесці	['sɛsʲtsi]
batterij vervangen	памяняць батарэйку	[pamʲa'ɲadzʲ bata'rɛjku]
voorlopen (ww)	спяшацца	[sʲpʲa'ʃatsa]
achterlopen (ww)	адставаць	[atsta'vatsʲ]

wandklok (de)	гадзіннік (м) насценны	[ɣa'dziɲik nasʲʲ'tsɛɲɪ]
zandloper (de)	гадзіннік (м) пясочны	[ɣa'dziɲik pʲa'sotʃnɪ]
zonnewijzer (de)	гадзіннік (м) сонечны	[ɣa'dziɲik 'sonɛtʃnɪ]
wekker (de)	будзільнік (м)	[bu'dziʌnik]
horlogemaker (de)	гадзіншчык (м)	[ɣa'dzinʃtʃɪk]
repareren (ww)	рамантаваць	[ramanta'vatsʲ]

Voedsel. Voeding

44. Voedsel

vlees (het)	мяса (н)	['mʲasa]
kip (de)	курыца (ж)	['kurɪtsa]
kuiken (het)	кураня (н)	[kura'ɲa]
eend (de)	качка (ж)	['katʃka]
gans (de)	гусь (ж)	[ɣusʲ]
wild (het)	дзічына (ж)	[dzi'tʃɪna]
kalkoen (de)	індычка (ж)	[in'dɪtʃka]

varkensvlees (het)	свініна (ж)	[sʲwi'nina]
kalfsvlees (het)	цяляціна (ж)	[tsʲa'ʎatsina]
schapenvlees (het)	бараніна (ж)	[ba'ranina]
rundvlees (het)	ялавічына (ж)	['jalawitʃɪna]
konijnenvlees (het)	трус (м)	[trus]

worst (de)	каўбаса (ж)	[kauba'sa]
saucijs (de)	сасіска (ж)	[sa'siska]
spek (het)	бекон (м)	[bɛ'kɔn]
ham (de)	вяндліна (ж)	[vʲand'lina]
gerookte achterham (de)	кумпяк (м)	[kum'pʲak]

paté, pastei (de)	паштэт (м)	[paʃ'tɛt]
lever (de)	печань (ж)	['pɛtʃaɲ]
varkensvet (het)	сала (н)	['sala]
gehakt (het)	фарш (м)	[farʃ]
tong (de)	язык (м)	[ja'zɪk]

ei (het)	яйка (н)	['jajka]
eieren (mv.)	яйкі (н мн)	['jajki]
eiwit (het)	бялок (м)	[bʲa'lɔk]
eigeel (het)	жаўток (м)	[ʒau'tɔk]

vis (de)	рыба (ж)	['rɪba]
zeevruchten (mv.)	морапрадукты (м мн)	[mɔrapra'duktɪ]
kaviaar (de)	ікра (ж)	[ik'ra]

krab (de)	краб (м)	[krap]
garnaal (de)	крэветка (ж)	[krɛ'wɛtka]
oester (de)	вустрыца (ж)	['vustrɪtsa]
langoest (de)	лангуст (м)	[la'ɲust]
octopus (de)	васьміног (м)	[vasʲmi'nɔh]
inktvis (de)	кальмар (м)	[kaʎ'mar]

steur (de)	асятрына (ж)	[asʲat'rɪna]
zalm (de)	ласось (м)	[la'sɔsʲ]
heilbot (de)	палтус (м)	['paltus]
kabeljauw (de)	траска (ж)	[tras'ka]

makreel (de)	скумбрыя (ж)	['skumbrɪja]
tonijn (de)	тунец (м)	[tu'nɛts]
paling (de)	вугор (м)	[vu'ɣɔr]

forel (de)	стронга (ж)	['strɔŋa]
sardine (de)	сардзіна (ж)	[sar'dzina]
snoek (de)	шчупак (м)	[ʃʧu'pak]
haring (de)	селядзец (м)	[sɛʎa'dzɛts]

brood (het)	хлеб (м)	[hlɛp]
kaas (de)	сыр (м)	[sɪr]
suiker (de)	цукар (м)	['tsukar]
zout (het)	соль (ж)	[sɔʎ]

rijst (de)	рыс (м)	[rɪs]
pasta (de)	макарона (ж)	[maka'rɔna]
noedels (mv.)	локшына (ж)	['lɔkʃɪna]

boter (de)	масла (н)	['masla]
plantaardige olie (de)	алей (м)	[a'lɛj]
zonnebloemolie (de)	сланечнікавы алей (м)	[sla'nɛtʃnikavɪ a'lɛj]
margarine (de)	маргарын (м)	[marɣa'rɪn]

olijven (mv.)	алівы (ж мн)	[a'livɪ]
olijfolie (de)	алей (м) аліўкавы	[a'lɛj a'liukavɪ]

melk (de)	малако (н)	[mala'kɔ]
gecondenseerde melk (de)	згушчанае малако (н)	['zɣuʃʧanaɛ mala'kɔ]
yoghurt (de)	ёгурт (м)	[ɜɣurt]
zure room (de)	смятана (ж)	[sʲmʲa'tana]
room (de)	вяршкі (мн)	[vʲarʃ'ki]

mayonaise (de)	маянэз (м)	[maja'nɛs]
crème (de)	крэм (м)	[krɛm]

graan (het)	крупы (мн)	['krupɪ]
meel (het), bloem (de)	мука (ж)	[mu'ka]
conserven (mv.)	кансервы (ж мн)	[kan'sɛrvɪ]

maïsvlokken (mv.)	кукурузныя шматкі (м мн)	[kuku'ruznɪja ʃmat'ki]
honing (de)	мёд (м)	['mɜt]
jam (de)	джэм (м)	[dʒɛm]
kauwgom (de)	жавальная гумка (ж)	[ʒa'vaʎnaja 'ɣumka]

45. Drankjes

water (het)	вада (ж)	[va'da]
drinkwater (het)	пітная вада (ж)	[pit'naja va'da]
mineraalwater (het)	мінеральная вада (ж)	[minɛ'raʎnaja va'da]

zonder gas	без газу	[bʲaz 'ɣazu]
koolzuurhoudend (bn)	газіраваны	[ɣazira'vanɪ]
bruisend (bn)	з газам	[z 'ɣazam]
IJs (het)	лёд (м)	['lɜt]

met ijs	з лёдам	[zʲ 'lɜdam]
alcohol vrij (bn)	безалкагольны	[bɛzalka'ɣɔʎnɪ]
alcohol vrije drank (de)	безалкагольны напітак (м)	[bɛzalka'ɣɔʎnɪ na'pitak]
frisdrank (de)	прахаладжальны напітак (м)	[prahala'dʒaʎnɪ na'pitak]
limonade (de)	ліманад (м)	[lima'nat]

alcoholische dranken (mv.)	алкагольныя напіткі (м мн)	[alka'ɣɔʎnɪja na'pitki]
wijn (de)	віно (н)	[wi'nɔ]
witte wijn (de)	белае віно (н)	['bɛlaɛ wi'nɔ]
rode wijn (de)	чырвонае віно (н)	[ʧɪr'vɔnaɛ wi'nɔ]

likeur (de)	лікёр (м)	[li'kɜr]
champagne (de)	шампанскае (н)	[ʃam'panskaɛ]
vermout (de)	вермут (м)	['wɛrmut]

whisky (de)	віскі (н)	['wiski]
wodka (de)	гарэлка (ж)	[ɣa'rɛlka]
gin (de)	джын (м)	[dʒɪn]
cognac (de)	каньяк (м)	[ka'ɲjak]
rum (de)	ром (м)	[rɔm]

koffie (de)	кава (ж)	['kava]
zwarte koffie (de)	чорная кава (ж)	['ʧɔrnaja 'kava]
koffie (de) met melk	кава (ж) з малаком	['kava z mala'kɔm]
cappuccino (de)	кава (ж) з вяршкамі	['kava zʲ vʲarʃ'kami]
oploskoffie (de)	растваральная кава (ж)	[rastva'raʎnaja 'kava]

melk (de)	малако (н)	[mala'kɔ]
cocktail (de)	кактэйль (м)	[kak'tɛjʎ]
milkshake (de)	малочны кактэйль (м)	[ma'lɔʧnɪ kak'tɛjʎ]

sap (het)	сок (м)	[sɔk]
tomatensap (het)	таматны сок (м)	[ta'matnɪ 'sɔk]
sinaasappelsap (het)	апельсінавы сок (м)	[apɛʎ'sinavɪ 'sɔk]
vers geperst sap (het)	свежавыціснуты сок (м)	[sʲwɛʒa'vɪʦisnutɪ 'sɔk]

bier (het)	піва (н)	['piva]
licht bier (het)	светлае піва (н)	['sʲwɛtlaɛ 'piva]
donker bier (het)	цёмнае піва (н)	['ʦɜmnaɛ 'piva]

thee (de)	чай (м)	[ʧaj]
zwarte thee (de)	чорны чай (м)	['ʧɔrnɪ 'ʧaj]
groene thee (de)	зялёны чай (м)	[zʲa'lɜnɪ 'ʧaj]

46. Groenten

| groenten (mv.) | гародніна (ж) | [ɣa'rodnina] |
| verse kruiden (mv.) | зеляніна (ж) | [zɛʎa'nina] |

tomaat (de)	памідор (м)	[pami'dɔr]
augurk (de)	агурок (м)	[aɣu'rɔk]
wortel (de)	морква (ж)	['mɔrkva]
aardappel (de)	бульба (ж)	['buʎba]

49

| ui (de) | цыбуля (ж) | [tsɪˈbuʎa] |
| knoflook (de) | часнок (м) | [tʃasˈnɔk] |

kool (de)	капуста (ж)	[kaˈpusta]
bloemkool (de)	квяцістая капуста (ж)	[kvʲaˈtsistaja kaˈpusta]
spruitkool (de)	брусельская капуста (ж)	[bruˈsɛʎskaja kaˈpusta]
broccoli (de)	капуста (ж) бракалі	[kaˈpusta braˈkɔli]

rode biet (de)	бурак (м)	[buˈrak]
aubergine (de)	баклажан (м)	[baklaˈʒan]
courgette (de)	кабачок (м)	[kabaˈtʃɔk]
pompoen (de)	гарбуз (м)	[ɣarˈbus]
raap (de)	рэпа (ж)	[ˈrɛpa]

peterselie (de)	пятрушка (ж)	[pʲatˈruʃka]
dille (de)	кроп (м)	[krɔp]
sla (de)	салата (ж)	[saˈlata]
selderij (de)	сельдэрэй (м)	[sɛʎdɛˈrɛj]
asperge (de)	спаржа (ж)	[ˈsparʒa]
spinazie (de)	шпінат (м)	[ʃpiˈnat]

erwt (de)	гарох (м)	[ɣaˈrɔh]
bonen (mv.)	боб (м)	[bɔp]
maïs (de)	кукуруза (ж)	[kukuˈruza]
boon (de)	фасоля (ж)	[faˈsɔʎa]

peper (de)	перац (м)	[ˈpɛrats]
radijs (de)	радыска (ж)	[raˈdɪska]
artisjok (de)	артышок (м)	[artɪˈʃɔk]

47. Vruchten. Noten

vrucht (de)	фрукт (м)	[frukt]
appel (de)	яблык (м)	[ˈjablɪk]
peer (de)	груша (ж)	[ˈɣruʃa]
citroen (de)	лімон (м)	[liˈmɔn]
sinaasappel (de)	апельсін (м)	[apɛʎˈsin]
aardbei (de)	клубніцы (ж мн)	[klubˈnitsɪ]

mandarijn (de)	мандарын (м)	[mandaˈrɪn]
pruim (de)	сліва (ж)	[ˈsʲliva]
perzik (de)	персік (м)	[ˈpɛrsik]
abrikoos (de)	абрыкос (м)	[abrɪˈkɔs]
framboos (de)	маліны (ж мн)	[maˈlinɪ]
ananas (de)	ананас (м)	[anaˈnas]

banaan (de)	банан (м)	[baˈnan]
watermeloen (de)	кавун (м)	[kaˈvun]
druif (de)	вінаград (м)	[winaɣˈrat]
zure kers (de)	вішня (ж)	[ˈwiʃna]
zoete kers (de)	чарэшня (ж)	[tʃaˈrɛʃna]
meloen (de)	дыня (ж)	[ˈdɪna]
grapefruit (de)	грэйпфрут (м)	[ɣrɛjpfˈrut]
avocado (de)	авакада (н)	[avaˈkada]

papaja (de)	папайя (ж)	[pa'paja]
mango (de)	манга (н)	['maŋa]
granaatappel (de)	гранат (м)	[ɣra'nat]

rode bes (de)	чырвоныя парэчкі (ж мн)	[tʃɪr'vɔnija pa'rɛtʃki]
zwarte bes (de)	чорныя парэчкі (ж мн)	['tʃɔrnija pa'rɛtʃki]
kruisbes (de)	агрэст (м)	[aɣ'rɛst]
bosbes (de)	чарніцы (ж мн)	[tʃar'nitsɪ]
braambes (de)	ажыны (ж мн)	[a'ʒɪnɪ]

rozijn (de)	разынкі (ж мн)	[ra'zɪŋki]
vijg (de)	інжыр (м)	[in'ʒɪr]
dadel (de)	фінік (м)	['finik]

pinda (de)	арахіс (м)	[a'rahis]
amandel (de)	міндаль (м)	[min'daʎ]
walnoot (de)	арэх (м)	[a'rɛh]
hazelnoot (de)	арэх (м)	[a'rɛh]
kokosnoot (de)	арэх (м) какосавы	[a'rɛh ka'kɔsavɪ]
pistaches (mv.)	фісташкі (ж мн)	[fis'taʃki]

48. Brood. Snoep

suikerbakkerij (de)	кандытарскія вырабы (м мн)	[kan'dɪtarskija 'vɪrabɪ]
brood (het)	хлеб (м)	[hlɛp]
koekje (het)	печыва (н)	['pɛtʃɪva]

chocolade (de)	шакалад (м)	[ʃaka'lat]
chocolade- (abn)	шакаладны	[ʃaka'ladnɪ]
snoepje (het)	цукерка (ж)	[tsu'kɛrka]
cakeje (het)	пірожнае (н)	[pi'rɔʒnaɛ]
taart (bijv. verjaardags~)	торт (м)	[tɔrt]

pastei (de)	пірог (м)	[pi'rɔh]
vulling (de)	начынка (ж)	[na'tʃɪŋka]
confituur (de)	варэнне (н)	[va'rɛɲɛ]
marmelade (de)	мармелад (м)	[marmɛ'lat]
wafel (de)	вафлі (ж мн)	['vafli]
IJsje (het)	марожанае (н)	[ma'rɔʒanaɛ]

49. Bereide gerechten

gerecht (het)	страва (ж)	['strava]
keuken (bijv. Franse ~)	кухня (ж)	['kuhɲa]
recept (het)	рэцэпт (м)	[rɛ'tsɛpt]
portie (de)	порцыя (ж)	['pɔrtsija]

salade (de)	салата (ж)	[sa'lata]
soep (de)	суп (м)	[sup]
bouillon (de)	булён (м)	[bu'lɜn]
boterham (de)	бутэрброд (м)	[butɛrb'rɔt]

spiegelei (het)	яечня (ж)	[ja'ɛtʃna]
hamburger (de)	катлета (ж)	[kat'lɛta]
hamburger (de)	гамбургер (м)	['ɣamburɣɛr]
biefstuk (de)	біфштэкс (м)	[bifʃ'tɛks]
hutspot (de)	смажаніна (ж)	[smaʒa'nina]

garnering (de)	гарнір (м)	[ɣar'nir]
spaghetti (de)	спагеці (мн)	[spa'ɣɛtsi]
aardappelpuree (de)	бульбяное пюрэ (н)	[buʌbʲa'nɔɛ py'rɛ]
pizza (de)	піца (ж)	['pitsa]
pap (de)	каша (ж)	['kaʃa]
omelet (de)	амлет (м)	[am'lɛt]

gekookt (in water)	вараны	['varanı]
gerookt (bn)	вэнджаны	['vɛndʒanı]
gebakken (bn)	смажаны	['smaʒanı]
gedroogd (bn)	сушаны	['suʃanı]
diepvries (bn)	замарожаны	[zama'rɔʒanı]
gemarineerd (bn)	марынаваны	[marına'vanı]

zoet (bn)	салодкі	[sa'lɔtki]
gezouten (bn)	салёны	[sa'lɜnı]
koud (bn)	халодны	[ha'lɔdnı]
heet (bn)	гарачы	[ɣa'ratʃı]
bitter (bn)	горкі	['ɣɔrki]
lekker (bn)	смачны	['smatʃnı]

koken (in kokend water)	варыць	[va'rıts]
bereiden (avondmaaltijd ~)	гатаваць	[ɣata'vats]
bakken (ww)	смажыць	['smaʒıts]
opwarmen (ww)	разаграваць	[razaɣra'vats]

zouten (ww)	саліць	[sa'lits]
peperen (ww)	перчыць	['pɛrtʃıts]
raspen (ww)	драць	[drats]
schil (de)	лупіна (ж)	[lu'pina]
schillen (ww)	абіраць	[abi'rats]

50. Kruiden

zout (het)	соль (ж)	[sɔʎ]
gezouten (bn)	салёны	[sa'lɜnı]
zouten (ww)	саліць	[sa'lits]

zwarte peper (de)	чорны перац (м)	['tʃɔrnı 'pɛrats]
rode peper (de)	чырвоны перац (м)	[tʃır'vɔnı 'pɛrats]
mosterd (de)	гарчыца (ж)	[ɣar'tʃıtsa]
mierikswortel (de)	хрэн (м)	[hrɛn]

condiment (het)	прыправа (ж)	[prıp'rava]
specerij , kruiderij (de)	духмяная спецыя (ж)	[duh'mʲanaja 's'pɛtsıja]
saus (de)	соус (м)	['sɔus]
azijn (de)	воцат (м)	['vɔtsat]
anijs (de)	аніс (м)	[a'nis]

basilicum (de)	базілік (м)	[bazi'lik]
kruidnagel (de)	гваздзіка (ж)	[ɣvazʲ'dzika]
gember (de)	імбір (м)	[im'bir]
koriander (de)	каляндра (ж)	[ka'ʎandra]
kaneel (de/het)	карыца (ж)	[ka'rɪtsa]

sesamzaad (het)	кунжут (м)	[kun'ʒut]
laurierblad (het)	лаўровы ліст (м)	[lau'rɔvɪ 'list]
paprika (de)	папрыка (ж)	['paprɪka]
komijn (de)	кмен (м)	[kmɛn]
saffraan (de)	шафран (м)	[ʃaf'ran]

51. Maaltijden

| eten (het) | ежа (ж) | ['ɛʒa] |
| eten (ww) | есці | ['ɛsʲtsi] |

ontbijt (het)	сняданак (м)	[sʲɲa'danak]
ontbijten (ww)	снедаць	['sʲnɛdatsʲ]
lunch (de)	абед (м)	[a'bɛt]
lunchen (ww)	абедаць	[a'bɛdatsʲ]
avondeten (het)	вячэра (ж)	[vʲa'tʃɛra]
souperen (ww)	вячэраць	[vʲa'tʃɛratsʲ]

| eetlust (de) | апетыт (м) | [apɛ'tɪt] |
| Eet smakelijk! | Смачна есці! | ['smatʃna 'ɛsʲtsi] |

openen (een fles ~)	адкрываць	[atkrɪ'vatsʲ]
morsen (koffie, enz.)	разліць	[razʲ'litsʲ]
zijn gemorst	разліцца	[razʲ'litsa]

koken (water kookt bij 100°C)	кіпець	[ki'pɛtsʲ]
koken (Hoe om water te ~)	кіпяціць	[kipʲa'tsitsʲ]
gekookt (~ water)	кіпячоны	[kipʲa'tʃɔnɪ]
afkoelen (koeler maken)	астудзіць	[astu'dzitsʲ]
afkoelen (koeler worden)	астуджвацца	[as'tudʒvatsa]

| smaak (de) | смак (м) | ['smak] |
| nasmaak (de) | прысмак (м) | ['prɪsmak] |

volgen een dieet	худзець	[hu'dzɛtsʲ]
dieet (het)	дыета (ж)	[dɪ'ɛta]
vitamine (de)	вітамін (м)	[wita'min]
calorie (de)	калорыя (ж)	[ka'lɔrɪja]

| vegetariër (de) | вегетарыянец (м) | [wɛɣɛtarɪ'janɛts] |
| vegetarisch (bn) | вегетарыянскі | [wɛɣɛtarɪ'janski] |

vetten (mv.)	тлушчы (м мн)	[tluʃ'tʃɪ]
eiwitten (mv.)	бялкі (м мн)	[bʲal'ki]
koolhydraten (mv.)	вугляводы (м мн)	[vuɣʎa'vɔdɪ]
snede (de)	лустачка (ж)	['lustatʃka]
stuk (bijv. een ~ taart)	кавалак (м)	[ka'valak]
kruimel (de)	крошка (ж)	['krɔʃka]

52. Tafelschikking

lepel (de)	лыжка (ж)	['lɪʃka]
mes (het)	нож (м)	[nɔʃ]
vork (de)	відэлец (м)	[wi'dɛlɛts]

kopje (het)	кубак (м)	['kubak]
bord (het)	талерка (ж)	[ta'lɛrka]
schoteltje (het)	сподак (м)	['spɔdak]
servet (het)	сурвэтка (ж)	[sur'vɛtka]
tandenstoker (de)	зубачыстка (ж)	[zuba'tʃɪstka]

53. Restaurant

restaurant (het)	рэстаран (м)	[rɛsta'ran]
koffiehuis (het)	кавярня (ж)	[ka'vʲarɲa]
bar (de)	бар (м)	[bar]
tearoom (de)	чайны салон (м)	['tʃajnɪ sa'lɔn]

kelner, ober (de)	афіцыянт (м)	[afitsɪ'jant]
serveerster (de)	афіцыянтка (ж)	[afitsɪ'jantka]
barman (de)	бармэн (м)	[bar'mɛn]

menu (het)	меню (н)	[mɛ'ny]
wijnkaart (de)	карта (ж) вінаў	['karta 'winau]
een tafel reserveren	забраніраваць столік	[zabra'niravats 'stɔlik]

gerecht (het)	страва (ж)	['strava]
bestellen (eten ~)	заказаць	[zaka'zats]
een bestelling maken	зрабіць заказ	[zra'bidzʲ za'kas]

aperitief (de/het)	аперытыў (м)	[apɛrɪ'tɪu]
voorgerecht (het)	закуска (ж)	[za'kuska]
dessert (het)	дэсерт (м)	[dɛ'sɛrt]

rekening (de)	рахунак (м)	[ra'hunak]
de rekening betalen	аплаціць рахунак	[apla'tsits ra'hunak]
wisselgeld teruggeven	даць рэшту	['dats 'rɛʃtu]
fooi (de)	чаявыя (мн)	[tʃaja'vɪja]

Familie, verwanten en vrienden

54. Persoonlijke informatie. Formulieren

naam (de)	імя (н)	[i'mʲa]
achternaam (de)	прозвішча (н)	['prɔzʲwiʃʧa]
geboortedatum (de)	дата (ж) нараджэння	['data nara'ʤɛnja]
geboorteplaats (de)	месца (н) нараджэння	['mɛstsa nara'ʤɛnja]

nationaliteit (de)	нацыянальнасць (ж)	[natsɪja'naʎnasʲts]
woonplaats (de)	месца (н) жыхарства	['mɛstsa ʒɪ'harstva]
land (het)	краіна (ж)	[kra'ina]
beroep (het)	прафесія (ж)	[pra'fɛsija]

geslacht (ov. het vrouwelijk ~)	пол (м)	[pɔl]
lengte (de)	рост (м)	[rɔst]
gewicht (het)	вага (ж)	[va'ɣa]

55. Familieleden. Verwanten

moeder (de)	маці (ж)	['matsi]
vader (de)	бацька (м)	['batska]
zoon (de)	сын (м)	[sɪn]
dochter (de)	дачка (ж)	[datʃ'ka]

jongste dochter (de)	малодшая дачка (ж)	[ma'lɔtʃaja datʃ'ka]
jongste zoon (de)	малодшы сын (м)	[ma'lɔtʃɪ 'sɪn]
oudste dochter (de)	старэйшая дачка (ж)	[sta'rɛjʃaja datʃ'ka]
oudste zoon (de)	старэйшы сын (м)	[sta'rɛjʃɪ 'sɪn]

broer (de)	брат (м)	[brat]
zuster (de)	сястра (ж)	[sʲast'ra]

neef (zoon van oom/tante)	стрыечны брат (м)	[strɪ'ɛʧnɪ 'brat]
nicht (dochter van oom/tante)	стрыечная сястра (ж)	[strɪ'ɛʧnaja sʲast'ra]
mama (de)	мама (ж)	['mama]
papa (de)	тата (м)	['tata]
ouders (mv.)	бацькі (мн)	[bats'ki]
kind (het)	дзіця (н)	[dzi'tsʲa]
kinderen (mv.)	дзеці (н мн)	['dzɛtsi]

oma (de)	бабуля (ж)	[ba'buʎa]
opa (de)	дзядуля (м)	[dzʲa'duʎa]
kleinzoon (de)	унук (м)	[u'nuk]
kleindochter (de)	унучка (ж)	[u'nutʃka]
kleinkinderen (mv.)	унукі (м мн)	[u'nuki]
oom (de)	дзядзька (м)	['dzʲatska]

tante (de)	цётка (ж)	['tsɔtka]
neef (zoon van broer/zus)	пляменнік (м)	[pʎa'mɛɲik]
nicht (dochter van broer/zus)	пляменніца (ж)	[pʎa'mɛɲitsa]

schoonmoeder (de)	цешча (ж)	['tsɛʃtʃa]
schoonvader (de)	свёкар (м)	['sʲwɔkar]
schoonzoon (de)	зяць (м)	[zʲats]
stiefmoeder (de)	мачаха (ж)	['matʃaha]
stiefvader (de)	айчым (м)	[aj'tʃɪm]

zuigeling (de)	груднoе дзіця (н)	[ɣrud'nɔɛ dzi'tsʲa]
wiegenkind (het)	немаўля (н)	[nɛmau'ʎa]
kleuter (de)	малыш (м)	[ma'lɪʃ]

vrouw (de)	жонка (ж)	['ʒɔŋka]
man (de)	муж (м)	[muʃ]
echtgenoot (de)	муж (м)	[muʃ]
echtgenote (de)	жонка (ж)	['ʒɔŋka]

gehuwd (mann.)	жанаты	[ʒa'natɪ]
gehuwd (vrouw.)	замужняя	[za'muʒɲaja]
ongehuwd (mann.)	халасты	[halas'tɪ]
vrijgezel (de)	халасцяк (м)	[halasʲ'tsʲak]
gescheiden (bn)	разведзены	[razʲ'wɛdzɛnɪ]
weduwe (de)	удава (ж)	[u'dava]
weduwnaar (de)	удавец (м)	[uda'wɛts]

familielid (het)	свaяк (м)	[sva'jak]
dichte familielid (het)	блізкі свaяк (м)	['bliski sva'jak]
verre familielid (het)	далёкі свaяк (м)	[da'lɔki sva'jak]
familieleden (mv.)	свaякі (м мн)	[svaja'ki]

wees (de), weeskind (het)	сірата (м, ж)	[sira'ta]
voogd (de)	апякун (м)	[apʲa'kun]
adopteren (een jongen te ~)	усынавіць	[usɪna'wits]
adopteren (een meisje te ~)	удачарыць	[udatʃa'rɪts]

56. Vrienden. Collega's

vriend (de)	сябар (м)	['sʲabar]
vriendin (de)	сяброўка (ж)	[sʲab'rouka]
vriendschap (de)	сяброўства (н)	[sʲab'roustva]
bevriend zijn (ww)	сябраваць	[sʲabra'vats]

makker (de)	прыяцель (м)	['prijatsɛʎ]
vriendin (de)	прыяцелька (ж)	['prijatsɛʎka]
partner (de)	партнёр (м)	[part'nɔr]

chef (de)	шэф (м)	[ʃɛf]
baas (de)	начальнік (м)	[na'tʃaʎnik]
ondergeschikte (de)	падначалены (м)	[padna'tʃalɛnɪ]
collega (de)	калега (м, ж)	[ka'lɛɣa]
kennis (de)	знаёмы (м)	[zna'ɔmɪ]
medereiziger (de)	спадарожнік (м)	[spada'rɔʒnik]

klasgenoot (de)	аднакласнік (м)	[adnak'las/nik]
buurman (de)	сусед (м)	[su'sɛt]
buurvrouw (de)	суседка (ж)	[su'sɛtka]
buren (mv.)	суседзі (м мн)	[su'sɛdzi]

57. Man. Vrouw

vrouw (de)	жанчына (ж)	[ʒan'tʃɪna]
meisje (het)	дзяўчына (ж)	[dzʲau'tʃɪna]
bruid (de)	нявеста (ж)	[na'wɛsta]

mooi(e) (vrouw, meisje)	прыгожая	[prɪ'ɣoʒaja]
groot, grote (vrouw, meisje)	высокая	[vɪ'sokaja]
slank(e) (vrouw, meisje)	стройная	['strɔjnaja]
korte, kleine (vrouw, meisje)	невысокага росту	[nɛvɪ'sokaɣa 'rɔstu]

| blondine (de) | бландзінка (ж) | [blan'dziŋka] |
| brunette (de) | брунетка (ж) | [bru'nɛtka] |

dames- (abn)	дамскі	['damski]
maagd (de)	нявінніца (ж)	[na'winʲitsa]
zwanger (bn)	цяжарная	[tsʲa'ʒarnaja]

man (de)	мужчына (м)	[muʃ'tʃɪna]
blonde man (de)	бландзін (м)	[blan'dzin]
bruinharige man (de)	брунет (м)	[bru'nɛt]
groot (bn)	высокі	[vɪ'soki]
klein (bn)	невысокага росту	[nɛvɪ'sokaɣa 'rɔstu]

onbeleefd (bn)	грубы	['ɣrubɪ]
gedrongen (bn)	каржакаваты	[karʒaka'vatɪ]
robuust (bn)	дужы	['duʒɪ]
sterk (bn)	моцны	['mɔtsnɪ]
sterkte (de)	сіла (ж)	['sila]

mollig (bn)	поўны	['pɔunɪ]
getaand (bn)	смуглы	['smuɣlɪ]
slank (bn)	стройны	['strɔjnɪ]
elegant (bn)	элегантны	[ɛlɛ'ɣantnɪ]

58. Leeftijd

leeftijd (de)	узрост (м)	[uz'rɔst]
jeugd (de)	юнацтва (н)	[ju'natstva]
jong (bn)	малады	[mala'dɪ]

| jonger (bn) | маладзейшы за | [mala'dzɛjʃɪ za] |
| ouder (bn) | старэйшы за | [sta'rɛjʃɪ za] |

jongen (de)	юнак (м)	[ju'nak]
tiener, adolescent (de)	падлетак (м)	[pad'lɛtak]
kerel (de)	хлопец (м)	['hlɔpɛts]

oude man (de)	стары (м)	[sta'rı]
oude vrouw (de)	старая (ж)	[sta'raja]

volwassen (bn)	дарослы	[da'rɔslı]
van middelbare leeftijd (bn)	сярэдніх гадоў	[sʲa'rɛdniɣ ɣa'dɔu]
bejaard (bn)	пажылы	[paʒɪ'lı]
oud (bn)	стары	[sta'rı]

pensioen (het)	пенсія (ж)	['pɛnsija]
met pensioen gaan	пайсці на пенсію	[pajsʲ'tsi na 'pɛnsiju]
gepensioneerde (de)	пенсіянер (м)	[pɛnsija'nɛr]

59. Kinderen

kind (het)	дзіця (н)	[dzi'tsʲa]
kinderen (mv.)	дзеці (н мн)	['dzɛtsi]
tweeling (de)	блізняты (н мн)	[bliz'ɲatı]

wieg (de)	калыска (ж)	[ka'lıska]
rammelaar (de)	бразготка (ж)	[brazɣ'ɔtka]
luier (de)	падгузак (м)	[pad'ɣuzak]

speen (de)	соска (ж)	['sɔska]
kinderwagen (de)	каляска (ж)	[ka'ʎaska]
kleuterschool (de)	дзіцячы сад (м)	[dzi'tsʲatʃı 'sat]
babysitter (de)	нянька (ж)	['ɲaɲka]

kindertijd (de)	дзяцінства (н)	[dzʲa'tsinstva]
pop (de)	лялька (ж)	['ʎaʎka]
speelgoed (het)	цацка (ж)	['tsatska]
bouwspeelgoed (het)	канструктар (м)	[kanst'ruktar]

welopgevoed (bn)	выхаваны	['vıhavanı]
onopgevoed (bn)	нявыхаваны	[ɲa'vıhavanı]
verwend (bn)	распешчаны	[rasʲ'pɛʃʧanı]

stout zijn (ww)	дурэць	[du'rɛts]
stout (bn)	дураслівы	[durasʲ'livı]
stoutheid (de)	свавольства (н)	[sva'vɔʎstva]
stouterd (de)	гарэза (ж)	[ɣa'rɛza]

gehoorzaam (bn)	паслухмяны	[pasluh'mʲanı]
ongehoorzaam (bn)	непаслухмяны	[nɛpasluh'mʲanı]

braaf (bn)	разумны	[ra'zumnı]
slim (verstandig)	разумны	[ra'zumnı]
wonderkind (het)	вундэркінд (м)	[vundɛr'kint]

60. Gehuwde paren. Gezinsleven

kussen (een kus geven)	цалаваць	[tsala'vats]
elkaar kussen (ww)	цалавацца	[tsala'vatsa]

gezin (het)	сям'я (ж)	[sʲamhʲja]
gezins- (abn)	сямейны	[sʲaˈmɛjnɪ]
paar (het)	пара (ж)	[ˈpara]
huwelijk (het)	шлюб (м)	[ʃlyp]
thuis (het)	хатні ачаг (м)	[ˈhatni aˈʧah]
dynastie (de)	дынастыя (ж)	[dɪˈnastɪja]

date (de)	спатканне (н)	[spatˈkaɲɛ]
zoen (de)	пацалунак (м)	[patsaˈlunak]

liefde (de)	каханне (н)	[kaˈhaɲɛ]
liefhebben (ww)	кахаць	[kaˈhaʦ]
geliefde (bn)	каханы	[kaˈhanɪ]

tederheid (de)	пяшчота (ж)	[pʲaʃˈʧota]
teder (bn)	пяшчотны	[pʲaʃˈʧotnɪ]
trouw (de)	вернасць (ж)	[ˈwɛrnasʲʦ]
trouw (bn)	верны	[ˈwɛrnɪ]
zorg (bijv. bejaarden~)	клопат (м)	[ˈklɔpat]
zorgzaam (bn)	клапатлівы	[klapatˈlivɪ]

jonggehuwden (mv.)	маладыя (мн)	[malaˈdɪja]
wittebroodsweken (mv.)	мядовы месяц (м)	[mʲaˈdɔvɪ ˈmɛsʲaʦ]
trouwen (vrouw)	выйсці замуж	[ˈvɪjsʲʦi ˈzamuʃ]
trouwen (man)	ажаніцца	[aʒaˈniʦa]

bruiloft (de)	вяселле (н)	[vʲaˈsɛllɛ]
gouden bruiloft (de)	залатое вяселле (н)	[zalaˈtɔɛ vʲaˈsɛllɛ]
verjaardag (de)	гадавіна (ж)	[ɣadaˈwina]

minnaar (de)	палюбоўнік (м)	[palyˈbɔunik]
minnares (de)	палюбоўніца (ж)	[palyˈbɔuniʦa]

overspel (het)	здрада (ж)	[ˈzdrada]
overspel plegen (ww)	здрадзіць	[ˈzdradziʦ]
jaloers (bn)	раўнівы	[rauˈnivɪ]
jaloers zijn (echtgenoot, enz.)	раўнаваць	[raunaˈvaʦ]
echtscheiding (de)	развод (м)	[razˈvɔt]
scheiden (ww)	развесціся	[razʲˈwɛsʲʦisʲa]

ruzie hebben (ww)	сварыцца	[svaˈrɪʦa]
vrede sluiten (ww)	мірыцца	[miˈrɪʦa]
samen (bw)	разам	[ˈrazam]
seks (de)	сэкс (м)	[sɛks]

geluk (het)	шчасце (н)	[ˈʃʧasʲʦɛ]
gelukkig (bn)	шчаслівы	[ʃʧasʲˈlivɪ]
ongeluk (het)	няшчасце (н)	[ɲaʃˈʧasʲʦɛ]
ongelukkig (bn)	няшчасны	[ɲaʃˈʧasnɪ]

Karakter. Gevoelens. Emoties

61. Gevoelens. Emoties

gevoel (het)	пачуццё (н)	[paˈtʃuˈtsɛ]
gevoelens (mv.)	пачуцці (н мн)	[paˈtʃutsi]
voelen (ww)	адчуваць	[atʃuˈvats]
honger (de)	голад (м)	[ˈɣɔlat]
honger hebben (ww)	хацець есці	[haˈtsɛts ˈɛsʲtsi]
dorst (de)	смага (ж)	[ˈsmaɣa]
dorst hebben	хацець піць	[haˈtsɛts ˈpits]
slaperigheid (de)	санлівасць (ж)	[sanˈlivasʲts]
willen slapen	хацець спаць	[haˈtsɛts ˈspats]
moeheid (de)	стомленасць (ж)	[ˈstɔmlɛnasʲts]
moe (bn)	стомлены	[ˈstɔmlɛnɪ]
vermoeid raken (ww)	стаміцца	[staˈmitsa]
stemming (de)	настрой (м)	[nastˈrɔj]
verveling (de)	сум (м)	[sum]
zich vervelen (ww)	сумаваць	[sumaˈvats]
afzondering (de)	самота (ж)	[saˈmɔta]
zich afzonderen (ww)	адасобіцца	[adaˈsɔbitsa]
bezorgd maken (ww)	непакоіць	[nɛpaˈkɔits]
zich bezorgd maken	непакоіцца	[nɛpaˈkɔitsa]
zorg (bijv. geld~en)	неспакой (м)	[nɛspaˈkɔj]
ongerustheid (de)	трывога (ж)	[trɪˈvɔɣa]
ongerust (bn)	заклапочаны	[zaklaˈpɔtʃanɪ]
zenuwachtig zijn (ww)	нервавацца	[nɛrvaˈvatsa]
in paniek raken	панікаваць	[panikaˈvats]
hoop (de)	надзея (ж)	[naˈdzɛja]
hopen (ww)	спадзявацца	[spadzʲaˈvatsa]
zekerheid (de)	упэўненасць (ж)	[uˈpɛunɛnasʲts]
zeker (bn)	упэўнены	[uˈpɛunɛnɪ]
onzekerheid (de)	няўпэўненасць (ж)	[ɲauˈpɛunɛnasʲts]
onzeker (bn)	няўпэўнены	[ɲauˈpɛunɛnɪ]
dronken (bn)	п'яны	[ˈpʰjanɪ]
nuchter (bn)	цвярозы	[tsvʲaˈrɔzɪ]
zwak (bn)	слабы	[ˈslabɪ]
gelukkig (bn)	шчаслівы	[ʈʃasʲˈlivɪ]
doen schrikken (ww)	напалохаць	[napaˈlɔhats]
toorn (de)	шаленства (н)	[ʃaˈlɛnstva]
woede (de)	лютасць (ж)	[ˈlytasʲts]
depressie (de)	дэпрэсія (ж)	[dɛpˈrɛsija]
ongemak (het)	дыскамфорт (м)	[dɪskamˈfɔrt]

gemak, comfort (het)	камфорт (м)	[kam'fɔrt]
spijt hebben (ww)	шкадаваць	[ʃkada'vats]
spijt (de)	шкадаванне (н)	[ʃkada'vaɲɛ]
pech (de)	нешанцаванне (н)	[nɛʃantsa'vaɲɛ]
bedroefdheid (de)	засмучэнне (н)	[zasmu'tʃɛɲɛ]

schaamte (de)	сорам (м)	['sɔram]
pret (de), plezier (het)	весялосць (ж)	[wɛsʲa'losʲts]
enthousiasme (het)	энтузіязм (м)	[ɛntuzi'jazm]
enthousiasteling (de)	энтузіяст (м)	[ɛntuzi'jast]
enthousiasme vertonen	праявіць энтузіязм	[praja'wits ɛntuzi'jazm]

62. Karakter. Persoonlijkheid

karakter (het)	характар (м)	[ha'raktar]
karakterfout (de)	недахоп (м)	[nɛda'hɔp]
rede (de), verstand (het)	розум (м)	['rɔzum]

geweten (het)	сумленне (н)	[sum'lɛɲɛ]
gewoonte (de)	звычка (ж)	['zvɪtʃka]
bekwaamheid (de)	здольнасць (ж)	['zdɔʌnasʲts]
kunnen (bijv., ~ zwemmen)	умець	[u'mɛts]

geduldig (bn)	цярплівы	[tsʲarp'livɪ]
ongeduldig (bn)	нецярплівы	[nɛts'arp'livɪ]
nieuwsgierig (bn)	цікаўны	[tsi'kaunɪ]
nieuwsgierigheid (de)	цікаўнасць (ж)	[tsi'kaunasʲts]

bescheidenheid (de)	сціпласць (ж)	['sʲtsiplasʲts]
bescheiden (bn)	сціплы	['sʲtsiplɪ]
onbescheiden (bn)	нясціплы	[ɲasʲ'tsiplɪ]

luiheid (de)	лянота (ж)	[ʌa'nota]
lui (bn)	гультаяваты	[ɣuʌtaja'vatɪ]
luiwammes (de)	гультай (м)	[ɣuʌ'taj]

sluwheid (de)	хітрасць (ж)	['hitrasʲts]
sluw (bn)	хітры	['hitrɪ]
wantrouwen (het)	недавер (м)	[nɛda'wɛr]
wantrouwig (bn)	недаверлівы	[nɛda'wɛrlivɪ]

gulheid (de)	шчодрасць (ж)	['ʃtʃɔdrasʲts]
gul (bn)	шчодры	['ʃtʃɔdrɪ]
talentrijk (bn)	таленавіты	[talɛna'witɪ]
talent (het)	талент (м)	['talɛnt]

moedig (bn)	смелы	['sʲmɛlɪ]
moed (de)	смеласць (ж)	['sʲmɛlasʲts]
eerlijk (bn)	сумленны	[sum'lɛɲɪ]
eerlijkheid (de)	сумленнасць (ж)	[sum'lɛɲasʲts]

voorzichtig (bn)	асцярожны	[asʲtsʲa'rɔznɪ]
manhaftig (bn)	адважны	[ad'vaznɪ]
ernstig (bn)	сур'ёзны	[surʰ'zznɪ]

streng (bn)	строгі	['stroɣi]
resoluut (bn)	рашучы	[ra'ʃutʃɪ]
onzeker, irresoluut (bn)	нерашучы	[nɛra'ʃutʃɪ]
schuchter (bn)	нясмелы	[ɲasʲ'mɛlɪ]
schuchterheid (de)	нясмеласць (ж)	[ɲasʲ'mɛlasʲts]

vertrouwen (het)	давер (м)	[da'wɛr]
vertrouwen (ww)	верыць	['wɛrɪts]
goedgelovig (bn)	даверлівы	[da'wɛrlivɪ]

oprecht (bw)	чыстасардэчна	[tʃɪstasar'dɛtʃna]
oprecht (bn)	чыстасардэчны	[tʃɪstasar'dɛtʃnɪ]
oprechtheid (de)	чыстасардэчнасць (ж)	[tʃɪstasar'dɛtʃnasʲts]
open (bn)	адкрыты	[atk'rɪtɪ]

rustig (bn)	ціхі	['tsihi]
openhartig (bn)	шчыры	['ʃtʃɪrɪ]
naïef (bn)	наіўны	[na'iunɪ]
verstrooid (bn)	рассеяны	[ras'sɛjanɪ]
leuk, grappig (bn)	смешны	['sʲmɛʃnɪ]

gierigheid (de)	прагнасць (ж)	['praɣnasʲts]
gierig (bn)	прагны	['praɣnɪ]
inhalig (bn)	скупы	[sku'pɪ]
kwaad (bn)	злы	[zlɪ]
koppig (bn)	упарты	[u'partɪ]
onaangenaam (bn)	непрыемны	[nɛprɪ'ɛmnɪ]

egoïst (de)	эгаіст (м)	[ɛɣa'ist]
egoïstisch (bn)	эгаістычны	[ɛɣais'tɪtʃnɪ]
lafaard (de)	баязлівец (м)	[bajazʲ'liwɛts]
laf (bn)	баязлівы	[bajazʲ'livɪ]

63. Slaap. Dromen

slapen (ww)	спаць	[spats]
slaap (in ~ vallen)	сон (м)	[sɔn]
droom (de)	сон (м)	[sɔn]
dromen (in de slaap)	сніць сны	['sʲnits 'snɪ]
slaperig (bn)	сонны	['sɔnɪ]

bed (het)	ложак (м)	['lɔʒak]
matras (de)	матрац (м)	[mat'rats]
deken (de)	коўдра (ж)	['kɔudra]
kussen (het)	падушка (ж)	[pa'duʃka]
laken (het)	прасціна (ж)	[prasʲtsi'na]

slapeloosheid (de)	бяссонніца (ж)	[bʲas'sɔɲitsa]
slapeloos (bn)	бяссонны	[bʲas'sɔnɪ]
slaapmiddel (het)	снатворнае (н)	[snat'vɔrnaɛ]
slaapmiddel innemen	прыняць снатворнае	[prɪ'ɲats snat'vɔrnaɛ]

willen slapen	хацець спаць	[ha'tsɛts 'spats]
geeuwen (ww)	пазяхаць	[pazʲa'hats]

gaan slapen	ісці спаць	[isʲ'tsi 'spats]
het bed opmaken	слаць пасцель	['slats pasʲ'tsɛʎ]
inslapen (ww)	заснуць	[zas'nuts]

nachtmerrie (de)	кашмар (м)	[kaʃ'mar]
gesnurk (het)	храп (м)	[hrap]
snurken (ww)	храпці	[hrap'tsi]

wekker (de)	будзільнік (м)	[bu'dziʎnik]
wekken (ww)	разбудзіць	[razbu'dzits]
wakker worden (ww)	прачынацца	[pratʃɪ'natsa]
opstaan (ww)	уставаць	[usta'vats]
zich wassen (ww)	умывацца	[umɪ'vatsa]

64. Humor. Gelach. Blijdschap

humor (de)	гумар (м)	['ɣumar]
gevoel (het) voor humor	пачуццё (н)	[patʃu'tsɜ]
plezier hebben (ww)	весяліцца	[wɛsʲa'litsa]
vrolijk (bn)	вясёлы	[vʲa'sɜlɪ]
pret (de), plezier (het)	весялосць (ж)	[wɛsʲa'losʲts]

glimlach (de)	усмешка (ж)	[usʲ'mɛʃka]
glimlachen (ww)	усміхацца	[usʲmi'hatsa]
beginnen te lachen (ww)	засмяяцца	[zasʲmʲa'jatsa]
lachen (ww)	смяяцца	[sʲmʲa'jatsa]
lach (de)	смех (м)	[sʲmɛh]

mop (de)	анекдот (м)	[anɛɣ'dot]
grappig (een ~ verhaal)	смешны	['sʲmɛʃnɪ]
grappig (~e clown)	смешны	['sʲmɛʃnɪ]

grappen maken (ww)	жартаваць	[ʒarta'vats]
grap (de)	жарт (м)	[ʒart]
blijheid (de)	радасць (ж)	['radasʲts]
blij zijn (ww)	радавацца	['radavatsa]
blij (bn)	радасны	['radasnɪ]

65. Discussie, conversatie. Deel 1

| communicatie (de) | зносіны (мн) | ['znosinɪ] |
| communiceren (ww) | мець зносіны | ['mɛdzʲ 'znosinɪ] |

conversatie (de)	размова (ж)	[raz'mova]
dialoog (de)	дыялог (м)	[dɪja'loh]
discussie (de)	дыскусія (ж)	[dɪs'kusija]
debat (het)	спрэчка (ж)	['sprɛtʃka]
debatteren, twisten (ww)	спрачацца	[spra'tʃatsa]

gesprekspartner (de)	суразмоўца (м)	[suraz'moutsa]
thema (het)	тэма (ж)	['tɛma]
standpunt (het)	пункт (м) погляду	['puŋkt 'poɣʎadu]

63

mening (de)	меркаванне (н)	[mɛrka'vaŋɛ]
toespraak (de)	прамова (ж)	[pra'mɔva]
bespreking (de)	абмеркаванне (н)	[abmɛrka'vaŋɛ]
bespreken (spreken over)	абмяркоўваць	[abmʲar'kɔuvaʦ]
gesprek (het)	гутарка (ж)	['ɣutarka]
spreken (converseren)	гутарыць	['ɣutarɪʦ]
ontmoeting (de)	сустрэча (ж)	[sust'rɛʧa]
ontmoeten (ww)	сустракацца	[sustra'kaʦa]
spreekwoord (het)	прыказка (ж)	['prɪkaska]
gezegde (het)	прымаўка (ж)	['prɪmauka]
raadsel (het)	загадка (ж)	[za'ɣatka]
een raadsel opgeven	загадваць загадку	[za'ɣadvadzʲ za'ɣatku]
wachtwoord (het)	пароль (м)	[pa'rɔʎ]
geheim (het)	сакрэт (м)	[sak'rɛt]
eed (de)	клятва (ж)	['kʎatva]
zweren (een eed doen)	клясціся	['kʎasʲʦisʲa]
belofte (de)	абяцанне (н)	[abʲa'ʦaŋɛ]
beloven (ww)	абяцаць	[abʲa'ʦaʦ]
advies (het)	парада (ж)	[pa'rada]
adviseren (ww)	раіць	['raiʦ]
luisteren (gehoorzamen)	слухацца	['sluhaʦa]
nieuws (het)	навіна (ж)	[nawi'na]
sensatie (de)	сенсацыя (ж)	[sɛn'saʦɪja]
informatie (de)	звесткі (ж мн)	['zʲwɛstki]
conclusie (de)	выснова (ж)	[vɪs'nɔva]
stem (de)	голас (м)	['ɣɔlas]
compliment (het)	камплімент (м)	[kampli'mɛnt]
vriendelijk (bn)	ласкавы	[las'kavɪ]
woord (het)	слова (н)	['slɔva]
zin (de), zinsdeel (het)	фраза (ж)	['fraza]
antwoord (het)	адказ (м)	[at'kas]
waarheid (de)	праўда (ж)	['prauda]
leugen (de)	хлусня (ж)	[hlusʲ'ɲa]
gedachte (de)	думка (ж)	['dumka]
idee (de/het)	ідэя (ж)	[i'dɛja]
fantasie (de)	фантазія (ж)	[fan'tazija]

66. Discussie, conversatie. Deel 2

gerespecteerd (bn)	паважаны	[pava'ʒanɪ]
respecteren (ww)	паважаць	[pava'ʒaʦ]
respect (het)	павага (ж)	[pa'vaɣa]
Geachte ... (brief)	Паважаны ...	[pava'ʒanɪ]
voorstellen (Mag ik jullie ~)	пазнаёміць	[paznaɛmiʦ]
intentie (de)	намер (м)	[na'mɛr]

intentie hebben (ww)	мець намер	[mɛts na'mɛr]
wens (de)	пажаданне (н)	[paʒa'daɲɛ]
wensen (ww)	пажадаць	[paʒa'dats]
verbazing (de)	здзіўленне (н)	[zʲdziu'lɛɲɛ]
verbazen (verwonderen)	здзіўляць	[zʲdziu'ʎats]
verbaasd zijn (ww)	здзіўляцца	[zʲdziu'ʎatsa]
geven (ww)	даць	[dats]
nemen (ww)	узяць	[u'zʲats]
teruggeven (ww)	вярнуць	[vʲar'nuts]
retourneren (ww)	аддаць	[ad'dats]
zich verontschuldigen	прасіць прабачэння	[pra'sits praba'tʃɛɲja]
verontschuldiging (de)	прабачэнне (н)	[praba'tʃɛɲɛ]
vergeven (ww)	выбачаць	[vɪba'tʃats]
spreken (ww)	размаўляць	[razmau'ʎats]
luisteren (ww)	слухаць	['sluhats]
aanhoren (ww)	выслухаць	['vɪsluhats]
begrijpen (ww)	зразумець	[zrazu'mɛts]
tonen (ww)	паказаць	[paka'zats]
kijken naar ...	глядзець	[ɣʎa'dzɛts]
roepen (vragen te komen)	паклікаць	[pak'likats]
storen (lastigvallen)	замінаць	[zami'nats]
doorgeven (ww)	перадаць	[pɛra'dats]
verzoek (het)	просьба (ж)	['prɔzʲba]
verzoeken (ww)	прасіць	[pra'sits]
eis (de)	патрабаванне (н)	[patraba'vaɲɛ]
eisen (met klem vragen)	патрабаваць	[patraba'vats]
beledigen	дражніць	[draʒ'nits]
(beledigende namen geven)		
uitlachen (ww)	кпіць	[kpits]
spot (de)	кпіны (мн)	['kpinɪ]
bijnaam (de)	празванне (н)	[praz'vaɲɛ]
zinspeling (de)	намёк (м)	[na'mɔk]
zinspelen (ww)	намякаць	[namʲa'kats]
impliceren (duiden op)	мець на ўвазе	['mɛts na u'vazɛ]
beschrijving (de)	апісанне (н)	[api'saɲɛ]
beschrijven (ww)	апісаць	[api'sats]
lof (de)	пахвала (ж)	[pahva'la]
loven (ww)	пахваліць	[pahva'lits]
teleurstelling (de)	расчараванне (н)	[raʃtʃara'vaɲɛ]
teleurstellen (ww)	расчараваць	[raʃtʃara'vats]
teleurgesteld zijn (ww)	расчаравацца	[raʃtʃara'vatsa]
veronderstelling (de)	дапушчэнне (н)	[dapuʃ'tʃɛɲɛ]
veronderstellen (ww)	дапускаць	[dapus'kats]
waarschuwing (de)	перасцярога (ж)	[pɛrasʲtsʲa'rɔɣa]
waarschuwen (ww)	перасцерагчы	[pɛrasʲtsɛrah'tʃɪ]

67. Discussie, conversatie. Deel 3

aanpraten (ww)	угаварыць	[uɣava'rɪts]
kalmeren (kalm maken)	супакойваць	[supa'kɔjvats]
stilte (de)	маўчанне (н)	[mau'ʧaɲɛ]
zwijgen (ww)	маўчаць	[mau'ʧats]
fluisteren (ww)	шапнуць	[ʃap'nuts]
gefluister (het)	шэпт (м)	[ʃɛpt]
open, eerlijk (bw)	шчыра	['ʃʧɪra]
volgens mij ...	на маю думку ...	[na ma'ju 'dumku]
detail (het)	падрабязнасць (ж)	[padra'bʲaznasʲts]
gedetailleerd (bn)	падрабязны	[padra'bʲaznɪ]
gedetailleerd (bw)	падрабязна	[padra'bʲazna]
hint (de)	падказка (ж)	[pat'kaska]
een hint geven	падказаць	[patka'zats]
blik (de)	позірк (м)	['pɔzirk]
een kijkje nemen	зірнуць	[zir'nuts]
strak (een ~ke blik)	нерухомы	[nɛru'hɔmɪ]
knipperen (ww)	міргаць	[mir'ɣats]
knipogen (ww)	мігнуць	[miɣ'nuts]
knikken (ww)	кіўнуць	[kiu'nuts]
zucht (de)	уздых (м)	[uz'dɪh]
zuchten (ww)	уздыхнуць	[uzdɪh'nuts]
huiveren (ww)	уздрыгваць	[uzd'rɪɣvats]
gebaar (het)	жэст (м)	[ʒɛst]
aanraken (ww)	дакрануцца	[dakra'nutsa]
grijpen (ww)	хапаць	[ha'pats]
een schouderklopje geven	ляпаць	['ʎapats]
Kijk uit!	Асцярожна!	[asʲtsʲa'rɔʒna]
Echt?	Няўжо?	[ɲau'ʒɔ]
Bent je er zeker van?	Ты ўпэўнены?	[tɪ u'pɛunɛnɪ]
Succes!	Удачы!	[u'daʧɪ]
Juist, ja!	Зразумела!	[zrazu'mɛla]
Wat jammer!	Шкада!	[ʃka'da]

68. Overeenstemming. Weigering

instemming (het)	згода (ж)	['zɣɔda]
instemmen (akkoord gaan)	згаджацца	[zɣa'dʒatsa]
goedkeuring (de)	ухвала (ж)	[uh'vala]
goedkeuren (ww)	ухваліць	[uhva'lits]
weigering (de)	адмова (ж)	[ad'mɔva]
weigeren (ww)	адмаўляцца	[admau'ʎatsa]
Geweldig!	Выдатна!	[vɪ'datna]
Goed!	Згода!	['zɣɔda]

Akkoord!	Добра!	['dɔbra]
verboden (bn)	забаронены	[zaba'rɔnɛnɪ]
het is verboden	нельга	['nɛʎɣa]
het is onmogelijk	немагчыма	[nɛmah'ʧɪma]
onjuist (bn)	няправільны	[ɲap'rawiʎnɪ]

afwijzen (ww)	адхіліць	[athi'liʦ]
steunen	падтрымаць	[pattrɪ'maʦ]
(een goed doel, enz.)		
aanvaarden (excuses ~)	прыняць	[prɪ'ɲaʦ]

bevestigen (ww)	пацвердзіць	[paʦ'wɛrdziʦ]
bevestiging (de)	пацвярджэнне (н)	[paʦvʲar'ʤɛɲɛ]

toestemming (de)	дазвол (м)	[daz'vɔl]
toestaan (ww)	дазволіць	[daz'vɔliʦ]
beslissing (de)	рашэнне (н)	[ra'ʃɛɲɛ]
z'n mond houden (ww)	прамаўчаць	[pramau'ʧaʦ]

voorwaarde (de)	умова (ж)	[u'mɔva]
smoes (de)	адгаворка (ж)	[adɣa'vɔrka]
lof (de)	пахвала (ж)	[pahva'la]
loven (ww)	хваліць	[hva'liʦ]

69. Succes. Veel geluk. Mislukking

succes (het)	поспех (м)	['pɔsʲpɛh]
succesvol (bw)	паспяхова	[pasʲpʲa'hɔva]
succesvol (bn)	паспяховы	[pasʲpʲa'hɔvɪ]

geluk (het)	удача (ж)	[u'daʧa]
Succes!	Удачы!	[u'daʧɪ]

geluks- (bn)	удалы	[u'dalɪ]
gelukkig (fortuinlijk)	удачлівы	[u'daʧlivɪ]

mislukking (de)	няўдача (ж)	[ɲau'daʧa]
tegenslag (de)	няўдача (ж)	[ɲau'daʧa]
pech (de)	нешанцаванне (н)	[nɛʃanʦa'vaɲɛ]

zonder succes (bn)	няўдалы	[ɲau'dalɪ]
catastrofe (de)	катастрофа (ж)	[katast'rɔfa]

fierheid (de)	гонар (м)	['ɣɔnar]
fier (bn)	горды	['ɣɔrdɪ]
fier zijn (ww)	ганарыцца	[ɣana'rɪʦa]

winnaar (de)	пераможца (м)	[pɛra'mɔʦsa]
winnen (ww)	перамагчы	[pɛramah'ʧɪ]

verliezen (ww)	прайграць	[prajɣ'raʦ]
poging (de)	спроба (ж)	['sprɔba]
pogen, proberen (ww)	спрабаваць	[spraba'vaʦ]
kans (de)	шанец (м)	['ʃanɛʦ]

70. Ruzies. Negatieve emoties

schreeuw (de)	крык (м)	[krık]
schreeuwen (ww)	крычаць	[krı'tʃats]
beginnen te schreeuwen	закрычаць	[zakrı'tʃats]
ruzie (de)	сварка (ж)	['svarka]
ruzie hebben (ww)	сварыцца	[sva'rıtsa]
schandaal (het)	скандал (м)	[skan'dal]
schandaal maken (ww)	скандаліць	[skan'dalits]
conflict (het)	канфлікт (м)	[kanf'likt]
misverstand (het)	непаразуменне (н)	[nɛparazu'mɛŋɛ]
belediging (de)	абраза (ж)	[ab'raza]
beledigen	абражаць	[abra'ʒats]
(met scheldwoorden)		
beledigd (bn)	абражаны	[ab'raʒanı]
krenking (de)	крыўда (ж)	['krıuda]
krenken (beledigen)	пакрыўдзіць	[pak'rıudzits]
gekwetst worden (ww)	пакрыўдзіцца	[pak'rıudzitsa]
verontwaardiging (de)	абурэнне (н)	[abu'rɛŋɛ]
verontwaardigd zijn (ww)	абурацца	[abu'ratsa]
klacht (de)	скарга (ж)	['skarɣa]
klagen (ww)	скардзіцца	['skardzitsa]
verontschuldiging (de)	прабачэнне (н)	[praba'tʃɛŋɛ]
zich verontschuldigen	прасіць прабачэння	[pra'sits praba'tʃɛnja]
excuus vragen	перапрашаць	[pɛrapra'ʃats]
kritiek (de)	крытыка (ж)	['krıtıka]
bekritiseren (ww)	крытыкаваць	[krıtıka'vats]
beschuldiging (de)	абвінавачванне (н)	[abwina'vatʃvaŋɛ]
beschuldigen (ww)	абвінавачваць	[abwina'vatʃvats]
wraak (de)	помста (ж)	['pɔmsta]
wreken (ww)	помсціць	['pɔmsjtsits]
wraak nemen (ww)	адплаціць	[atpla'tsits]
minachting (de)	пагарда (ж)	[pa'ɣarda]
minachten (ww)	пагарджаць	[paɣar'dʒats]
haat (de)	нянавісць (ж)	[ɲa'nawisjts]
haten (ww)	ненавідзець	[nɛna'widzɛts]
zenuwachtig (bn)	нервовы	[nɛr'vɔvı]
zenuwachtig zijn (ww)	нервавацца	[nɛrva'vatsa]
boos (bn)	злосны	['zlɔsnı]
boos maken (ww)	раззлаваць	[razzla'vats]
vernedering (de)	прыніжэнне (ж)	[prıni'ʒɛŋɛ]
vernederen (ww)	прыніжаць	[prıni'ʒats]
zich vernederen (ww)	прыніжацца	[prıni'ʒatsa]
schok (de)	шок (м)	[ʃɔk]
schokken (ww)	шакіраваць	[ʃa'kiravats]

| onaangenaamheid (de) | непрыемнасць (ж) | [nɛprɪ'ɛmnasʲʦ] |
| onaangenaam (bn) | непрыемны | [nɛprɪ'ɛmnɪ] |

vrees (de)	страх (м)	[strah]
vreselijk (bijv. ~ onweer)	страшэнны	[stra'ʃɛnɪ]
eng (bn)	страшны	['straʃnɪ]
gruwel (de)	жах (м)	[ʒah]
vreselijk (~ nieuws)	жахлівы	[ʒah'livɪ]

huilen (wenen)	плакаць	['plakaʦ]
beginnen te huilen (wenen)	заплакаць	[zap'lakaʦ]
traan (de)	сляза (ж)	[sʲʎa'za]

schuld (~ geven aan)	віна (ж)	[wi'na]
schuldgevoel (het)	віна (ж)	[wi'na]
schande (de)	ганьба (ж)	['ɣaɲba]
protest (het)	пратэст (м)	[pra'tɛst]
stress (de)	стрэс (м)	[strɛs]

storen (lastigvallen)	турбаваць	[turba'vaʦ]
kwaad zijn (ww)	злавацца	[zla'vaʦa]
kwaad (bn)	злы	[zlɪ]
beëindigen (een relatie ~)	спыняць	[spɪ'ɲaʦ]
vloeken (ww)	лаяцца	['lajaʦa]

schrikken (schrik krijgen)	палохацца	[pa'lɔhaʦa]
slaan (iemand ~)	стукнуць	['stuknuʦ]
vechten (ww)	біцца	['biʦa]

regelen (conflict)	урэгуляваць	[urɛɣuʎa'vaʦ]
ontevreden (bn)	незадаволены	[nɛzada'vɔlɛnɪ]
woedend (bn)	люты	['lytɪ]

| Dat is niet goed! | Гэта нядобра! | ['ɣɛta ɲa'dɔbra] |
| Dat is slecht! | Гэта дрэнна! | ['ɣɛta 'drɛɲa] |

Geneeskunde

71. Ziekten

ziekte (de)	хвароба (ж)	[hva'rɔba]
ziek zijn (ww)	хварэць	[hva'rɛts]
gezondheid (de)	здароўе (н)	[zda'rɔu̯ɛ]
snotneus (de)	насмарк (м)	['nasmark]
angina (de)	ангіна (ж)	[a'ŋina]
verkoudheid (de)	прастуда (ж)	[pras'tuda]
verkouden raken (ww)	прастудзіцца	[prastu'dzitsa]
bronchitis (de)	бранхіт (м)	[bran'hit]
longontsteking (de)	запаленне (н) лёгкіх	[zapa'lɛŋɛ 'lɜhkih]
griep (de)	грып (м)	[ɣrɪp]
bijziend (bn)	блізарукі	[bliza'ruki]
verziend (bn)	дальназоркі	[daʎna'zɔrki]
scheelheid (de)	касавокасць (ж)	[kasa'vɔkasʲts]
scheel (bn)	касавокі	[kasa'vɔki]
grauwe staar (de)	катаракта (ж)	[kata'rakta]
glaucoom (het)	глаўкома (ж)	[ɣlau̯'kɔma]
beroerte (de)	інсульт (м)	[in'suʎt]
hartinfarct (het)	інфаркт (м)	[in'farkt]
myocardiaal infarct (het)	інфаркт (м) міякарда	[in'farkt mija'karda]
verlamming (de)	параліч (м)	[para'litʃ]
verlammen (ww)	паралізаваць	[paraliza'vats]
allergie (de)	алергія (ж)	[alɛr'ɣija]
astma (de/het)	астма (ж)	['astma]
diabetes (de)	дыябет (м)	[dija'bɛt]
tandpijn (de)	зубны боль (м)	[zub'nɪ 'bɔʎ]
tandbederf (het)	карыес (м)	['karɪɛs]
diarree (de)	дыярэя (ж)	[dija'rɛja]
constipatie (de)	запор (м)	[za'pɔr]
maagstoornis (de)	расстройства (н) страўніка	[rast'rɔjstva 'straunika]
voedselvergiftiging (de)	атручванне (н)	[at'rutʃvaŋɛ]
voedselvergiftiging oplopen	атруціцца	[atru'tsitsa]
artritis (de)	артрыт (м)	[art'rɪt]
rachitis (de)	рахіт (м)	[ra'hit]
reuma (het)	рэўматызм (м)	[rɛuma'tɪzm]
arteriosclerose (de)	атэрасклероз (м)	[atɛrasklɛ'rɔs]
gastritis (de)	гастрыт (м)	[ɣast'rɪt]
blindedarmontsteking (de)	апендыцыт (м)	[apɛndɪ'tsɪt]

| galblaasontsteking (de) | халецыстыт (м) | [halɛtsɪs'tɪt] |
| zweer (de) | язва (ж) | ['jazva] |

mazelen (mv.)	адзёр (м)	[a'dzɜr]
rodehond (de)	краснуха (ж)	[kras'nuha]
geelzucht (de)	жаўтуха (ж)	[ʒau'tuha]
leverontsteking (de)	гепатыт (м)	[ɣɛpa'tɪt]

schizofrenie (de)	шызафрэнія (ж)	[ʃɪzafrɛ'nija]
dolheid (de)	шаленства (н)	[ʃa'lɛnstva]
neurose (de)	неўроз (м)	[nɛu'rɔs]
hersenschudding (de)	страсенне (н) мазгоў	[stra'sɛɲɛ mazɣ'ɔu]

kanker (de)	рак (м)	[rak]
sclerose (de)	склероз (м)	[sklɛ'rɔs]
multiple sclerose (de)	рассеяны склероз (м)	[ras'sɛjanɪ sklɛ'rɔs]

alcoholisme (het)	алкагалізм (м)	[alkaɣa'lizm]
alcoholicus (de)	алкаголік (м)	[alka'ɣɔlik]
syfilis (de)	сіфіліс (м)	['sifilis]
AIDS (de)	СНІД (м)	[sʲnit]

tumor (de)	пухліна (ж)	[puh'lina]
kwaadaardig (bn)	злаякасная	[zla'jakasnaja]
goedaardig (bn)	дабраякасная	[dabra'jakasnaja]

koorts (de)	ліхаманка (ж)	[liha'maŋka]
malaria (de)	малярыя (ж)	[maʎa'rɪja]
gangreen (het)	гангрэна (ж)	[ɣaŋ'rɛna]
zeeziekte (de)	марская хвароба (ж)	[mars'kaja hva'rɔba]
epilepsie (de)	эпілепсія (ж)	[ɛpi'lɛpsija]

epidemie (de)	эпідэмія (ж)	[ɛpi'dɛmija]
tyfus (de)	тыф (м)	[tɪf]
tuberculose (de)	сухоты (мн)	[su'hɔtɪ]
cholera (de)	халера (ж)	[ha'lɛra]
pest (de)	чума (ж)	[ʧu'ma]

72. Symptomen. Behandelingen. Deel 1

symptoom (het)	сімптом (м)	[simp'tɔm]
temperatuur (de)	тэмпература (ж)	[tɛmpɛra'tura]
verhoogde temperatuur (de)	высокая тэмпература (ж)	[vɪ'sɔkaja tɛmpɛra'tura]
polsslag (de)	пульс (м)	[puʎs]

duizeling (de)	галавакружэнне (н)	[ɣalavak'ruʒɛɲɛ]
heet (erg warm)	гарачы	[ɣa'raʧɪ]
koude rillingen (mv.)	дрыжыкі (мн)	['drɪʒɪki]
bleek (bn)	бледны	['blɛdnɪ]

hoest (de)	кашаль (м)	['kaʃaʎ]
hoesten (ww)	кашляць	['kaʃʎatsʲ]
niezen (ww)	чхаць	[ʧhatsʲ]
flauwte (de)	непрытомнасць (ж)	[nɛprɪ'tɔmnasʲts]

flauwvallen (ww)	страціць прытомнасць	['stratsits prɪ'tɔmnas/ts]
blauwe plek (de)	сіняк (м)	[si'ɲak]
buil (de)	гуз (м)	[ɣus]
zich stoten (ww)	стукнуцца	['stuknutsa]
kneuzing (de)	выцятае месца (н)	['vɪts/ataɛ 'mɛstsa]
kneuzen (gekneusd zijn)	выцяцца	['vɪts/atsa]

hinken (ww)	кульгаць	[kuʎ'ɣats]
verstuiking (de)	звіх (м)	[z/wih]
verstuiken (enkel, enz.)	звіхнуць	[z/wih'nuts]
breuk (de)	пералом (м)	[pɛra'lɔm]
een breuk oplopen	атрымаць пералом	[atrɪ'mats pɛra'lɔm]

snijwond (de)	парэз (м)	[pa'rɛs]
zich snijden (ww)	парэзацца	[pa'rɛzatsa]
bloeding (de)	крывацёк (м)	[krɪva'ts͡ɔk]

brandwond (de)	апёк (м)	[a'pɔk]
zich branden (ww)	апячыся	[ap/a'tʃɪs/a]

prikken (ww)	укалоць	[uka'lɔts]
zich prikken (ww)	укалоцца	[uka'lɔtsa]
blesseren (ww)	пашкодзіць	[paʃ'kodzits]
blessure (letsel)	пашкоджанне (н)	[paʃ'kodʒaɲɛ]
wond (de)	рана (ж)	['rana]
trauma (het)	траўма (ж)	['trauma]

IJlen (ww)	трызніць	['trɪz/nits]
stotteren (ww)	заікацца	[zai'katsa]
zonnesteek (de)	сонечны ўдар (м)	['sɔnɛtʃnɪ u'dar]

73. Symptomen. Behandelingen. Deel 2

pijn (de)	боль (м)	[bɔʎ]
splinter (de)	стрэмка (ж)	['strɛmka]

zweet (het)	пот (м)	[pɔt]
zweten (ww)	пацець	[pa'tsɛts]
braking (de)	ваніты (мн)	[va'nitɪ]
stuiptrekkingen (mv.)	сутаргі (ж мн)	['sutarɣi]

zwanger (bn)	цяжарная	[ts/a'ʒarnaja]
geboren worden (ww)	нарадзіцца	[nara'dzitsa]
geboorte (de)	роды (мн)	['rɔdɪ]
baren (ww)	нараджаць	[nara'dʒats]
abortus (de)	аборт (м)	[a'bɔrt]

ademhaling (de)	дыханне (н)	[dɪ'haɲɛ]
inademing (de)	удых (м)	[u'dɪh]
uitademing (de)	выдых (м)	['vɪdɪh]
uitademen (ww)	выдыхнуць	['vɪdɪhnuts]
inademen (ww)	зрабіць удых	[zra'bits u'dɪh]
invalide (de)	інвалід (м)	[inva'lit]
gehandicapte (de)	калека (м, ж)	[ka'lɛka]

drugsverslaafde (de)	наркаман (м)	[narka'man]
doof (bn)	глухі	[ɣlu'hi]
stom (bn)	нямы	[ɲa'mɪ]
doofstom (bn)	глуханямы	[ɣluhaɲa'mɪ]

krankzinnig (bn)	звар'яцелы	[zvarʰja'ʦɛlɪ]
krankzinnige (man)	вар'ят (м)	[varʰʲjat]
krankzinnige (vrouw)	вар'ятка (ж)	[varʰʲjatka]
krankzinnig worden	звар'яцець	[zvarʰja'ʦɛʦ]

gen (het)	ген (м)	[ɣɛn]
immuniteit (de)	імунітэт (м)	[imuni'tɛt]
erfelijk (bn)	спадчынны	['spatʃɪɲɪ]
aangeboren (bn)	прыроджаны	[prɪ'rɔdʒanɪ]

virus (het)	вірус (м)	['wirus]
microbe (de)	мікроб (м)	[mik'rɔp]
bacterie (de)	бактэрыя (ж)	[bak'tɛrɪja]
infectie (de)	інфекцыя (ж)	[in'fɛkʦɪja]

74. Symptomen. Behandelingen. Deel 3

| ziekenhuis (het) | бальніца (ж) | [baʎ'nitsa] |
| patiënt (de) | пацыент (м) | [paʦɪ'ɛnt] |

diagnose (de)	дыягназ (м)	[dɪ'jaɣnas]
genezing (de)	лячэнне (н)	[ʎa'ʧɛɲɛ]
onder behandeling zijn	лячыцца	[ʎa'ʧɪtsa]
behandelen (ww)	лячыць	[ʎa'ʧɪʦ]
zorgen (zieken ~)	даглядаць	[daɣʎa'daʦ]
ziekenzorg (de)	догляд (м)	['dɔɣʎat]

operatie (de)	аперацыя (ж)	[apɛ'raʦɪja]
verbinden (een arm ~)	перавязаць	[pɛravʲa'zaʦ]
verband (het)	перавязанне (н)	[pɛra'vʲazvaɲɛ]

vaccin (het)	прышчэпка (ж)	[prɪʃ'ʧɛpka]
inenten (vaccineren)	рабіць прышчэпку	[ra'biʦ prɪʃ'ʧɛpku]
injectie (de)	укол (м)	[u'kɔl]
een injectie geven	рабіць укол	[ra'biʦ u'kɔl]

amputatie (de)	ампутацыя (ж)	[ampu'taʦɪja]
amputeren (ww)	ампутаваць	[amputa'vaʦ]
coma (het)	кома (ж)	['kɔma]
in coma liggen	быць у коме	['bɪʦ u 'kɔmɛ]
intensieve zorg, ICU (de)	рэанімацыя (ж)	[rɛani'maʦɪja]

zich herstellen (ww)	папраўляцца	[paprau'ʎatsa]
toestand (de)	стан (м)	[stan]
bewustzijn (het)	прытомнасць (ж)	[prɪ'tɔmnasʲʦ]
geheugen (het)	памяць (ж)	['pamʲaʦ]

| trekken (een kies ~) | вырываць | [vɪrɪ'vaʦ] |
| vulling (de) | пломба (ж) | ['plɔmba] |

73

vullen (ww)	пламбіраваць	[plambira'vats]
hypnose (de)	гіпноз (м)	[ɣip'nɔs]
hypnotiseren (ww)	гіпнатызаваць	[ɣipnatıza'vats]

75. Artsen

dokter, arts (de)	урач (м)	[u'ratʃ]
ziekenzuster (de)	медсястра (ж)	[mɛtsʲast'ra]
lijfarts (de)	асабісты ўрач (м)	[asa'bistı u'ratʃ]

tandarts (de)	дантыст (м)	[dan'tıst]
oogarts (de)	акуліст (м)	[aku'list]
therapeut (de)	тэрапеўт (м)	[tɛra'pɛut]
chirurg (de)	хірург (м)	[hi'rurh]

psychiater (de)	псіхіятр (м)	[psihi'jatr]
pediater (de)	педыятр (м)	[pɛdı'jatr]
psycholoog (de)	псіхолаг (м)	[psi'hɔlah]
gynaecoloog (de)	гінеколаг (м)	[ɣinɛ'kɔlah]
cardioloog (de)	кардыёлаг (м)	[kardıɜlah]

76. Geneeskunde. Medicijnen. Accessoires

geneesmiddel (het)	лякарства (н)	[ʎa'karstva]
middel (het)	сродак (м)	['srɔdak]
voorschrijven (ww)	прапісаць	[prapi'sats]
recept (het)	рэцэпт (м)	[rɛ'tsɛpt]

tablet (de/het)	таблетка (ж)	[tab'lɛtka]
zalf (de)	мазь (ж)	[masʲ]
ampul (de)	ампула (ж)	['ampula]
drank (de)	мікстура (ж)	[miks'tura]
siroop (de)	сіроп (м)	[si'rɔp]
pil (de)	пілюля (ж)	[pi'lyʎa]
poeder (de/het)	парашок (м)	[para'ʃɔk]

verband (het)	бінт (м)	[bint]
watten (mv.)	вата (ж)	['vata]
jodium (het)	ёд (м)	[ɜt]
pleister (de)	лейкапластыр (м)	[lɛjkap'lastır]
pipet (de)	піпетка (ж)	[pi'pɛtka]
thermometer (de)	градуснік (м)	['ɣradusʲnik]
spuit (de)	шпрыц (м)	[ʃprıts]

| rolstoel (de) | каляска (ж) | [ka'ʎaska] |
| krukken (mv.) | мыліцы (ж мн) | ['mılitsı] |

pijnstiller (de)	абязбольвальнае (н)	[abʲaz'bɔʎvaʎnaɛ]
laxeermiddel (het)	слабіцельнае (н)	[sla'bitsɛʎnaɛ]
spiritus (de)	спірт (м)	[sʲpirt]
medicinale kruiden (mv.)	трава (ж)	[tra'va]
kruiden- (abn)	травяны	[travʲa'nı]

77. Roken. Tabaksproducten

tabak (de)	тытунь (м)	[tɪ'tuɲ]
sigaret (de)	цыгарэта (ж)	[tsɪɣa'rɛta]
sigaar (de)	цыгара (ж)	[tsɪ'ɣara]
pijp (de)	люлька (ж)	['lyʎka]
pakje (~ sigaretten)	пачак (м)	['patʃak]

lucifers (mv.)	запалкі (ж мн)	[za'palki]
luciferdoosje (het)	запалкавы пачак (м)	[za'palkavɪ 'patʃak]
aansteker (de)	запальніца (ж)	[zapaʎ'nitsa]
asbak (de)	попельніца (ж)	['pɔpɛʎnitsa]
sigarettendoosje (het)	партабак (м)	[parta'bak]

sigarettenpijpje (het)	муштук (м)	[muʃ'tuk]
filter (de/het)	фільтр (м)	[fiʎtr]

roken (ww)	курыць	[ku'rɪts]
een sigaret opsteken	закурыць	[zaku'rɪts]
roken (het)	курэнне (н)	[ku'rɛɲɛ]
roker (de)	курэц (м)	[ku'rɛts]

peuk (de)	недакурак (м)	[nɛda'kurak]
rook (de)	дым (м)	[dɪm]
as (de)	попел (м)	['pɔpɛl]

HET MENSELIJKE LEEFGEBIED

Stad

78. Stad. Het leven in de stad

stad (de)	горад (м)	['ɣɔrat]
hoofdstad (de)	сталіца (ж)	[sta'litsa]
dorp (het)	вёска (ж)	['wɜska]
plattegrond (de)	план (м) горада	[plan 'ɣɔrada]
centrum (ov. een stad)	цэнтр (м) горада	[tsɛntr 'ɣɔrada]
voorstad (de)	прыгарад (м)	['prɪɣarat]
voorstads- (abn)	прыгарадны	['prɪɣaradnɪ]
randgemeente (de)	ускраіна (ж)	[usk'raina]
omgeving (de)	наваколле (н)	[nava'kɔllɛ]
blok (huizenblok)	квартал (м)	[kvar'tal]
woonwijk (de)	жылы квартал (м)	[ʒɪ'lɪ kvar'tal]
verkeer (het)	рух (м)	[ruh]
verkeerslicht (het)	святлафор (м)	[sʲvʲatla'fɔr]
openbaar vervoer (het)	гарадскі транспарт (м)	[ɣarats'ki 'transpart]
kruispunt (het)	скрыжаванне (н)	[skrɪʒa'vaŋɛ]
zebrapad (oversteekplaats)	пераход (м)	[pɛra'hɔt]
onderdoorgang (de)	падземны пераход (м)	[pa'dzɛmnɪ pɛra'hɔt]
oversteken (de straat ~)	пераходзіць	[pɛra'hɔdzits]
voetganger (de)	пешаход (м)	[pɛʃa'hɔt]
trottoir (het)	ходнік (м)	['hɔdnik]
brug (de)	мост (м)	[mɔst]
dijk (de)	набярэжная (ж)	[nabʲa'rɛʒnaja]
fontein (de)	фантан (м)	[fan'tan]
allee (de)	алея (ж)	[a'lɛja]
park (het)	парк (м)	[park]
boulevard (de)	бульвар (м)	[buʎ'var]
plein (het)	плошча (ж)	['plɔʃʧa]
laan (de)	праспект (м)	[prasʲ'pɛkt]
straat (de)	вуліца (ж)	['vulitsa]
zijstraat (de)	завулак (м)	[za'vulak]
doodlopende straat (de)	тупік (м)	[tu'pik]
huis (het)	дом (м)	[dɔm]
gebouw (het)	будынак (м)	[bu'dɪnak]
wolkenkrabber (de)	хмарачос (м)	[hmara'ʧɔs]
gevel (de)	фасад (м)	[fa'sat]
dak (het)	дах (м)	[dah]

venster (het)	акно (н)	[ak'nɔ]
boog (de)	арка (ж)	['arka]
pilaar (de)	калона (ж)	[ka'lɔna]
hoek (ov. een gebouw)	рог (м)	[rɔh]

vitrine (de)	вітрына (ж)	[wit'rɪna]
gevelreclame (de)	шыльда (ж)	['ʃɪˑda]
affiche (de/het)	афіша (ж)	[a'fiʃa]
reclameposter (de)	рэкламны плакат (м)	[rɛk'lamnɪ pla'kat]
aanplakbord (het)	рэкламны шчыт (м)	[rɛk'lamnɪ ʃtʃɪt]

vuilnis (de/het)	смецце (н)	['sʲmɛtsɛ]
vuilnisbak (de)	урна (ж)	['urna]
afval weggooien (ww)	насмечваць	[nasʲ'mɛtʃvats]
stortplaats (de)	сметнік (м)	['sʲmɛtnik]

telefooncel (de)	тэлефонная будка (ж)	[tɛlɛ'fɔnaja 'butka]
straatlicht (het)	ліхтарны слуп (м)	[lih'tarnɪ 'slup]
bank (de)	лаўка (ж)	['lauka]

politieagent (de)	паліцэйскі (м)	[pali'tsɛjski]
politie (de)	паліцыя (ж)	[pa'litsɪja]
zwerver (de)	жабрак (м)	[ʒab'rak]
dakloze (de)	беспрытульны (м)	[bɛsprɪ'tuˑnɪ]

79. Stedelijke instellingen

winkel (de)	крама (ж)	['krama]
apotheek (de)	аптэка (ж)	[ap'tɛka]
optiek (de)	оптыка (ж)	['ɔptɪka]
winkelcentrum (het)	гандлёвы цэнтр (м)	[ɣand'lʲɔvɪ 'tsɛntr]
supermarkt (de)	супермаркет (м)	[supɛr'markɛt]

bakkerij (de)	булачная (ж)	['bulatʃnaja]
bakker (de)	пекар (м)	['pɛkar]
banketbakkerij (de)	кандытарская (ж)	[kan'dɪtarskaja]
kruidenier (de)	бакалея (ж)	[baka'lɛja]
slagerij (de)	мясная крама (ж)	[mʲas'naja 'krama]

| groentewinkel (de) | крама (ж) гароднiны | ['krama ɣa'rɔdninɪ] |
| markt (de) | рынак (м) | ['rɪnak] |

koffiehuis (het)	кавярня (ж)	[ka'vʲarɲa]
restaurant (het)	рэстаран (м)	[rɛsta'ran]
bar (de)	піўная (ж)	[piu'naja]
pizzeria (de)	піцэрыя (ж)	[pi'tsɛrɪja]

kapperssalon (de/het)	цырульня (ж)	[tsɪ'ruˑɲa]
postkantoor (het)	пошта (ж)	['pɔʃta]
stomerij (de)	хімчыстка (ж)	[him'tʃɪstka]
fotostudio (de)	фотаатэлье (н)	[fota:tɛ'ʎɛ]

| schoenwinkel (de) | абуткова крама (ж) | [abut'kɔvaja 'krama] |
| boekhandel (de) | кнігарня (ж) | [kni'ɣarɲa] |

sportwinkel (de)	спартыўная крама (ж)	[spar'tıunaja 'krama]
kledingreparatie (de)	рамонт (м) адзення	[ra'mont a'dzɛnja]
kledingverhuur (de)	пракат (м) адзення	[pra'kat a'dzɛnja]
videotheek (de)	пракат (м) фільмаў	[pra'kat 'fiʎmau]

circus (de/het)	цырк (м)	[tsırk]
dierentuin (de)	заапарк (м)	[za:'park]
bioscoop (de)	кінатэатр (м)	[kinatɛ'atr]
museum (het)	музей (м)	[mu'zɛj]
bibliotheek (de)	бібліятэка (ж)	[biblija'tɛka]

theater (het)	тэатр (м)	[tɛ'atr]
opera (de)	опера (ж)	['ɔpɛra]
nachtclub (de)	начны клуб (м)	[natʃ'nı 'klup]
casino (het)	казіно (н)	[kazi'nɔ]

moskee (de)	мячэць (ж)	[mʲa'tʃɛts]
synagoge (de)	сінагога (ж)	[sina'ɣɔɣa]
kathedraal (de)	сабор (м)	[sa'bɔr]
tempel (de)	храм (м)	[hram]
kerk (de)	царква (ж)	[tsark'va]

instituut (het)	інстытут (м)	[instı'tut]
universiteit (de)	універсітэт (м)	[uniwɛrsi'tɛt]
school (de)	школа (ж)	['ʃkɔla]

gemeentehuis (het)	прэфектура (ж)	[prɛfɛk'tura]
stadhuis (het)	мэрыя (ж)	['mɛrıja]
hotel (het)	гасцініца (ж)	[ɣas'ʲtsinitsa]
bank (de)	банк (м)	[baŋk]

ambassade (de)	пасольства (н)	[pa'sɔʎstva]
reisbureau (het)	турагенцтва (н)	[tura'ɣɛntstva]
informatieloket (het)	бюро (н) даведак	[by'rɔ da'wɛdak]
wisselkantoor (het)	абменны пункт (м)	[ab'mɛnı 'puŋkt]

| metro (de) | метро (н) | [mɛt'rɔ] |
| ziekenhuis (het) | бальніца (ж) | [baʎ'nitsa] |

| benzinestation (het) | бензазапраўка (ж) | [bɛnzazap'rauka] |
| parking (de) | стаянка (ж) | [sta'jaŋka] |

80. Borden

gevelreclame (de)	шыльда (ж)	['ʃiʎda]
opschrift (het)	надпіс (м)	['natpis]
poster (de)	плакат (м)	[pla'kat]
wegwijzer (de)	паказальнік (м)	[paka'zaʎnik]
pijl (de)	стрэлка (ж)	['strɛlka]

waarschuwing (verwittiging)	перасцярога (ж)	[pɛrasʲtsʲa'rɔɣa]
waarschuwingsbord (het)	папярэджанне (н)	[papʲa'rɛdʒaɲɛ]
waarschuwen (ww)	папярэджваць	[papʲa'rɛdʒvats]
vrije dag (de)	выхадны дзень (м)	[vıhad'nı 'dzɛɲ]

| dienstregeling (de) | расклад (м) | [rask'lat] |
| openingsuren (mv.) | гадзіны (ж мн) працы | [ɣa'dzinı 'pratsı] |

WELKOM!	САРДЭЧНА ЗАПРАШАЕМ!	[sar'dɛtʃna zapra'ʃaɛm]
INGANG	УВАХОД	[uva'hɔt]
UITGANG	ВЫХАД	['vıhat]

DUWEN	АД СЯБЕ	[at sʲa'bɛ]
TREKKEN	НА СЯБЕ	[na sʲa'bɛ]
OPEN	АДЧЫНЕНА	[a'tʃınɛna]
GESLOTEN	ЗАЧЫНЕНА	[za'tʃınɛna]

| DAMES | ДЛЯ ЖАНЧЫН | [dʎa ʒan'tʃın] |
| HEREN | ДЛЯ МУЖЧЫН | [dʎa muʃtʃın] |

KORTING	СКІДКІ	['skitki]
UITVERKOOP	РАСПРОДАЖ	[rasp'rɔdaʃ]
NIEUW!	НАВІНКА!	[na'wiŋka]
GRATIS	БЯСПЛАТНА	[bʲasp'latna]

PAS OP!	УВАГА!	[u'vaɣa]
VOLGEBOEKT	МЕСЦАЎ НЯМА	['mɛstsau ɲa'ma]
GERESERVEERD	ЗАРЭЗЕРВАВАНА	[zarɛzɛrva'vana]

| ADMINISTRATIE | АДМІНІСТРАЦЫЯ | [administ'ratsıja] |
| ALLEEN VOOR PERSONEEL | ТОЛЬКІ ДЛЯ ПЕРСАНАЛУ | ['tɔʎki dʎa pɛrsa'nalu] |

GEVAARLIJKE HOND	ЗЛЫ САБАКА	[zlı sa'baka]
VERBODEN TE ROKEN!	НЕ КУРЫЦЬ!	[nɛ ku'rıts]
NIET AANRAKEN!	РУКАМІ НЕ КРАНАЦЬ!	[ru'kami nɛ kra'nats]

GEVAARLIJK	НЕБЯСПЕЧНА	[nɛbʲasʲ'pɛtʃna]
GEVAAR	НЕБЯСПЕКА	[nɛbʲasʲ'pɛka]
HOOGSPANNING	ВЫСОКАЕ НАПРУЖАННЕ	[vı'sɔkaɛ nap'ruʒaŋɛ]
VERBODEN TE ZWEMMEN	КУПАЦЦА ЗАБАРОНЕНА	[ku'patsa zaba'rɔnɛna]
BUITEN GEBRUIK	НЕ ПРАЦУЕ	[nɛ pra'tsuɛ]

ONTVLAMBAAR	ВОГНЕНЕБЯСПЕЧНА	[vɔɣnɛnɛbʲasʲ'pɛtʃna]
VERBODEN	ЗАБАРОНЕНА	[zaba'rɔnɛna]
DOORGANG VERBODEN	ПРАХОД ЗАБАРОНЕНЫ	[pra'hɔd zaba'rɔnɛnı]
OPGELET PAS GEVERFD	ПАФАРБАВАНА	[pafarba'vana]

81. Stedelijk vervoer

bus, autobus (de)	аўтобус (м)	[au'tɔbus]
tram (de)	трамвай (м)	[tram'vaj]
trolleybus (de)	тралейбус (м)	[tra'lɛjbus]
route (de)	маршрут (м)	[marʃ'rut]
nummer (busnummer, enz.)	нумар (м)	['numar]

rijden met ...	ехаць на ...	['ɛhats na]
stappen (in de bus ~)	сесці	['sɛsʲtsi]
afstappen (ww)	сысці	[sısʲ'tsi]

halte (de)	прыпынак (м)	[prɪ'pɪnak]
volgende halte (de)	наступны прыпынак (м)	[nas'tupnɪ prɪ'pɪnak]
eindpunt (het)	канцавы прыпынак (м)	[kantsa'vɪ prɪ'pɪnak]
dienstregeling (de)	расклад (м)	[rask'lat]
wachten (ww)	чакаць	[tʃa'kats]

| kaartje (het) | білет (м) | [bi'lɛt] |
| reiskosten (de) | кошт (м) білета | ['kɔʒd bi'lɛta] |

kassier (de)	касір (м)	[ka'sir]
kaartcontrole (de)	кантроль (м)	[kant'rɔʎ]
controleur (de)	кантралёр (м)	[kantra'lɜr]

te laat zijn (ww)	спазняцца	[spazʲ'ɲatsa]
missen (de bus ~)	спазніцца	[spazʲ'nitsa]
zich haasten (ww)	спяшацца	[sʲpʲa'ʃatsa]

taxi (de)	таксі (н)	[tak'si]
taxichauffeur (de)	таксіст (м)	[tak'sist]
met de taxi (bw)	на таксі	[na tak'si]
taxistandplaats (de)	стаянка (ж) таксі	[sta'jaŋka tak'si]
een taxi bestellen	выклікаць таксі	['vɪklikats tak'si]
een taxi nemen	узяць таксі	[u'zʲats tak'si]

verkeer (het)	вулічны рух (м)	['vulitʃnɪ 'ruh]
file (de)	затор (м)	[za'tor]
spitsuur (het)	час (м) пік	['tʃasʲ 'pik]
parkeren (on.ww.)	паркавацца	[parka'vatsa]
parkeren (ov.ww.)	паркаваць	[parka'vats]
parking (de)	стаянка (ж)	[sta'jaŋka]

metro (de)	метро (н)	[mɛt'rɔ]
halte (bijv. kleine treinhalte)	станцыя (ж)	['stantsɪja]
de metro nemen	ехаць на метро	['ɛhats na mɛt'rɔ]
trein (de)	цягнік (м)	[tsʲaɣ'nik]
station (treinstation)	вакзал (м)	[vaɣ'zal]

82. Bezienswaardigheden

monument (het)	помнік (м)	['pɔmnik]
vesting (de)	крэпасць (ж)	['krɛpasʲts]
paleis (het)	палац (м)	[pa'lats]
kasteel (het)	замак (м)	['zamak]
toren (de)	вежа (ж)	['vɛʒa]
mausoleum (het)	маўзалей (м)	[mauza'lɛj]

architectuur (de)	архітэктура (ж)	[arhitɛk'tura]
middeleeuws (bn)	сярэдневяковы	[sʲarɛdnɛvʲa'kɔvɪ]
oud (bn)	старадаўні	[stara'dauni]
nationaal (bn)	нацыянальны	[natsɪja'naʎnɪ]
bekend (bn)	вядомы	[vʲa'dɔmɪ]

| toerist (de) | турыст (м) | [tu'rɪst] |
| gids (de) | гід (м) | [ɣit] |

rondleiding (de)	экскурсія (ж)	[ɛks'kursija]
tonen (ww)	паказваць	[pa'kazvaʦ]
vertellen (ww)	апавядаць	[apavʲa'daʦ]

vinden (ww)	знайсці	[znajsʲ'ʦi]
verdwalen (de weg kwijt zijn)	згубіцца	[zɣu'biʦa]
plattegrond (~ van de metro)	схема (ж)	['shɛma]
plattegrond (~ van de stad)	план (м)	[plan]

souvenir (het)	сувенір (м)	[suwɛ'nir]
souvenirwinkel (de)	крама (ж) сувеніраў	['krama suwɛ'nirau]
een foto maken (ww)	фатаграфаваць	[fataɣrafa'vaʦ]
zich laten fotograferen	фатаграфавацца	[fataɣrafa'vaʦa]

83. Winkelen

kopen (ww)	купляць	[kup'ʎaʦ]
aankoop (de)	пакупка (ж)	[pa'kupka]
winkelen (ww)	рабіць закупы	[ra'bidzʲ 'zakupɪ]
winkelen (het)	шопінг (м)	['ʃopinh]

| open zijn (ov. een winkel, enz.) | працаваць | [praʦa'vaʦ] |
| gesloten zijn (ww) | зачыніцца | [zatʃɪ'niʦa] |

schoeisel (het)	абутак (м)	[a'butak]
kleren (mv.)	адзенне (н)	[a'dzɛɲɛ]
cosmetica (de)	касметыка (ж)	[kasʲ'mɛtɪka]
voedingswaren (mv.)	прадукты (м мн)	[pra'duktɪ]
geschenk (het)	падарунак (м)	[pada'runak]

| verkoper (de) | прадавец (м) | [prada'wɛʦ] |
| verkoopster (de) | прадаўшчыца (ж) | [pradauʃ'ʧɪʦa] |

kassa (de)	каса (ж)	['kasa]
spiegel (de)	люстэрка (н)	[lys'tɛrka]
toonbank (de)	прылавак (м)	[prɪ'lavak]
paskamer (de)	прымерачная (ж)	[prɪ'mɛratʃnaja]

aanpassen (ww)	прымераць	[prɪ'mɛraʦ]
passen (ov. kleren)	пасаваць	[pasa'vaʦ]
bevallen (prettig vinden)	падабацца	[pada'baʦa]

prijs (de)	цана (ж)	[ʦa'na]
prijskaartje (het)	цэннік (м)	['ʦɛɲik]
kosten (ww)	каштаваць	[kaʃta'vaʦ]
Hoeveel?	Колькі?	['kɔʎki]
korting (de)	скідка (ж)	['skitka]

niet duur (bn)	недарагі	[nɛdara'ɣi]
goedkoop (bn)	танны	['taŋɪ]
duur (bn)	дарагі	[dara'ɣi]
Dat is duur.	Гэта дорага.	['ɣɛta 'doraɣa]
verhuur (de)	пракат (м)	[pra'kat]

huren (smoking, enz.)	узяць напракат	[u'zʲaʦ napra'kat]
krediet (het)	крэдыт (м)	[krɛ'dɪt]
op krediet (bw)	у крэдыт	[u krɛ'dɪt]

84. Geld

geld (het)	грошы (мн)	['ɣrɔʃi]
ruil (de)	абмен (м)	[ab'mɛn]
koers (de)	курс (м)	[kurs]
geldautomaat (de)	банкамат (м)	[baŋka'mat]
muntstuk (de)	манета (ж)	[ma'nɛta]

| dollar (de) | долар (м) | ['dɔlar] |
| euro (de) | еўра (м) | ['ɛura] |

lire (de)	ліра (ж)	['lira]
Duitse mark (de)	марка (ж)	['marka]
frank (de)	франк (м)	[fraŋk]
pond sterling (het)	фунт (м) стэрлінгаў	['funt 'stɛrliŋau]
yen (de)	іена (ж)	[i'ɛna]

schuld (geldbedrag)	доўг (м)	['dɔuh]
schuldenaar (de)	даўжнік (м)	[dauʒ'nik]
uitlenen (ww)	даць у доўг	['daʦ u 'dɔuh]
lenen (geld ~)	узяць у доўг	[u'zʲaʦ u 'dɔuh]

bank (de)	банк (м)	[baŋk]
bankrekening (de)	рахунак (м)	[ra'hunak]
op rekening storten	пакласці на рахунак	[pak'lasʲʦi na ra'hunak]
opnemen (ww)	зняць з рахунку	['zʲɲadzʲ z ra'huŋku]

kredietkaart (de)	крэдытная картка (ж)	[krɛ'dɪtnaja 'kartka]
baar geld (het)	гатоўка (ж)	[ɣa'tɔuka]
cheque (de)	чэк (м)	[ʧɛk]
een cheque uitschrijven	выпісаць чэк	['vɪpisaʦ 'ʧɛk]
chequeboekje (het)	чэкавая кніжка (ж)	['ʧɛkavaja 'kniʃka]

portefeuille (de)	бумажнік (м)	[bu'maʒnik]
geldbeugel (de)	кашалёк (м)	[kaʃa'lɔk]
portemonnee (de)	партманэт (м)	[partma'nɛt]
safe (de)	сейф (м)	[sɛjf]

erfgenaam (de)	спадчыннік (м)	['spaʧɪŋik]
erfenis (de)	спадчына (ж)	['spaʧɪna]
fortuin (het)	маёмасць (ж)	[maɜmasʲʦ]

huur (de)	арэнда (ж)	[a'rɛnda]
huurprijs (de)	кватэрная плата (ж)	[kva'tɛrnaja 'plata]
huren (huis, kamer)	наймаць	[naj'maʦ]

prijs (de)	цана (ж)	[ʦa'na]
kostprijs (de)	кошт (м)	[kɔʃt]
som (de)	сума (ж)	['suma]
uitgeven (geld besteden)	траціць	['traʦiʦ]

kosten (mv.)	выдаткі (м мн)	[vɪ'datki]
bezuinigen (ww)	эканоміць	[ɛka'nɔmits]
zuinig (bn)	эканомны	[ɛka'nɔmnɪ]

betalen (ww)	плаціць	[pla'tsits]
betaling (de)	аплата (ж)	[ap'lata]
wisselgeld (het)	рэшта (ж)	['rɛʃta]

belasting (de)	падатак (м)	[pa'datak]
boete (de)	штраф (м)	[ʃtraf]
beboeten (bekeuren)	штрафаваць	[ʃtrafa'vats]

85. Post. Postkantoor

postkantoor (het)	пошта (ж)	['pɔʃta]
post (de)	пошта (ж)	['pɔʃta]
postbode (de)	паштальён (м)	[paʃta'ʎjon]
openingsuren (mv.)	гадзіны (ж мн) працы	[ɣa'dzinɪ 'pratsɪ]

brief (de)	ліст (м)	[list]
aangetekende brief (de)	заказны ліст (м)	[zakaz'nɪ 'list]
briefkaart (de)	паштоўка (ж)	[paʃ'touka]
telegram (het)	тэлеграма (ж)	[tɛlɛɣ'rama]
postpakket (het)	пасылка (ж)	[pa'sɪlka]
overschrijving (de)	грашовы перавод (м)	[ɣra'ʃovɪ pɛra'vɔt]

ontvangen (ww)	атрымаць	[atrɪ'mats]
sturen (zenden)	адправіць	[atp'rawits]
verzending (de)	адпраўка (ж)	[atp'rauka]

adres (het)	адрас (м)	['adras]
postcode (de)	індэкс (м)	['indɛks]
verzender (de)	адпраўшчык (м)	[atp'rauʃtʃik]
ontvanger (de)	атрымальнік (м)	[atrɪ'maʎnik]

naam (de)	імя (н)	[i'mʲa]
achternaam (de)	прозвішча (н)	['prozʲwiʃtʃa]

tarief (het)	тарыф (м)	[ta'rɪf]
standaard (bn)	звычайны	[zvɪ'tʃajnɪ]
zuinig (bn)	эканамічны	[ɛkana'mitʃnɪ]

gewicht (het)	вага (ж)	[va'ɣa]
afwegen (op de weegschaal)	узважваць	[uz'vaʒvats]
envelop (de)	канверт (м)	[kan'wɛrt]
postzegel (de)	марка (ж)	['marka]

Woning. Huis. Thuis

86. Huis. Woning

huis (het)	дом (м)	[dɔm]
thuis (bw)	дома	['dɔma]
cour (de)	двор (м)	[dvɔr]
omheining (de)	агароджа (ж)	[aɣa'rɔdʒa]
baksteen (de)	цэгла (ж)	['tsɛɣla]
van bakstenen	цагляны	[tsaɣ'ʎanɪ]
steen (de)	камень (м)	['kamɛɲ]
stenen (bn)	каменны	[ka'mɛɲɪ]
beton (het)	бетон (м)	[bɛ'tɔn]
van beton	бетонны	[bɛ'tɔŋɪ]
nieuw (bn)	новы	['nɔvɪ]
oud (bn)	стары	[sta'rɪ]
vervallen (bn)	састарэлы	[sasta'rɛlɪ]
modern (bn)	сучасны	[su'ʧasnɪ]
met veel verdiepingen	шматпавярховы	[ʃmatpavʲar'hɔvɪ]
hoog (bn)	высокі	[vɪ'sɔki]
verdieping (de)	паверх (м)	[pa'wɛrh]
met een verdieping	аднапавярховы	[adnapavʲar'hɔvɪ]
laagste verdieping (de)	ніжні паверх (м)	['niʒni pa'wɛrh]
bovenverdieping (de)	верхні паверх (м)	['wɛrhni pa'wɛrh]
dak (het)	дах (м)	[dah]
schoorsteen (de)	комін (м)	['kɔmin]
dakpan (de)	дахоўка (ж)	[da'houka]
pannen- (abn)	даховачны	[da'hovaʧnɪ]
zolder (de)	гарышча (н)	[ɣa'rɪʃʧa]
venster (het)	акно (н)	[ak'nɔ]
glas (het)	шкло (н)	[ʃklɔ]
vensterbank (de)	падаконнік (м)	[pada'kɔŋik]
luiken (mv.)	аканіцы (ж мн)	[aka'nitsɪ]
muur (de)	сцяна (ж)	[sʲtsʲa'na]
balkon (het)	балкон (м)	[balʲ'kɔn]
regenpijp (de)	вадасцёкавая труба (ж)	[vadasʲʲtsɔkavaja tru'ba]
boven (bw)	наверсе	[na'wɛrsɛ]
naar boven gaan (ww)	паднімацца	[padni'matsa]
afdalen (on.ww.)	спускацца	[spus'katsa]
verhuizen (ww)	пераязджаць	[pɛrajaʒ'dʒatʲs]

87. Huis. Ingang. Lift

ingang (de)	пад'езд (м)	[padʰ'ɛst]
trap (de)	лесвіца (ж)	['lɛsʲwitsa]
treden (mv.)	прыступкі (ж мн)	[prɪsʲ'tupkі]
trapleuning (de)	парэнчы (мн)	[pa'rɛntʃі]
hal (de)	хол (м)	[hɔl]
postbus (de)	паштовая скрынка (ж)	[paʃ'tɔvaja 'skrіŋka]
vuilnisbak (de)	бак (м) для смецця	['baɣ dʎa 'sʲmɛtsʲa]
vuilniskoker (de)	смеццеправод (м)	[sʲmɛtsɛpra'vɔt]
lift (de)	ліфт (м)	[lift]
goederenlift (de)	грузавы ліфт (м)	[ɣruza'vɪ 'lift]
liftcabine (de)	кабіна (ж)	[ka'bina]
de lift nemen	ехаць на ліфце	['ɛhats na 'liftsɛ]
appartement (het)	кватэра (ж)	[kva'tɛra]
bewoners (mv.)	жыхары (м мн)	[ʒіha'rі]
buurman (de)	сусед (м)	[su'sɛt]
buurvrouw (de)	суседка (ж)	[su'sɛtka]
buren (mv.)	суседзі (м мн)	[su'sɛdzi]

88. Huis. Elektriciteit

elektriciteit (de)	электрычнасць (ж)	[ɛlɛkt'rɪtʃnasʲts]
lamp (de)	лямпачка (ж)	['ʎampatʃka]
schakelaar (de)	выключальнік (м)	[vɪkly'tʃaʎnik]
zekering (de)	пробка (ж)	['prɔpka]
draad (de)	провад (м)	['prɔvat]
bedrading (de)	праводка (ж)	[pra'vɔtka]
elektriciteitsmeter (de)	лічыльнік (м)	[li'tʃіʎnik]
gegevens (mv.)	паказанне (н)	[paka'zaɲɛ]

89. Huis. Deuren. Sloten

deur (de)	дзверы (мн)	['dzʲwɛrі]
toegangspoort (de)	вароты (мн)	[va'rɔtі]
deurkruk (de)	ручка (ж)	['rutʃka]
ontsluiten (ontgrendelen)	адамкнуць	[adamk'nuts]
openen (ww)	адчыняць	[atʃі'nats]
sluiten (ww)	зачыняць	[zatʃі'nats]
sleutel (de)	ключ (м)	[klytʃ]
sleutelbos (de)	звязак (м)	['zʲvʲazak]
knarsen (bijv. scharnier)	скрыпець	[skrі'pɛts]
knarsgeluid (het)	скрып (м)	[skrіp]
scharnier (het)	завеса (ж)	[za'wɛsa]
deurmat (de)	дываночок (м)	[dіva'nɔk]
slot (het)	замок (м)	[za'mɔk]

sleutelgat (het)	замочная шчыліна (ж)	[za'motʃnaja 'ʃtʃɪlina]
grendel (de)	засаўка (ж)	['zasauka]
schuif (de)	засаўка (ж)	['zasauka]
hangslot (het)	навясны замок (м)	[navʲas'nɪ za'mɔk]

aanbellen (ww)	званіць	[zva'nits]
bel (geluid)	званок (м)	[zva'nɔk]
deurbel (de)	званок (м)	[zva'nɔk]
belknop (de)	кнопка (ж)	['knɔpka]
geklop (het)	стук (м)	[stuk]
kloppen (ww)	стукаць	['stukats]

code (de)	код (м)	[kɔt]
cijferslot (het)	кодавы замок (м)	['kɔdavɪ za'mɔk]
parlofoon (de)	дамафон (м)	[dama'fɔn]
nummer (het)	нумар (м)	['numar]
naambordje (het)	таблічка (ж)	[tab'litʃka]
deurspion (de)	вочка (н)	['vɔtʃka]

90. Huis op het platteland

dorp (het)	вёска (ж)	['wɜska]
moestuin (de)	агарод (м)	[aɣa'rɔt]
hek (het)	плот (м)	[plɔt]
houten hekwerk (het)	загарадзь (ж)	['zaɣarats]
tuinpoortje (het)	веснічкі (мн)	['wɛsʲnitʃki]

graanschuur (de)	свіран (м)	['sʲwiran]
wortelkelder (de)	склеп (м)	[sklɛp]
schuur (de)	хлеў (м)	['hlɛu]
waterput (de)	калодзеж (м)	[ka'lɔdzɛʃ]

kachel (de)	печ (ж)	[pɛtʃ]
de kachel stoken	паліць	[pa'lits]
brandhout (het)	дровы (мн)	['drɔvɪ]
houtblok (het)	палена (н)	[pa'lɛna]

veranda (de)	веранда (ж)	[wɛ'randa]
terras (het)	тэраса (ж)	[tɛ'rasa]
bordes (het)	ганак (м)	['ɣanak]
schommel (de)	арэлі (мн)	[a'rɛli]

91. Villa. Herenhuis

landhuisje (het)	загарадны дом (м)	['zaɣaradnɪ 'dɔm]
villa (de)	віла (ж)	['wila]
vleugel (de)	крыло (н)	[krɪ'lɔ]

tuin (de)	сад (м)	[sat]
park (het)	парк (м)	[park]
oranjerie (de)	аранжарэя (ж)	[aranʒa'rɛja]
onderhouden (tuin, enz.)	даглядаць	[daɣʎa'dats]

zwembad (het)	басейн (м)	[ba'sɛjn]
gym (het)	спартыўная зала (ж)	[spar'tiunaja 'zala]
tennisveld (het)	тэнісны корт (м)	['tɛnisnɪ 'kɔrt]
bioscoopkamer (de)	кінатэатр (м)	[kinatɛ'atr]
garage (de)	гараж (м)	[ɣa'raʃ]

| privé-eigendom (het) | прыватная ўласнасць (ж) | [prɪ'vatnaja u'lasnasʲts] |
| eigen terrein (het) | прыватныя уладанні (н мн) | [prɪ'vatnɪja ula'daɲi] |

| waarschuwing (de) | папярэджанне (н) | [papʲa'rɛʤaŋɛ] |
| waarschuwingsbord (het) | папераджальны надпіс (м) | [papɛra'ʤaʎnɪ 'natpis] |

bewaking (de)	ахова (ж)	[a'hɔva]
bewaker (de)	ахоўнік (м)	[a'hɔunik]
inbraakalarm (het)	сігналізацыя (ж)	[siɣnali'zatsɪja]

92. Kasteel. Paleis

kasteel (het)	замак (м)	['zamak]
paleis (het)	палац (м)	[pa'lats]
vesting (de)	крэпасць (ж)	['krɛpasʲts]

ringmuur (de)	мур (м)	[mur]
toren (de)	вежа (ж)	['wɛʒa]
donjon (de)	галоўная вежа (ж)	[ɣa'lɔunaja 'wɛʒa]

valhek (het)	пад'ёмныя вароты (мн)	[padʰɜmnɪja va'rɔtɪ]
onderaardse gang (de)	падземны ход (м)	[pa'dzɛmnɪ 'hɔt]
slotgracht (de)	роў (м)	['rɔu]
ketting (de)	ланцуг (м)	[lan'tsuh]
schietgat (het)	байніца (ж)	[baj'nitsa]

prachtig (bn)	раскошны	[ras'kɔʃnɪ]
majestueus (bn)	велічны	['wɛlitʃnɪ]
onneembaar (bn)	непрыступны	[nɛprɪs'tupnɪ]
middeleeuws (bn)	сярэднявяковы	[sʲarɛdnɛvʲa'kɔvɪ]

93. Appartement

appartement (het)	кватэра (ж)	[kva'tɛra]
kamer (de)	пакой (м)	[pa'kɔj]
slaapkamer (de)	спальня (ж)	['spaʎɲa]
eetkamer (de)	сталоўка (ж)	[sta'lɔuka]
salon (de)	гасцёўня (ж)	[ɣasʲʲ'tsɜuɲa]
studeerkamer (de)	кабінет (м)	[kabi'nɛt]
gang (de)	вітальня (ж)	[wi'taʎɲa]
badkamer (de)	ванны пакой (м)	['vaɲɪ pa'kɔj]
toilet (het)	прыбіральня (ж)	[prɪbi'raʎɲa]

plafond (het)	столь (ж)	[stɔʎ]
vloer (de)	падлога (ж)	[pad'lɔɣa]
hoek (de)	кут (м)	[kut]

94. Appartement. Schoonmaken

schoonmaken (ww)	прыбіраць	[prıbi'rats]
opbergen (in de kast, enz.)	прымаць	[prı'mats]
stof (het)	пыл (м)	[pıl]
stoffig (bn)	запылены	[za'pılɛnı]
stoffen (ww)	выціраць пыл	[vıtsi'rats pıl]
stofzuiger (de)	пыласос (м)	[pıla'sɔs]
stofzuigen (ww)	пыласосіць	[pıla'sɔsits]
vegen (de vloer ~)	падмятаць	[padmʲa'tats]
veegsel (het)	смецце (н)	['sʲmɛtsɛ]
orde (de)	парадак (м)	[pa'radak]
wanorde (de)	беспарадак (м)	[bɛspa'radak]
zwabber (de)	швабра (ж)	['ʃvabra]
poetsdoek (de)	ануча (ж)	[a'nutʃa]
veger (de)	венік (м)	['wɛnik]
stofblik (het)	шуфлік (м) для смецця	['ʃufliɣ dʎa 'sʲmɛtsʲa]

95. Meubels. Interieur

meubels (mv.)	мэбля (ж)	['mɛbʎa]
tafel (de)	стол (м)	[stɔl]
stoel (de)	крэсла (н)	['krɛsla]
bed (het)	ложак (м)	['lɔʒak]
bankstel (het)	канапа (ж)	[ka'napa]
fauteuil (de)	фатэль (м)	[fa'tɛʎ]
boekenkast (de)	шафа (ж)	['ʃafa]
boekenrek (het)	паліца (ж)	[pa'litsa]
stellingkast (de)	этажэрка (ж)	[ɛta'ʒɛrka]
kledingkast (de)	шафа (ж)	['ʃafa]
kapstok (de)	вешалка (ж)	['wɛʃalka]
staande kapstok (de)	вешалка (ж)	['wɛʃalka]
commode (de)	камода (ж)	[ka'mɔda]
salontafeltje (het)	часопісны столік (м)	[tʃa'sɔpisnı 'stɔlik]
spiegel (de)	люстэрка (н)	[lys'tɛrka]
tapijt (het)	дыван (м)	[dı'van]
tapijtje (het)	дыванок (м)	[dıva'nɔk]
haard (de)	камін (м)	[ka'min]
kaars (de)	свечка (ж)	['sʲwɛtʃka]
kandelaar (de)	падсвечнік (м)	[patsʲwɛtʃnik]
gordijnen (mv.)	шторы (мн)	['ʃtɔrı]
behang (het)	шпалеры (ж мн)	[ʃpa'lɛrı]
jaloezie (de)	жалюзі (мн)	[ʒaly'zi]
bureaulamp (de)	настольная лямпа (ж)	[nas'tɔʎnaja 'ʎampa]
wandlamp (de)	свяцільня (ж)	[sʲvʲa'tsiʎna]

| staande lamp (de) | таршэр (м) | [tar'ʃɛr] |
| luchter (de) | люстра (ж) | ['lystra] |

poot (ov. een tafel, enz.)	ножка (ж)	['noʃka]
armleuning (de)	падлакотнік (м)	[padla'kɔtnik]
rugleuning (de)	спінка (ж)	['sʲpiŋka]
la (de)	шуфляда (ж)	[ʃufʲʎada]

96. Beddengoed

beddengoed (het)	бялізна (ж)	[bʲa'lizna]
kussen (het)	падушка (ж)	[pa'duʃka]
kussenovertrek (de)	навалочка (ж)	[nava'lɔʧka]
deken (de)	коўдра (ж)	['kɔudra]
laken (het)	прасціна (ж)	[prasʲtsi'na]
sprei (de)	пакрывала (н)	[pakrɪ'vala]

97. Keuken

keuken (de)	кухня (ж)	['kuhɲa]
gas (het)	газ (м)	[ɣas]
gasfornuis (het)	пліта (ж) газавая	[pli'ta 'ɣazavaja]
elektrisch fornuis (het)	пліта (ж) электрычная	[pli'ta ɛlɛkt'rɪʧnaja]
oven (de)	духоўка (ж)	[du'houka]
magnetronoven (de)	мікрахвалевая печ (ж)	[mikrah'valɛvaja 'pɛʧ]

koelkast (de)	халадзільнік (м)	[hala'dziʎnik]
diepvriezer (de)	маразілка (ж)	[mara'zilka]
vaatwasmachine (de)	пасудамыечная машына (ж)	[pasuda'mʲɛʧnaja ma'ʃɪna]

vleesmolen (de)	мясарубка (ж)	[mʲasa'rupka]
vruchtenpers (de)	сокавыціскалка (ж)	[sɔkavɪtsis'kalka]
toaster (de)	тостэр (м)	['tɔstɛr]
mixer (de)	міксер (м)	['miksɛr]

koffiemachine (de)	кававарка (ж)	[kava'varka]
koffiepot (de)	кафейнік (м)	[ka'fɛjnik]
koffiemolen (de)	кавамолка (ж)	[kava'mɔlka]

fluitketel (de)	чайнік (м)	['ʧajnik]
theepot (de)	імбрычак (м)	[imb'rɪʧak]
deksel (de/het)	накрыўка (ж)	['nakrɪuka]
theezeefje (het)	сітца (н)	['sʲitsa]

lepel (de)	лыжка (ж)	['lɪʃka]
theelepeltje (het)	чайная лыжка (ж)	['ʧajnaja 'lɪʃka]
eetlepel (de)	сталовая лыжка (ж)	[sta'lɔvaja 'lɪʃka]
vork (de)	відэлец (м)	[wi'dɛlɛts]
mes (het)	нож (м)	[nɔʃ]
vaatwerk (het)	посуд (м)	['pɔsut]
bord (het)	талерка (ж)	[ta'lɛrka]

schoteltje (het)	сподак (м)	['spɔdak]
likeurglas (het)	чарка (ж)	['tʃarka]
glas (het)	шклянка (ж)	['ʃkʎaŋka]
kopje (het)	кубак (м)	['kubak]

suikerpot (de)	цукарніца (ж)	['tsukarnitsa]
zoutvat (het)	салянка (ж)	[sa'ʎaŋka]
pepervat (het)	перачніца (ж)	['pɛratʃnitsa]
boterschaaltje (het)	масленіца (ж)	['masʲlɛnitsa]

steelpan (de)	рондаль (м)	['rɔndaʎ]
bakpan (de)	патэльня (ж)	[pa'tɛʎɲa]
pollepel (de)	апалонік (м)	[apa'lɔnik]
vergiet (de/het)	друшляк (м)	[druʃ'ʎak]
dienblad (het)	паднос (м)	[pad'nɔs]

fles (de)	бутэлька (ж)	[bu'tɛʎka]
glazen pot (de)	слоік (м)	['slɔik]
blik (conserven~)	бляшанка (ж)	[bʎa'ʃaŋka]

flesopener (de)	адкрывалка (ж)	[atkrɪ'valka]
blikopener (de)	адкрывалка (ж)	[atkrɪ'valka]
kurkentrekker (de)	штопар (м)	['ʃtɔpar]
filter (de/het)	фільтр (м)	[fiʎtr]
filteren (ww)	фільтраваць	[fiʎtra'vatsʲ]

huisvuil (het)	смецце (н)	['sʲmɛtsɛ]
vuilnisemmer (de)	вядро (н) для смецця	[vʲad'rɔ dʎa 'sʲmɛtsʲa]

98. Badkamer

badkamer (de)	ванны пакой (м)	['vaɲɪ pa'kɔj]
water (het)	вада (ж)	[va'da]
kraan (de)	кран (м)	[kran]
warm water (het)	гарачая вада (ж)	[ɣa'ratʃaja va'da]
koud water (het)	халодная вада (ж)	[ha'lɔdnaja va'da]

tandpasta (de)	зубная паста (ж)	[zub'naja 'pasta]
tanden poetsen (ww)	чысціць зубы	['tʃɪsʲtsidzʲ zu'bɪ]

zich scheren (ww)	галіцца	[ɣa'litsa]
scheercrème (de)	пена (ж) для галення	['pɛna dʎa ɣa'lɛɲja]
scheermes (het)	брытва (ж)	['brɪtva]

wassen (ww)	мыць	[mɪts]
een bad nemen	мыцца	['mɪtsa]
douche (de)	душ (м)	[duʃ]
een douche nemen	прымаць душ	[prɪ'madzʲ 'duʃ]

bad (het)	ванна (ж)	['vaɲa]
toiletpot (de)	унітаз (м)	[uni'tas]
wastafel (de)	ракавіна (ж)	['rakawina]
zeep (de)	мыла (н)	['mɪla]
zeepbakje (het)	мыльніца (ж)	['mɪʎnitsa]

spons (de)	губка (ж)	['ɣupka]
shampoo (de)	шампунь (ж)	[ʃam'puɲ]
handdoek (de)	ручнік (м)	[ruʧ'nik]
badjas (de)	халат (м)	[ha'lat]

was (bijv. handwas)	мыццё (н)	[mɪ'ʦɜ]
wasmachine (de)	пральная машына (ж)	['praʎnaja ma'ʃɪna]
de was doen	мыць бялізну	['mɪʣʲ bʲa'liznu]
waspoeder (de)	пральны парашок (м)	['praʎnɪ para'ʃɔk]

99. Huishoudelijke apparaten

televisie (de)	тэлевізар (м)	[tɛlɛ'wizar]
cassettespeler (de)	магнітафон (м)	[maɣnita'fɔn]
videorecorder (de)	відэамагнітафон (м)	[widɛamaɣnita'fɔn]
radio (de)	прыёмнік (м)	[prɪɜmnik]
speler (de)	плэер (м)	['plɛːr]

videoprojector (de)	відэапраектар (м)	[widɛapra'ɛktar]
home theater systeem (het)	хатні кінатэатр (м)	['hatni kinatɛ'atr]
DVD-speler (de)	прайгравальнік (м) DVD	[prajɣra'vaʎniɣ ʣiwi'ʣi]
versterker (de)	узмацняльнік (м)	[uzmaʦ'ɲaʎnik]
spelconsole (de)	гульнявая прыстаўка (ж)	[ɣuʎɲa'vaja prɪs'tauka]

videocamera (de)	відэакамера (ж)	[widɛa'kamɛra]
fotocamera (de)	фотаапарат (м)	[fɔta:pa'rat]
digitale camera (de)	лічбавы фотаапарат (м)	['liʣbavɪ fɔta:pa'rat]

stofzuiger (de)	пыласос (м)	[pɪla'sɔs]
strijkijzer (het)	прас (м)	[pras]
strijkplank (de)	прасавальная дошка (ж)	[prasa'vaʎnaja 'dɔʃka]

telefoon (de)	тэлефон (м)	[tɛlɛ'fɔn]
mobieltje (het)	мабільны тэлефон (м)	[ma'biʎnɪ tɛlɛ'fɔn]
schrijfmachine (de)	машынка (ж)	[ma'ʃɪŋka]
naaimachine (de)	машынка (ж)	[ma'ʃɪŋka]

microfoon (de)	мікрафон (м)	[mikra'fɔn]
koptelefoon (de)	навушнікі (м мн)	[na'vuʃniki]
afstandsbediening (de)	пульт (м)	[puʎt]

CD (de)	кампакт-дыск (м)	[kam'paɣd 'dɪsk]
cassette (de)	касета (ж)	[ka'sɛta]
vinylplaat (de)	пласцінка (ж)	[plasʲ'ʦiŋka]

100. Reparaties. Renovatie

renovatie (de)	рамонт (м)	[ra'mɔnt]
renoveren (ww)	рабіць рамонт	[ra'biʦ ra'mɔnt]
repareren (ww)	рамантаваць	[ramanta'vaʦ]
op orde brengen	прыводзіць у парадак	[prɪ'vɔʣiʦ u pa'radak]
overdoen (ww)	перарабляць	[pɛrarab'ʎaʦ]

verf (de)	фарба (ж)	['farba]
verven (muur ~)	фарбаваць	[farba'vats]
schilder (de)	маляр (м)	[ma'ʎar]
kwast (de)	пэндзаль (м)	['pɛndzaʎ]

| kalk (de) | пабелка (ж) | [pa'bɛlka] |
| kalken (ww) | бяліць | [bʲa'lits] |

behang (het)	шпалеры (ж мн)	[ʃpa'lɛrɪ]
behangen (ww)	абклеіць шпалерамі	[apk'lɛits ʃpa'lɛrami]
lak (de/het)	лак (м)	[lak]
lakken (ww)	пакрываць лакам	[pakrɪ'vats 'lakam]

101. Loodgieterswerk

water (het)	вада (ж)	[va'da]
warm water (het)	гарачая вада (ж)	[ɣa'ratʃaja va'da]
koud water (het)	халодная вада (ж)	[ha'lɔdnaja va'da]
kraan (de)	кран (м)	[kran]

druppel (de)	кропля (ж)	['krɔpʎa]
druppelen (ww)	капаць	['kapats]
lekken (een lek hebben)	цячы	[tsʲa'tʃɪ]
lekkage (de)	цеча (ж)	['tsɛtʃa]
plasje (het)	лужына (ж)	['luʒɪna]

buis, leiding (de)	труба (ж)	[tru'ba]
stopkraan (de)	вентыль (м)	['wɛntɪʎ]
verstopt raken (ww)	засмеціцца	[zasʲ'mɛtsitsa]

gereedschap (het)	інструменты (м мн)	[instru'mɛntɪ]
Engelse sleutel (de)	развадны ключ (м)	[razvad'nɪ 'klytʃ]
losschroeven (ww)	адкруціць	[atkru'tsits]
aanschroeven (ww)	закручваць	[zak'rutʃvats]

ontstoppen (riool, enz.)	прачышчаць	[pratʃɪʃ'tʃats]
loodgieter (de)	сантэхнік (м)	[san'tɛhnik]
kelder (de)	падвал (м)	[pad'val]
riolering (de)	каналізацыя (ж)	[kanali'zatsɪja]

102. Brand. Vuurzee

vuur (het)	агонь (м)	[a'ɣɔɲ]
vlam (de)	полымя (н)	['pɔlɪmʲa]
vonk (de)	іскра (ж)	['iskra]
rook (de)	дым (м)	[dɪm]
fakkel (de)	факел (м)	['fakɛl]
kampvuur (het)	вогнішча (н)	['vɔɣniʃtʃa]

benzine (de)	бензін (м)	[bɛn'zin]
kerosine (de)	газа (ж)	['ɣaza]
brandbaar (bn)	гаручы	[ɣa'rutʃɪ]

ontplofbaar (bn)	выбухованебяспечны	[vɪbuhɔvanɛbʲasʲˈpɛtʃnɪ]
VERBODEN TE ROKEN!	НЕ КУРЫЦЬ!	[nɛ kuˈrɪts]
veiligheid (de)	бяспека (ж)	[bʲasʲˈpɛka]
gevaar (het)	небяспека (ж)	[nɛbʲasʲˈpɛka]
gevaarlijk (bn)	небяспечны	[nɛbʲasʲˈpɛtʃnɪ]
in brand vliegen (ww)	загарэцца	[zaɣaˈrɛtsa]
explosie (de)	выбух (м)	[ˈvɪbuh]
in brand steken (ww)	падпаліць	[patpaˈlits]
brandstichter (de)	падпальшчык (м)	[patʲpaʎʃtʃɪk]
brandstichting (de)	падпал (м)	[patʲpal]
vlammen (ww)	палаць	[paˈlats]
branden (ww)	гарэць	[ɣaˈrɛts]
afbranden (ww)	згарэць	[zɣaˈrɛts]
brandweerman (de)	пажарны (м)	[paˈʒarnɪ]
brandweerwagen (de)	пажарная машына (ж)	[paˈʒarnaja maˈʃɪna]
brandweer (de)	пажарная каманда (ж)	[paˈʒarnaja kaˈmanda]
uitschuifbare ladder (de)	драбіны (мн)	[draˈbinɪ]
brandslang (de)	шланг (м)	[ʃlanh]
brandblusser (de)	вогнетушыцель (м)	[vɔɣnɛtuˈʃitsɛʎ]
helm (de)	каска (ж)	[ˈkaska]
sirene (de)	сірэна (ж)	[siˈrɛna]
roepen (ww)	крычаць	[krɪˈtʃats]
hulp roepen	клікаць на дапамогу	[ˈklikats na dapaˈmɔɣu]
redder (de)	ратавальнік (м)	[rataˈvaʎnik]
redden (ww)	ратаваць	[rataˈvats]
aankomen (per auto, enz.)	прыехаць	[prɪˈɛhats]
blussen (ww)	тушыць	[tuˈʃits]
water (het)	вада (ж)	[vaˈda]
zand (het)	пясок (м)	[pʲaˈsɔk]
ruïnes (mv.)	руіны (ж мн)	[ruˈinɪ]
instorten (gebouw, enz.)	паваліцца	[pavaˈlitsa]
ineenstorten (ww)	абваліцца	[abvaˈlitsa]
inzakken (ww)	абурыцца	[abuˈrɪtsa]
brokstuk (het)	абломак (м)	[abˈlɔmak]
as (de)	попел (м)	[ˈpɔpɛl]
verstikken (ww)	задыхнуцца	[zadɪhˈnutsa]
omkomen (ww)	загінуць	[zaˈɣinuts]

MENSELIJKE ACTIVITEITEN

Baan. Business. Deel 1

103. Kantoor. Op kantoor werken

kantoor (het)	офіс (м)	['ɔfis]
kamer (de)	кабінет (м)	[kabi'nɛt]
receptie (de)	рэцэпцыя (ж)	[rɛ'tsɛptsija]
secretaris (de)	сакратар (м)	[sakra'tar]
directeur (de)	дырэктар (м)	[dı'rɛktar]
manager (de)	менеджэр (м)	['mɛnɛdʒɛr]
boekhouder (de)	бухгалтар (м)	[buɣ'ɣaltar]
werknemer (de)	супрацоўнік (м)	[supra'tsɔunik]
meubilair (het)	мэбля (ж)	['mɛbʎa]
tafel (de)	стол (м)	[stɔl]
bureaustoel (de)	крэсла (н)	['krɛsla]
ladeblok (het)	тумбачка (ж)	['tumbatʃka]
kapstok (de)	вешалка (ж)	['wɛʃalka]
computer (de)	камп'ютэр (м)	[kampʰ'jutɛr]
printer (de)	прынтэр (м)	['prıntɛr]
fax (de)	факс (м)	[faks]
kopieerapparaat (het)	капіравальны апарат (м)	[kapira'vaʎnı apa'rat]
papier (het)	папера (ж)	[pa'pɛra]
kantoorartikelen (mv.)	канцылярскія прылады (ж мн)	[kantsı'ʎarskija prı'ladı]
muismat (de)	дываноk (м)	[dıva'nɔk]
blad (het)	аркуш (м)	['arkuʃ]
ordner (de)	папка (ж)	['papka]
catalogus (de)	каталог (м)	[kata'lɔh]
telefoongids (de)	даведнік (м)	[da'wɛdnik]
documentatie (de)	дакументацыя (ж)	[dakumɛn'tatsija]
brochure (de)	брашура (ж)	[bra'ʃura]
flyer (de)	лістоўка (ж)	[lis'tɔuka]
monster (het), staal (de)	узор (м)	[u'zɔr]
training (de)	трэнінг (м)	['trɛninh]
vergadering (de)	нарада (ж)	[na'rada]
lunchpauze (de)	перапынак (м) на абед	[pɛra'pınak na a'bɛt]
een kopie maken	рабіць копію	[ra'bits 'kɔpiju]
de kopieën maken	размножыць	[razm'nɔʒıts]
een fax ontvangen	атрымліваць факс	[at'rımlivats 'faks]
een fax versturen	адпраўляць факс	[atprau'ʎats 'faks]

opbellen (ww)	патэлефанаваць	[patɛlɛfana'vats]
antwoorden (ww)	адказаць	[atka'zats]
doorverbinden (ww)	злучыць	[zlu'tʃits]

afspreken (ww)	прызначаць	[prizna'tʃats]
demonstreren (ww)	дэманстраваць	[dɛmanstra'vats]
absent zijn (ww)	адсутнічаць	[a'tsutnitʃats]
afwezigheid (de)	пропуск (м)	['propusk]

104. Bedrijfsprocessen. Deel 1

zaak (de), beroep (het)	справа (ж)	['sprava]
firma (de)	фірма (ж)	['firma]
bedrijf (maatschap)	кампанія (ж)	[kam'panija]
corporatie (de)	карпарацыя (ж)	[karpa'ratsija]
onderneming (de)	прадпрыемства (н)	[pratpri'ɛmstva]
agentschap (het)	агенцтва (н)	[a'ɣɛntstva]

overeenkomst (de)	дамова (ж)	[da'mova]
contract (het)	кантракт (м)	[kant'rakt]
transactie (de)	здзелка (ж)	['zʲdzɛlka]
bestelling (de)	заказ (м)	[za'kas]
voorwaarde (de)	умова (ж)	[u'mova]

in het groot (bw)	оптам	['optam]
groothandels- (abn)	аптовы	[ap'tovi]
groothandel (de)	продаж (м) оптам	['prodaʃ 'optam]
kleinhandels- (abn)	рознічны	['rozʲnitʃni]
kleinhandel (de)	продаж (м) у розніцу	['prodaʃ u 'rozʲnitsu]

concurrent (de)	канкурэнт (м)	[kaŋku'rɛnt]
concurrentie (de)	канкурэнцыя (ж)	[kaŋku'rɛntsija]
concurreren (ww)	канкурыраваць	[kaŋku'riravats]

partner (de)	партнёр (м)	[part'nɔr]
partnerschap (het)	партнёрства (н)	[part'nɔrstva]

crisis (de)	крызіс (м)	['krizis]
bankroet (het)	банкруцтва (н)	[baŋk'rutstva]
bankroet gaan (ww)	збанкрутаваць	[zbaŋkruta'vats]
moeilijkheid (de)	цяжкасць (ж)	['tsʲaʃkasʲts]
probleem (het)	праблема (ж)	[prab'lɛma]
catastrofe (de)	катастрофа (ж)	[katast'rofa]

economie (de)	эканоміка (ж)	[ɛka'nomika]
economisch (bn)	эканамічны	[ɛkana'mitʃni]
economische recessie (de)	эканамічны спад (м)	[ɛkana'mitʃni 'spat]

doel (het)	мэта (ж)	['mɛta]
taak (de)	задача (ж)	[za'datʃa]

handelen (handel drijven)	гандляваць	[ɣandʎa'vats]
netwerk (het)	сетка (ж)	['sɛtka]
voorraad (de)	склад (м)	[sklat]

assortiment (het)	асартымент (м)	[asartı'mɛnt]
leider (de)	лідэр (м)	['lidɛr]
groot (bn)	буйны	[buj'nı]
monopolie (het)	манаполія (ж)	[mana'pɔlija]

theorie (de)	тэорыя (ж)	[tɛ'ɔrıja]
praktijk (de)	практыка (ж)	['praktıka]
ervaring (de)	вопыт (м)	['vɔpıt]
tendentie (de)	тэндэнцыя (ж)	[tɛn'dɛntsıja]
ontwikkeling (de)	развіццё (н)	[razⁱwi'tsɜ]

105. Bedrijfsprocessen. Deel 2

voordeel (het)	выгада (ж)	['vıɣada]
voordelig (bn)	выгадны	['vıɣadnı]

delegatie (de)	дэлегацыя (ж)	[dɛlɛ'ɣatsıja]
salaris (het)	заработная плата (ж)	[zara'botnaja 'plata]
corrigeren (fouten ~)	выпраўляць	[vıprau'ʎats]
zakenreis (de)	камандзіроўка (ж)	[kamandzi'rɔuka]
commissie (de)	камісія (ж)	[ka'misija]

controleren (ww)	кантраляваць	[kantraʎa'vats]
conferentie (de)	канферэнцыя (ж)	[kanfɛ'rɛntsıja]
licentie (de)	ліцэнзія (ж)	[li'tsɛnzija]
betrouwbaar (partner, enz.)	надзейны	[na'dzɛjnı]

aanzet (de)	пачынанне (н)	[patʃı'naŋɛ]
norm (bijv. ~ stellen)	норма (ж)	['nɔrma]
omstandigheid (de)	акалічнасць (ж)	[aka'litʃnasⁱts]
taak, plicht (de)	абавязак (м)	[aba'vⁱazak]

organisatie (bedrijf, zaak)	арганізацыя (ж)	[arɣani'zatsıja]
organisatie (proces)	арганізацыя (ж)	[arɣani'zatsıja]
georganiseerd (bn)	арганізаваны	[arɣaniza'vanı]
afzegging (de)	скасаванне (н)	[skasa'vaŋɛ]
afzeggen (ww)	скасаваць	[skasa'vats]
verslag (het)	справаздача (ж)	[spravaz'datʃa]

patent (het)	патэнт (м)	[pa'tɛnt]
patenteren (ww)	патэнтаваць	[patɛnta'vats]
plannen (ww)	планаваць	[plana'vats]

premie (de)	прэмія (ж)	['prɛmija]
professioneel (bn)	прафесійны	[prafɛ'sijnı]
procedure (de)	працэдура (ж)	[pratsɛ'dura]

onderzoeken (contract, enz.)	разгледзець	[razɣ'lɛdzɛts]
berekening (de)	разлік (м)	[razⁱ'lik]
reputatie (de)	рэпутацыя (ж)	[rɛpu'tatsıja]
risico (het)	рызыка (ж)	['rızıka]

beheren (managen)	кіраваць	[kira'vats]
informatie (de)	звесткі (ж мн)	['zⁱwɛstki]

| eigendom (bezit) | уласнасць (ж) | [u'lasnasʲts] |
| unie (de) | саюз (м) | [sa'jus] |

levensverzekering (de)	страхаванне (н) жыцця	[straha'vaŋɛ ʒı'tsʲa]
verzekeren (ww)	страхаваць	[straha'vats]
verzekering (de)	страхоўка (ж)	[stra'houka]

veiling (de)	таргі (м мн)	[tar'ɣi]
verwittigen (ww)	паведаміць	[pa'wɛdamits]
beheer (het)	кіраванне (н)	[kira'vaŋɛ]
dienst (de)	паслуга (ж)	[pas'luɣa]

forum (het)	форум (м)	['fɔrum]
functioneren (ww)	функцыянаваць	[fuŋktsıjana'vats]
stap, etappe (de)	этап (м)	[ɛ'tap]
juridisch (bn)	юрыдычны	[jurı'dıt͡ʃnı]
jurist (de)	юрыст (м)	[ju'rıst]

106. Productie. Werken

industriële installatie (fabriek)	завод (м)	[za'vɔt]
fabriek (de)	фабрыка (ж)	['fabrıka]
werkplaatsruimte (de)	цэх (м)	[tsɛh]
productielocatie (de)	вытворчасць (ж)	[vıt'vɔrt͡ʃasʲts]

industrie (de)	прамысловасць (ж)	[pramıs'lɔvasʲts]
industrieel (bn)	прамысловы	[pramıs'lɔvı]
zware industrie (de)	цяжкая прамысловасць (ж)	['tsʲaʃkaja pramıs'lɔvasʲts]
lichte industrie (de)	лёгкая прамысловасць (ж)	['lɔhkaja pramıs'lɔvasʲts]

productie (de)	прадукцыя (ж)	[pra'duktsıja]
produceren (ww)	выробляць	[vırab'ʎats]
grondstof (de)	сыравіна (ж)	[sıra'wina]

voorman, ploegbaas (de)	брыгадзір (м)	[brıɣa'dzir]
ploeg (de)	брыгада (ж)	[brı'ɣada]
arbeider (de)	рабочы (м)	[ra'bɔt͡ʃı]

werkdag (de)	працоўны дзень (м)	[pra'tsɔunı 'dzɛɲ]
pauze (de)	перапынак (м)	[pɛra'pınak]
samenkomst (de)	сход (м)	[shɔt]
bespreken (spreken over)	абмяркоўваць	[abmʲar'kɔuvats]

plan (het)	план (м)	[plan]
het plan uitvoeren	выконваць план	[vı'kɔnvats 'plan]
productienorm (de)	норма (ж)	['nɔrma]
kwaliteit (de)	якасць (ж)	['jakasʲts]
controle (de)	кантроль (м)	[kant'rɔʎ]
kwaliteitscontrole (de)	кантроль (м) якасці	[kant'rɔʎ 'jakasʲtsi]

arbeidsveiligheid (de)	бяспека (ж) працы	[bʲasʲ'pɛka 'pratsı]
discipline (de)	дысцыпліна (ж)	[dıstsıp'lina]
overtreding (de)	парушэнне (н)	[paru'ʃɛŋɛ]
overtreden (ww)	парушаць	[paru'ʃats]

97

staking (de)	забастоўка (ж)	[zabas'touka]
staker (de)	забастоўшчык (м)	[zabas'touʃtʃık]
staken (ww)	баставаць	[basta'vats]
vakbond (de)	прафсаюз (м)	[prafsa'jus]

uitvinden (machine, enz.)	вынаходзіць	[vına'hodzits]
uitvinding (de)	вынаходка (ж)	[vına'hotka]
onderzoek (het)	даследаванне (н)	[dasʲ'lɛdavaŋɛ]
verbeteren (beter maken)	паляпшаць	[paʎap'ʃats]
technologie (de)	тэхналогія (ж)	[tɛhna'loɣija]
technische tekening (de)	чарцёж (м)	[tʃar'tsɜʃ]

vracht (de)	груз (м)	[ɣrus]
lader (de)	грузчык (м)	['ɣruʃtʃık]
laden (vrachtwagen)	грузіць	[ɣru'zits]
laden (het)	пагрузка (ж)	[paɣ'ruska]
lossen (ww)	разгружаць	[razɣru'ʒats]
lossen (het)	разгрузка (ж)	[razɣ'ruska]

transport (het)	транспарт (м)	['transpart]
transportbedrijf (de)	транспартная кампанія (ж)	['transpartnaja kam'panija]
transporteren (ww)	транспартаваць	[transparta'vats]

goederenwagon (de)	вагон (м)	[va'ɣon]
tank (bijv. ketelwagen)	цыстэрна (ж)	[tsıs'tɛrna]
vrachtwagen (de)	грузавік (м)	[ɣruza'wik]

| machine (de) | станок (м) | [sta'nok] |
| mechanisme (het) | механізм (м) | [mɛha'nizm] |

industrieel afval (het)	адыходы (м мн)	[adı'hodı]
verpakking (de)	пакаванне (н)	[paka'vaŋɛ]
verpakken (ww)	упакаваць	[upaka'vats]

107. Contract. Overeenstemming.

contract (het)	кантракт (м)	[kant'rakt]
overeenkomst (de)	пагадненне (н)	[paɣad'nɛŋɛ]
bijlage (de)	дадатак (м)	[da'datak]

een contract sluiten	заключыць кантракт	[zakly'tʃıts kant'rakt]
handtekening (de)	подпіс (м)	['potpis]
ondertekenen (ww)	падпісаць	[patpi'sats]
stempel (de)	пячатка (ж)	[pʲa'tʃatka]

| voorwerp (het) van de overeenkomst | прадмет (м) дамовы | [prad'mɛd da'movı] |

clausule (de)	пункт (м)	[puŋkt]
partijen (mv.)	бакі (м мн)	[ba'ki]
vestigingsadres (het)	юрыдычны адрас (м)	[jurı'dıtʃnı 'adras]

| het contract verbreken (overtreden) | парушыць кантракт | [pa'ruʃıts kant'rakt] |

| verplichting (de) | абавязацельства (н) | [abavʲaza'tsɛʎstva] |

verantwoordelijkheid (de)	адказнасць (ж)	[at'kaznasʲts]
overmacht (de)	форс-мажор (м)	['fɔrs ma'ʒɔr]
geschil (het)	спрэчка (ж)	['sprɛtʃka]
sancties (mv.)	штрафныя санкцыі (ж мн)	[ʃtraf'nija 'saŋktsii]

108. Import & Export

import (de)	імпарт (м)	['impart]
importeur (de)	імпарцёр (м)	[impar'tsɜr]
importeren (ww)	імпартаваць	[imparta'vats]
import- (abn)	імпартны	['impartnɪ]
exporteur (de)	экспарцёр (м)	[ɛkspar'tsɜr]
exporteren (ww)	экспартаваць	[ɛksparta'vats]
goederen (mv.)	тавар (м)	[ta'var]
partij (de)	партыя (ж)	['partija]
gewicht (het)	вага (ж)	[va'ɣa]
volume (het)	аб'ём (м)	[abʰɜm]
kubieke meter (de)	кубічны метр (м)	[ku'bitʃnɪ 'mɛtr]
producent (de)	вытворца (м)	[vɪt'vɔrtsa]
transportbedrijf (de)	транспартная кампанія (ж)	['transpartnaja kam'panija]
container (de)	кантэйнер (м)	[kan'tɛjnɛr]
grens (de)	мяжа (ж)	[mʲa'ʒa]
douane (de)	мытня (ж)	['mɪtɲa]
douanerecht (het)	мытная пошліна (ж)	['mɪtnaja 'poʃlina]
douanier (de)	мытнік (м)	['mɪtnik]
smokkelen (het)	кантрабанда (ж)	[kantra'banda]
smokkelwaar (de)	кантрабанда (ж)	[kantra'banda]

109. Financiën

aandeel (het)	акцыя (ж)	['aktsija]
obligatie (de)	аблігацыя (ж)	[abli'ɣatsija]
wissel (de)	вэксаль (м)	['vɛksaʎ]
beurs (de)	біржа (ж)	['birʒa]
aandelenkoers (de)	курс (м) акцый	['kurs 'aktsɪj]
dalen (ww)	патаннець	[pata'ɲɛts]
stijgen (ww)	падаражэць	[padara'ʒɛts]
meerderheidsbelang (het)	кантрольны пакет (м)	[kant'roʎnɪ pa'kɛt]
investeringen (mv.)	інвестыцыі (ж мн)	[inwɛs'tɪtsii]
investeren (ww)	інвесціраваць	[inwɛsʲ'tsiravats]
procent (het)	працэнт (м)	[pra'tsɛnt]
rente (de)	працэнты (м мн)	[pra'tsɛntɪ]
winst (de)	прыбытак (м)	[prɪ'bɪtak]
winstgevend (bn)	прыбыткавы	[prɪbɪt'kɔvɪ]

belasting (de)	падатак (м)	[pa'datak]
valuta (vreemde ~)	валюта (ж)	[va'lyta]
nationaal (bn)	нацыянальны	[natsıja'naʎnı]
ruil (de)	абмен (м)	[ab'mɛn]
boekhouder (de)	бухгалтар (м)	[buɣ'ɣaltar]
boekhouding (de)	бухгалтэрыя (ж)	[buɣɣal'tɛrıja]
bankroet (het)	банкруцтва (н)	[baŋk'rutstva]
ondergang (de)	крах (м)	[krah]
faillissement (het)	згаленне (н)	[zɣa'lɛŋɛ]
geruïneerd zijn (ww)	згалець	[zɣa'lɛts]
inflatie (de)	інфляцыя (ж)	[inf'ʎatsıja]
devaluatie (de)	дэвальвацыя (ж)	[dɛvaʎ'vatsıja]
kapitaal (het)	капітал (м)	[kapi'tal]
inkomen (het)	даход (м)	[da'hɔt]
omzet (de)	абарот (м)	[aba'rɔt]
middelen (mv.)	рэсурсы (м мн)	[rɛ'sursı]
financiële middelen (mv.)	грашовыя сродкі (м мн)	[ɣra'ʃɔvıja 'srɔtki]
reduceren (kosten ~)	скараціць	[skara'tsits]

110. Marketing

marketing (de)	маркетынг (м)	['markɛtınh]
markt (de)	рынак (м)	['rınak]
marktsegment (het)	сегмент (м) рынку	[sɛɣ'mɛnt 'rıŋku]
product (het)	прадукт (м)	[pra'dukt]
goederen (mv.)	тавар (м)	[ta'var]
handelsmerk (het)	гандлёвая марка (ж)	[ɣand'lɔvaja 'marka]
beeldmerk (het)	фірмовы знак (м)	[fir'mɔvı 'znak]
logo (het)	лагатып (м)	[laɣa'tıp]
vraag (de)	попыт (м)	['pɔpıt]
aanbod (het)	прапананванне (н)	[prapana'vaŋɛ]
behoefte (de)	патрэба (ж)	[pat'rɛba]
consument (de)	спажывец (м)	[spaʒı'wɛts]
analyse (de)	аналіз (м)	[a'nalis]
analyseren (ww)	аналізаваць	[analiza'vats]
positionering (de)	пазіцыянаванне (н)	[pazitsıjana'vaŋɛ]
positioneren (ww)	пазіцыянаваць	[pazitsıjana'vats]
prijs (de)	цана (ж)	[tsa'na]
prijspolitiek (de)	цэнавая палітыка (ж)	['tsɛnavaja pa'litıka]
prijsvorming (de)	цэнаўтварэнне (н)	[tsɛnautva'rɛŋɛ]

111. Reclame

reclame (de)	рэклама (ж)	[rɛk'lama]
adverteren (ww)	рэкламаваць	[rɛklama'vats]

budget (het)	бюджэт (м)	[by'dʒɛt]
advertentie, reclame (de)	рэклама (ж)	[rɛk'lama]
TV-reclame (de)	тэлерэклама (ж)	[tɛlɛrɛk'lama]
radioreclame (de)	рэклама (ж) на радыё	[rɛk'lama na 'radɨɜ]
buitenreclame (de)	вонкавая рэклама (ж)	['vɔŋkavaja rɛk'lama]

massamedia (de)	сродкі (м мн) масавай інфармацыі	['srɔtki 'masavaj infar'matsɨi]
periodiek (de)	перыядычнае выданне (н)	[pɛrɨja'dɨtʃnaɛ vɨ'daŋɛ]
imago (het)	імідж (м)	['imitʃ]

| slagzin (de) | лозунг (м) | ['lɔzunh] |
| motto (het) | дэвіз (м) | [dɛ'wis] |

campagne (de)	кампанія (ж)	[kam'panija]
reclamecampagne (de)	рэкламная кампанія (ж)	[rɛk'lamnaja kam'panija]
doelpubliek (het)	мэтавая аўдыторыя (ж)	['mɛtavaja audɨ'tɔrɨja]

visitekaartje (het)	візітная картка (ж)	[wi'zitnaja 'kartka]
flyer (de)	лістоўка (ж)	[lis'touka]
brochure (de)	брашура (ж)	[bra'ʃura]
folder (de)	буклет (м)	[buk'lɛt]
nieuwsbrief (de)	бюлетэнь (м)	[bylɛ'tɛɲ]

gevelreclame (de)	шыльда (ж)	['ʃɨʎda]
poster (de)	плакат (м)	[pla'kat]
aanplakbord (het)	шчыт (м)	[ʃtʃɨt]

112. Bankieren

| bank (de) | банк (м) | [baŋk] |
| bankfiliaal (het) | аддзяленне (н) | [addzʲa'lɛŋɛ] |

| bankbediende (de) | кансультант (м) | [kansuʎ'tant] |
| manager (de) | загадчык (м) | [za'ɣatʃɨk] |

bankrekening (de)	рахунак (м)	[ra'hunak]
rekeningnummer (het)	нумар (м) рахунку	['numar ra'huŋku]
lopende rekening (de)	бягучы рахунак (м)	[bʲa'ɣutʃɨ ra'hunak]
spaarrekening (de)	назапашвальны рахунак (м)	[naza'paʃvaʎnɨ ra'hunak]

een rekening openen	адкрыць рахунак	[atk'rɨts ra'hunak]
de rekening sluiten	закрыць рахунак	[zak'rɨts ra'hunak]
op rekening storten	пакласці на рахунак	[pak'lasʲtsi na ra'hunak]
opnemen (ww)	зняць з рахунку	['zʲɲadzʲ z ra'huŋku]

storting (de)	уклад (м)	[uk'lat]
een storting maken	зрабіць уклад	[zra'bits uk'lat]
overschrijving (de)	перавод (м)	[pɛra'vɔt]
een overschrijving maken	зрабіць перавод	[zra'bits pɛra'vɔt]

| som (de) | сума (ж) | ['suma] |
| Hoeveel? | Колькі? | ['kɔʎki] |

| handtekening (de) | подпіс (м) | ['pɔtpis] |
| ondertekenen (ww) | падпісаць | [patpi'sats] |

kredietkaart (de)	крэдытная картка (ж)	[krɛ'dɪtnaja 'kartka]
code (de)	код (м)	[kɔt]
kredietkaartnummer (het)	нумар (м) крэдытнай карткі	['numar krɛ'dɪtnaj 'kartki]
geldautomaat (de)	банкамат (м)	[baŋka'mat]

cheque (de)	чэк (м)	[ʧɛk]
een cheque uitschrijven	выпісаць чэк	['vɪpisats 'ʧɛk]
chequeboekje (het)	чэкавая кніжка (ж)	['ʧɛkavaja 'kniʃka]

lening, krediet (de)	крэдыт (м)	[krɛ'dɪt]
een lening aanvragen	звяртацца па крэдыт	[zʲvʲar'tatsa pa krɛ'dɪt]
een lening nemen	браць крэдыт	['brats krɛ'dɪt]
een lening verlenen	даваць крэдыт	[da'vats krɛ'dɪt]
garantie (de)	гарантыя (ж)	[ɣa'rantɪja]

113. Telefoon. Telefoongesprek

telefoon (de)	тэлефон (м)	[tɛlɛ'fɔn]
mobieltje (het)	мабільны тэлефон (м)	[ma'biʎnɪ tɛlɛ'fɔn]
antwoordapparaat (het)	аўтаадказчык (м)	[auta:t'kaʃʧɪk]

| bellen (ww) | тэлефанаваць | [tɛlɛfana'vats] |
| belletje (telefoontje) | тэлефанаванне (н) | [tɛlɛfana'vaŋɛ] |

een nummer draaien	набраць нумар	[nab'rats 'numar]
Hallo!	алё!	[a'lɔ]
vragen (ww)	спытаць	[spɪ'tats]
antwoorden (ww)	адказаць	[atka'zats]
horen (ww)	чуць	[ʧuts]
goed (bw)	добра	['dɔbra]
slecht (bw)	дрэнна	['drɛŋa]
storingen (mv.)	перашкоды (ж мн)	[pɛraʃ'kɔdɪ]

hoorn (de)	трубка (ж)	['trupka]
opnemen (ww)	зняць трубку	['zʲnats 'trupku]
ophangen (ww)	пакласці трубку	[pak'lasʲtsi 'trupku]
bezet (bn)	заняты	[za'ɲatɪ]
overgaan (ww)	званіць	[zva'nits]
telefoonboek (het)	тэлефонная кніга (ж)	[tɛlɛ'fɔŋaja 'kniɣa]

lokaal (bn)	мясцовы	[mʲas'tsɔvɪ]
interlokaal (bn)	міжгародні	[miʒɣa'rɔdni]
buitenlands (bn)	міжнародны	[miʒna'rɔdnɪ]

114. Mobiele telefoon

| mobieltje (het) | мабільны тэлефон (м) | [ma'biʎnɪ tɛlɛ'fɔn] |
| scherm (het) | дысплей (м) | [dɪsp'lɛj] |

toets, knop (de)	кнопка (ж)	['knɔpka]
simkaart (de)	SIM-картка (ж)	[sim'kartka]
batterij (de)	батарэя (ж)	[bata'rɛja]
leeg zijn (ww)	разрадзіцца	[razra'dzitsa]
acculader (de)	зарадная прылада (ж)	[za'radnaja prı'lada]
menu (het)	меню (н)	[mɛ'ny]
instellingen (mv.)	наладкі (ж мн)	[na'latki]
melodie (beltoon)	мелодыя (ж)	[mɛ'lɔdıja]
selecteren (ww)	выбраць	['vıbrats]
rekenmachine (de)	калькулятар (м)	[kaʎku'ʎatar]
voicemail (de)	аўтаадказчык (м)	[auta:t'kaʃʃık]
wekker (de)	будзільнік (м)	[bu'dziʎnik]
contacten (mv.)	тэлефонная кніга (ж)	[tɛlɛ'fɔŋaja 'kniɣa]
SMS-bericht (het)	SMS-паведамленне (н)	[ɛsɛ'mɛs pawɛdam'lɛŋɛ]
abonnee (de)	абанент (м)	[aba'nɛnt]

115. Schrijfbehoeften

balpen (de)	аўтаручка (ж)	[auta'rutʃka]
vulpen (de)	ручка (ж) пёравая	['rutʃka 'pɔravaja]
potlood (het)	аловак (м)	[a'lɔvak]
marker (de)	маркёр (м)	[mar'kɜr]
viltstift (de)	фламастэр (м)	[fla'mastɛr]
notitieboekje (het)	блакнот (м)	[blak'nɔt]
agenda (boekje)	штодзённік (м)	[ʃtɔ'dzɜŋik]
liniaal (de/het)	лінейка (ж)	[li'nɛjka]
rekenmachine (de)	калькулятар (м)	[kaʎku'ʎatar]
gom (de)	сцірка (ж)	['sʲtsirka]
punaise (de)	кнопка (ж)	['knɔpka]
paperclip (de)	сашчэпка (ж)	[saʃ'tʃɛpka]
lijm (de)	клей (м)	[klɛj]
nietmachine (de)	стэплер (м)	['stɛplɛr]
perforator (de)	дзіркакол (м)	[dzirka'kɔl]
potloodslijper (de)	тачылка (ж)	[ta'tʃılka]

116. Verschillende soorten documenten

verslag (het)	справаздача (ж)	[spravaz'datʃa]
overeenkomst (de)	пагадненне (н)	[paɣad'nɛŋɛ]
aanvraagformulier (het)	заяўка (ж)	[za'jauka]
origineel, authentiek (bn)	сапраўдны	[sap'raudnı]
badge, kaart (de)	бэдж (м)	[bɛtʃ]
visitekaartje (het)	візітная картка (ж)	[wi'zitnaja 'kartka]
certificaat (het)	сертыфікат (м)	[sɛrtıfi'kat]

cheque (de)	чэк (м)	[ʧɛk]
rekening (in restaurant)	рахунак (м)	[ra'hunak]
grondwet (de)	канстытуцыя (ж)	[kanstɪ'tutsɪja]

contract (het)	дамова (ж)	[da'mɔva]
kopie (de)	копія (ж)	['kɔpija]
exemplaar (het)	экземпляр (м)	[ɛɣzɛmp'ʎar]

douaneaangifte (de)	дэкларацыя (ж)	[dɛkla'ratsɪja]
document (het)	дакумент (м)	[daku'mɛnt]
rijbewijs (het)	вадзіцельскія правы (мн)	[va'dzitsɛʎskija pra'vɪ]
bijlage (de)	дадатак (м)	[da'datak]
formulier (het)	анкета (ж)	[a'ŋkɛta]

identiteitskaart (de)	пасведчанне (н)	[pasʲ'wɛʧaŋɛ]
aanvraag (de)	запыт (м)	['zapɪt]
uitnodigingskaart (de)	запрашальны білет (м)	[zapra'ʃaʎnɪ bi'lɛt]
factuur (de)	рахунак (м)	[ra'hunak]

wet (de)	закон (м)	[za'kɔn]
brief (de)	ліст (м)	[list]
briefhoofd (het)	бланк (м)	[blaŋk]
lijst (de)	спіс (м)	[sʲpis]
manuscript (het)	рукапіс (м)	['rukapis]
nieuwsbrief (de)	бюлетэнь (м)	[bylɛ'tɛɲ]
briefje (het)	запіска (ж)	[za'piska]

pasje (voor personeel, enz.)	пропуск (м)	['prɔpusk]
paspoort (het)	пашпарт (м)	['paʃpart]
vergunning (de)	дазвол (м)	[daz'vɔl]
CV, curriculum vitae (het)	рэзюмэ (н)	[rɛzyʲ'mɛ]
schuldbekentenis (de)	распіска (ж)	[rasʲ'piska]
kwitantie (de)	квітанцыя (ж)	[kwi'tantsɪja]
bon (kassabon)	чэк (м)	[ʧɛk]
rapport (het)	рапарт (м)	['rapart]

tonen (paspoort, enz.)	прад'яўляць	[pradʰjau'ʎats]
ondertekenen (ww)	падпісаць	[patpi'sats]
handtekening (de)	подпіс (м)	['pɔtpis]
stempel (de)	пячатка (ж)	[pʲa'ʧatka]
tekst (de)	тэкст (м)	[tɛkst]
biljet (het)	білет (м)	[bi'lɛt]

doorhalen (doorstrepen)	закрэсліць	[zak'rɛsʲlits]
invullen (een formulier ~)	запоўніць	[za'pounits]
vrachtbrief (de)	накладная (ж)	[naklad'naja]
testament (het)	завяшчанне (н)	[zavʲaʃ'ʧaŋɛ]

117. Soorten bedrijven

uitzendbureau (het)	кадравае агенцтва (н)	['kadravaɛ a'ɣɛntstva]
bewakingsfirma (de)	ахоўнае агенцтва (н)	[a'hounaɛ a'ɣɛntstva]
persbureau (het)	інфармацыйнае агенцтва (н)	[infarma'tsɪjnaɛ a'ɣɛntstva]

reclamebureau (het)	рэкламнае агенцтва (н)	[rɛk'lamnaɛ a'ɣɛntstva]
antiek (het)	антыкварыят (м)	[antɪkvarɪ'jat]
verzekering (de)	страхаванне (н)	[straha'vaŋɛ]
naaiatelier (het)	атэлье (н)	[atɛ'ʎjɛ]

banken (mv.)	банкаўскі бізнэс (м)	['baŋkauski 'biznɛs]
bar (de)	бар (м)	[bar]
bouwbedrijven (mv.)	будаўніцтва (н)	[budau'nitstva]
juwelen (mv.)	ювелірныя вырабы (м мн)	[juwɛ'lirnija 'vɪrabɪ]
juwelier (de)	ювелір (м)	[juwɛ'lir]

wasserette (de)	пральня (ж)	['praʎɲa]
alcoholische dranken (mv.)	спіртныя напіткі (м мн)	[sʲpirt'nija na'pitki]
nachtclub (de)	начны клуб (м)	[natʃ'nɪ 'klup]
handelsbeurs (de)	біржа (ж)	['birʒa]
bierbrouwerij (de)	бровар (м)	['brɔvar]
uitvaartcentrum (het)	пахавальнае бюро (н)	[paha'vaʎnaɛ by'rɔ]

casino (het)	казіно (н)	[kazi'nɔ]
zakencentrum (het)	бізнэс-цэнтр (м)	['biznɛs 'tsɛntr]
bioscoop (de)	кінатэатр (м)	[kinatɛ'atr]
airconditioning (de)	кандыцыянеры (м мн)	[kandɪtsɪja'nɛrɪ]

handel (de)	гандаль (м)	['ɣandaʎ]
luchtvaartmaatschappij (de)	авіякампанія (ж)	[awijakam'panija]
adviesbureau (het)	кансалтынг (м)	[kan'saltɪnh]
koerierdienst (de)	кур'ерская служба (ж)	[kurʰ'ɛrskaja 'sluʒba]

tandheelkunde (de)	стаматалогія (н)	[stamata'lɔɣija]
design (het)	дызайн (м)	[dɪ'zajn]
business school (de)	бізнэс-школа (ж)	['biznɛʃ 'ʃkɔla]
magazijn (het)	склад (м)	[sklat]
kunstgalerie (de)	галерэя (ж)	[ɣalɛ'rɛja]
IJsje (het)	марожанае (н)	[ma'rɔʒanaɛ]
hotel (het)	гасцініца (ж)	[ɣasʲ'tsinitsa]

vastgoed (het)	нерухомасць (ж)	[nɛru'homasʲts]
drukkerij (de)	паліграфія (ж)	[paliɣ'rafija]
industrie (de)	прамысловасць (ж)	[pramɪs'lovasʲts]
Internet (het)	Інтэрнэт (м)	[intɛr'nɛt]
investeringen (mv.)	інвестыцыі (ж мн)	[inwɛs'tɪtsʲii]

krant (de)	газета (ж)	[ɣa'zɛta]
boekhandel (de)	кнігарня (ж)	[kni'ɣarɲa]
lichte industrie (de)	лёгкая прамысловасць (ж)	['lɜhkaja pramɪs'lovasʲts]

winkel (de)	крама (ж)	['krama]
uitgeverij (de)	выдавецтва (н)	[vɪda'wɛtstva]
medicijnen (mv.)	медыцына (ж)	[mɛdɪ'tsɪna]
meubilair (het)	мэбля (ж)	['mɛbʎa]
museum (het)	музей (м)	[mu'zɛj]

olie (aardolie)	нафта (ж)	['nafta]
apotheek (de)	аптэка (ж)	[ap'tɛka]
geneesmiddelen (mv.)	фармацэўтыка (ж)	[farma'tsɛutika]
zwembad (het)	басейн (м)	[ba'sɛjn]

stomerij (de)	хімчыстка (ж)	[him'ʧɪstka]
voedingswaren (mv.)	прадукты (м мн) харчавання	[pra'duktɪ harʧa'vaɲa]
reclame (de)	рэклама (ж)	[rɛk'lama]

radio (de)	радыё (н)	['radɪʒ]
afvalinzameling (de)	вываз (м) смецця	['vɪvas 's^jmɛts^ja]
restaurant (het)	рэстаран (м)	[rɛsta'ran]
tijdschrift (het)	часопіс (м)	[ʧa'sɔpis]

schoonheidssalon (de/het)	салон (м) прыгажосці	[sa'lɔn prɪɣa'ʒɔs^jʦi]
financiële diensten (mv.)	фінансавыя паслугі (ж мн)	[fi'nansavɪja pas'luɣi]
juridische diensten (mv.)	юрыдычныя паслугі (ж мн)	[jurɪ'dɪʧnija pas'luɣi]
boekhouddiensten (mv.)	бухгалтарскія паслугі (ж мн)	[buɣ'ɣaltarskija pas'luɣi]
audit diensten (mv.)	аўдытарскія паслугі (ж мн)	[au'dɪtarskija pas'luɣi]
sport (de)	спорт (м)	[spɔrt]
supermarkt (de)	супермаркет (м)	[supɛr'markɛt]

televisie (de)	тэлебачанне (н)	[tɛlɛ'baʧaɲɛ]
theater (het)	тэатр (м)	[tɛ'atr]
toerisme (het)	турызм (м)	[tu'rɪzm]
transport (het)	перавозкі (ж мн)	[pɛra'vɔski]

postorderbedrijven (mv.)	гандаль (м) па каталозе	['ɣandaʎ pa kata'lɔzɛ]
kleding (de)	адзенне (н)	[a'dzɛɲɛ]
dierenarts (de)	ветэрынар (м)	[wɛtɛrɪ'nar]

Baan. Business. Deel 2

118. Show. Tentoonstelling

beurs (de)	выстава (ж)	[vɪs'tava]
vakbeurs, handelsbeurs (de)	гандлёвая выстава (ж)	[ɣand'lɔvaja vɪs'tava]
deelneming (de)	удзел (м)	[u'dzɛl]
deelnemen (ww)	удзельнічаць	[u'dzɛʎnitʃats]
deelnemer (de)	удзельнік (м)	[u'dzɛʎnik]
directeur (de)	дырэктар (м)	[dɪ'rɛktar]
organisator (de)	арганізатар (м)	[arɣani'zatar]
organiseren (ww)	арганізоўваць	[arɣani'zɔuvats]
deelnemingsaanvraag (de)	заяўка (ж) на ўдзел	[za'jauka na u'dzɛl]
invullen (een formulier ~)	запоўніць	[za'pɔunits]
details (mv.)	дэталі (ж мн)	[dɛ'tali]
informatie (de)	інфармацыя (ж)	[infar'matsɪja]
prijs (de)	цана (ж)	[tsa'na]
inclusief (bijv. ~ BTW)	уключаючы	[ukly'tʃajutʃɪ]
inbegrepen (alles ~)	уключаць	[ukly'tʃats]
betalen (ww)	плаціць	[pla'tsits]
registratietarief (het)	рэгістрацыйны ўзнос (м)	[rɛɣistra'tsɪjnɪ uz'nɔs]
ingang (de)	уваход (м)	[uva'hɔt]
paviljoen (het), hal (de)	павільён (м)	[pawi'ʎjon]
registreren (ww)	рэгістраваць	[rɛɣistra'vats]
badge, kaart (de)	бэдж (м)	[bɛtʃ]
beursstand (de)	стэнд (м)	[stɛnt]
reserveren (een stand ~)	рэзерваваць	[rɛzɛrva'vats]
vitrine (de)	вітрына (ж)	[wit'rɪna]
licht (het)	свяцільня (ж)	[sʲvʲa'tsiʎɲa]
design (het)	дызайн (м)	[dɪ'zajn]
plaatsen (ww)	размяшчаць	[razʲmʲaʃ'tʃats]
distributeur (de)	дыстрыб'ютар (м)	[dɪstrɪbʰ'jutar]
leverancier (de)	пастаўшчык (м)	[pastauʃ'tʃɪk]
land (het)	краіна (ж)	[kra'ina]
buitenlands (bn)	замежны	[za'mɛʒnɪ]
product (het)	прадукт (м)	[pra'dukt]
associatie (de)	асацыяцыя (ж)	[asatsɪ'jatsɪja]
conferentiezaal (de)	канферэнц-зала (ж)	[kanfɛ'rɛndz 'zala]
congres (het)	кангрэс (м)	[kaŋ'rɛs]
wedstrijd (de)	конкурс (м)	['kɔŋkurs]
bezoeker (de)	наведвальнік (м)	[na'wɛdvaʎnik]

bezoeken (ww)	наведваць	[na'wɛdvats]
afnemer (de)	заказчык (м)	[za'kaʃʧɪk]

119. Massamedia

krant (de)	газета (ж)	[ɣa'zɛta]
tijdschrift (het)	часопіс (м)	[ʧa'sɔpis]
pers (gedrukte media)	прэса (ж)	['prɛsa]
radio (de)	радыё (н)	['radɪɔ]
radiostation (het)	радыёстанцыя (ж)	[radɪɔs'tantsɪja]
televisie (de)	тэлебачанне (н)	[tɛlɛ'baʧaŋɛ]

presentator (de)	вядучы (м)	[vʲa'duʧɪ]
nieuwslezer (de)	дыктар (м)	['dɪktar]
commentator (de)	каментатар (м)	[kamɛn'tatar]

journalist (de)	журналіст (м)	[ʒurna'list]
correspondent (de)	карэспандэнт (м)	[karɛspan'dɛnt]
fotocorrespondent (de)	фотакарэспандэнт (м)	[fɔtakarɛspan'dɛnt]
reporter (de)	рэпарцёр (м)	[rɛpar'tsɜr]

redacteur (de)	рэдактар (м)	[rɛ'daktar]
chef-redacteur (de)	галоўны рэдактар (м)	[ɣa'lɔunɪ rɛ'daktar]

zich abonneren op	падпісацца	[patpi'satsa]
abonnement (het)	падпіска (ж)	[pat'piska]
abonnee (de)	падпісчык (м)	[pat'piʃʧɪk]
lezen (ww)	чытаць	[ʧɪ'tats]
lezer (de)	чытач (м)	[ʧɪ'taʧ]

oplage (de)	тыраж (м)	[tɪ'raʃ]
maand-, maandelijks (bn)	штомесячны	[ʃtɔ'mɛsʲaʧnɪ]
wekelijks (bn)	штотыднёвы	[ʃtɔtɪd'nɜvɪ]
nummer (het)	нумар (м)	['numar]
vers (~ van de pers)	свежы	['sʲwɛʒɪ]

kop (de)	загаловак (м)	[zaɣa'lɔvak]
korte artikel (het)	нататка (ж)	[na'tatka]
rubriek (de)	рубрыка (ж)	['rubrɪka]
artikel (het)	артыкул (м)	[ar'tɪkul]
pagina (de)	старонка (ж)	[sta'rɔŋka]

reportage (de)	рэпартаж (м)	[rɛpar'taʃ]
gebeurtenis (de)	падзея (ж)	[pa'dzɛja]
sensatie (de)	сенсацыя (ж)	[sɛn'satsɪja]
schandaal (het)	скандал (м)	[skan'dal]

schandalig (bn)	скандальны	[skan'daʎnɪ]
groot (~ schandaal, enz.)	гучны	['ɣuʧnɪ]

programma (het)	перадача (ж)	[pɛra'daʧa]
interview (het)	інтэрв'ю (н)	[intɛrvʰʲju]
live uitzending (de)	прамая трансляцыя (ж)	[pra'maja transʲ'ʎatsɪja]
kanaal (het)	канал (м)	[ka'nal]

120. Landbouw

landbouw (de)	сельская гаспадарка (ж)	['sɛʎskaja ɣaspa'darka]
boer (de)	селянін (м)	[sɛʎa'nin]
boerin (de)	сялянка (ж)	[sʲa'ʎaŋka]
landbouwer (de)	фермер (м)	['fɛrmɛr]

tractor (de)	трактар (м)	['traktar]
maaidorser (de)	камбайн (м)	[kam'bajn]

ploeg (de)	плуг (м)	[pluh]
ploegen (ww)	араць	[a'rats]
akkerland (het)	ралля (ж)	[ra'ʎa]
voor (de)	баразна (ж)	[baraz'na]

zaaien (ww)	сеяць	['sɛjats]
zaaimachine (de)	сеялка (ж)	['sɛjalka]
zaaien (het)	сяўба (ж)	[sʲau'ba]

zeis (de)	каса (ж)	[ka'sa]
maaien (ww)	касіць	[ka'sits]

schop (de)	лапата (ж)	[la'pata]
spitten (ww)	капаць	[ka'pats]

schoffel (de)	матыка (ж)	[ma'tɨka]
wieden (ww)	палоць	[pa'lots]
onkruid (het)	пустазелле (н)	[pusta'zɛllɛ]

gieter (de)	палівачка (ж)	[pali'vatʃka]
begieten (water geven)	паліваць	[pali'vats]
bewatering (de)	паліванне (н)	[pali'vaɲɛ]

riek, hooivork (de)	вілы (мн)	['wilɨ]
hark (de)	граблі (мн)	['ɣrabli]

meststof (de)	угнаенне (н)	[uɣna'ɛɲɛ]
bemesten (ww)	угнойваць	[uɣ'nɔjvats]
mest (de)	гной (м)	[ɣnɔj]

veld (het)	поле (н)	['pɔlɛ]
wei (de)	луг (м)	[luh]
moestuin (de)	агарод (м)	[aɣa'rɔt]
boomgaard (de)	сад (м)	[sat]

weiden (ww)	пасвіць	['pasʲwits]
herder (de)	пастух (м)	[pas'tuh]
weiland (de)	паша (ж)	['paʃa]

veehouderij (de)	жывёлагадоўля (ж)	[ʒɨwʒlaɣa'douʎa]
schapenteelt (de)	авечкагадоўля (ж)	[awɛtʃkaɣa'douʎa]

plantage (de)	плантацыя (ж)	[plan'tatsɨja]
rijtje (het)	градка (ж)	['ɣratka]
broeikas (de)	парнік (м)	[par'nik]

| droogte (de) | засуха (ж) | ['zasuha] |
| droog (bn) | засушлівы | [za'suʃlivɪ] |

| graangewassen (mv.) | зерневыя (н) | ['zɛrnɛvɪja] |
| oogsten (ww) | збіраць | [z'bi'rats] |

molenaar (de)	млынар (м)	[mlɪ'nar]
molen (de)	млын (м)	[mlɪn]
malen (graan ~)	малоць	[ma'lɔdz']
bloem (bijv. tarwebloem)	мука (ж)	[mu'ka]
stro (het)	салома (ж)	[sa'lɔma]

121. Gebouw. Bouwproces

bouwplaats (de)	будоўля (ж)	[bu'dɔuʎa]
bouwen (ww)	будаваць	[buda'vats]
bouwvakker (de)	будаўнік (м)	[budau'nik]

project (het)	праект (м)	[pra'ɛkt]
architect (de)	архітэктар (м)	[arhi'tɛktar]
arbeider (de)	рабочы (м)	[ra'bɔtʃɪ]

fundering (de)	падмурак (м)	[pad'murak]
dak (het)	дах (м)	[dah]
heipaal (de)	паля (ж)	['paʎa]
muur (de)	сцяна (ж)	[sʲtsʲa'na]

| betonstaal (het) | арматура (ж) | [arma'tura] |
| steigers (mv.) | будаўнічыя рыштаванні (н мн) | [budau'nitʃija riʃta'vaɲi] |

beton (het)	бетон (м)	[bɛ'tɔn]
graniet (het)	граніт (м)	[χra'nit]
steen (de)	камень (м)	['kamɛɲ]
baksteen (de)	цэгла (ж)	['tsɛχla]

zand (het)	пясок (м)	[pʲa'sɔk]
cement (de/het)	цэмент (м)	[tsɛ'mɛnt]
pleister (het)	тынк (м)	[tɪŋk]
pleisteren (ww)	тынкаваць	[tɪŋka'vats]

verf (de)	фарба (ж)	['farba]
verven (muur ~)	фарбаваць	[farba'vats]
ton (de)	бочка (ж)	['bɔtʃka]

kraan (de)	кран (м)	[kran]
heffen, hijsen (ww)	паднімаць	[padni'mats]
neerlaten (ww)	апускаць	[apus'kats]

bulldozer (de)	бульдозер (м)	[buʎ'dɔzɛr]
graafmachine (de)	экскаватар (м)	[ɛkska'vatar]
graafbak (de)	коўш (м)	['kɔuʃ]
graven (tunnel, enz.)	капаць	[ka'pats]
helm (de)	каска (ж)	['kaska]

122. Wetenschap. Onderzoek. Wetenschappers

wetenschap (de)	навука (ж)	[na'vuka]
wetenschappelijk (bn)	навуковы	[navu'kɔvɪ]
wetenschapper (de)	навуковец (м)	[navu'kɔwɛts]
theorie (de)	тэорыя (ж)	[tɛ'ɔrɪja]
axioma (het)	аксіёма (ж)	[aksiɜma]
analyse (de)	аналіз (м)	[a'nalis]
analyseren (ww)	аналізаваць	[analiza'vats]
argument (het)	аргумент (м)	[arɣu'mɛnt]
substantie (de)	рэчыва (н)	['rɛtʃɪva]
hypothese (de)	гіпотэза (ж)	[ɣi'pɔtɛza]
dilemma (het)	дылема (ж)	[dɪ'lɛma]
dissertatie (de)	дысертацыя (ж)	[dɪsɛr'tatsɪja]
dogma (het)	догма (ж)	['dɔɣma]
doctrine (de)	дактрына (ж)	[dakt'rɪna]
onderzoek (het)	даследаванне (н)	[dasʲ'lɛdavaɲɛ]
onderzoeken (ww)	даследаваць	[dasʲ'lɛdavats]
toetsing (de)	кантроль (м)	[kant'rɔʎ]
laboratorium (het)	лабараторыя (ж)	[labara'tɔrɪja]
methode (de)	метад (м)	['mɛtat]
molecule (de/het)	малекула (ж)	[ma'lɛkula]
monitoring (de)	маніторынг (м)	[mani'tɔrɪnh]
ontdekking (de)	адкрыццё (н)	[atkrɪ'tsɜ]
postulaat (het)	пастулат (м)	[pastu'lat]
principe (het)	прынцып (м)	['prɪntsɪp]
voorspelling (de)	прагноз (м)	[praɣ'nɔs]
een prognose maken	прагназіраваць	[praɣna'ziravats]
synthese (de)	сінтэз (м)	['sintɛs]
tendentie (de)	тэндэнцыя (ж)	[tɛn'dɛntsɪja]
theorema (het)	тэарэма (ж)	[tɛa'rɛma]
leerstellingen (mv.)	вучэнне (н)	[vu'tʃɛɲɛ]
feit (het)	факт (м)	[fakt]
expeditie (de)	экспедыцыя (ж)	[ɛksʲpɛ'dɪtsɪja]
experiment (het)	эксперымент (м)	[ɛksʲpɛrɪ'mɛnt]
academicus (de)	акадэмік (м)	[aka'dɛmik]
bachelor (bijv. BA, LLB)	бакалаўр (м)	[baka'laur]
doctor (de)	доктар (м)	['dɔktar]
universitair docent (de)	дацэнт (м)	[da'tsɛnt]
master, magister (de)	магістр (м)	[ma'ɣistr]
professor (de)	прафесар (м)	[pra'fɛsar]

Beroepen en ambachten

123. Zoeken naar werk. Ontslag

baan (de)	праца (ж)	['pratsa]
personeel (het)	штат (м)	[ʃtat]
carrière (de)	кар'ера (ж)	[karʰ'ɛra]
vooruitzichten (mv.)	перспектыва (ж)	[pɛrsⁱpɛk'tɪva]
meesterschap (het)	майстэрства (н)	[majs'tɛrstva]
keuze (de)	падбор (м)	[pad'bɔr]
uitzendbureau (het)	кадравае агенцтва (н)	['kadravaɛ a'ɣɛntstva]
CV, curriculum vitae (het)	рэзюмэ (н)	[rɛzy'mɛ]
sollicitatiegesprek (het)	сумоўе (н)	[su'mɔuɛ]
vacature (de)	вакансія (ж)	[va'kansija]
salaris (het)	заробак (м)	[za'rɔbak]
vaste salaris (het)	аклад (м)	[ak'lat]
loon (het)	аплата (ж)	[ap'lata]
betrekking (de)	пасада (ж)	[pa'sada]
taak, plicht (de)	абавязак (м)	[aba'vⁱazak]
takenpakket (het)	кола (н)	['kɔla]
bezig (~ zijn)	заняты	[za'ɲatɪ]
ontslagen (ww)	звольніць	['zvɔʎnits]
ontslag (het)	звальненне (н)	[zvaʎ'nɛɲɛ]
werkloosheid (de)	беспрацоўе (н)	[bɛspra'tsɔuɛ]
werkloze (de)	беспрацоўны (м)	[bɛspra'tsɔunɪ]
pensioen (het)	пенсія (ж)	['pɛnsija]
met pensioen gaan	пайсці на пенсію	[pajsⁱ'tsi na 'pɛnsiju]

124. Zakenmensen

directeur (de)	дырэктар (м)	[dɪ'rɛktar]
beheerder (de)	загадчык (м)	[za'ɣatʃɪk]
hoofd (het)	кіраўнік (м)	[kirau'nik]
baas (de)	начальнік (м)	[na'tʃaʎnik]
superieuren (mv.)	начальства (н)	[na'tʃaʎstva]
president (de)	прэзідэнт (м)	[prɛzi'dɛnt]
voorzitter (de)	старшыня (ж)	[starʃɪ'ɲa]
adjunct (de)	намеснік (м)	[na'mɛsⁱnik]
assistent (de)	памочнік (м)	[pa'mɔtʃnik]
secretaris (de)	сакратар (м)	[sakra'tar]

persoonlijke assistent (de)	асабісты сакратар (м)	[asa'bistı sakra'tar]
zakenman (de)	бізнэсмен (м)	[biznɛsʲ'mɛn]
ondernemer (de)	прадпрымальнік (м)	[pratprı'maʎnik]
oprichter (de)	заснавальнік (м)	[zasna'vaʎnik]
oprichten	заснаваць	[zasna'vats]
(een nieuw bedrijf ~)		

stichter (de)	заснавальнік (м)	[zasna'vaʎnik]
partner (de)	партнёр (м)	[part'nɜr]
aandeelhouder (de)	акцыянер (м)	[aktsıja'nɛr]

miljonair (de)	мільянер (м)	[miʎja'nɛr]
miljardair (de)	мільярдэр (м)	[miʎjar'dɛr]
eigenaar (de)	уладальнік (м)	[ula'daʎnik]
landeigenaar (de)	землеўладальнік (м)	[zɛmlɛula'daʎnik]

klant (de)	кліент (м)	[kli'ɛnt]
vaste klant (de)	сталы кліент (м)	['stalı kli'ɛnt]
koper (de)	пакупнік (м)	[pakup'nik]
bezoeker (de)	наведвальнік (м)	[na'wɛdvaʎnik]

professioneel (de)	прафесіянал (м)	[prafɛsija'nal]
expert (de)	эксперт (м)	[ɛksʲ'pɛrt]
specialist (de)	спецыяліст (м)	[sʲpɛtsıja'list]

| bankier (de) | банкір (м) | [ba'ŋkir] |
| makelaar (de) | брокер (м) | ['brɔkɛr] |

kassier (de)	касір (м)	[ka'sir]
boekhouder (de)	бухгалтар (м)	[buɣ'ɣaltar]
bewaker (de)	ахоўнік (м)	[a'hɔunik]

investeerder (de)	інвестар (м)	[in'wɛstar]
schuldenaar (de)	даўжнік (м)	[dauʒ'nik]
crediteur (de)	крэдытор (м)	[krɛdı'tor]
lener (de)	пазычальнік (м)	[pazı'tʃaʎnik]

| importeur (de) | імпарцёр (м) | [impar'tsɜr] |
| exporteur (de) | экспарцёр (м) | [ɛkspar'tsɜr] |

producent (de)	вытворца (м)	[vıt'vortsa]
distributeur (de)	дыстрыб'ютар (м)	[dıstrıbʰ'jutar]
bemiddelaar (de)	пасярэднік (м)	[pasʲa'rɛdnik]

adviseur, consulent (de)	кансультант (м)	[kansuʎ'tant]
vertegenwoordiger (de)	прадстаўнік (м)	[pratsstau'nik]
agent (de)	агент (м)	[a'ɣɛnt]
verzekeringsagent (de)	страхавы агент (м)	[straha'vı a'ɣɛnt]

125. Dienstverlenende beroepen

kok (de)	повар (м)	['povar]
chef-kok (de)	шэф-повар (м)	[ʃɛf'povar]
bakker (de)	пекар (м)	['pɛkar]

barman (de)	бармэн (м)	[bar'mɛn]
kelner, ober (de)	афіцыянт (м)	[afitsɪ'jant]
serveerster (de)	афіцыянтка (ж)	[afitsɪ'jantka]

advocaat (de)	адвакат (м)	[adva'kat]
jurist (de)	юрыст (м)	[ju'rɪst]
notaris (de)	натарыус (м)	[na'tarɪus]

elektricien (de)	манцёр (м)	[man'tsɜr]
loodgieter (de)	сантэхнік (м)	[san'tɛhnik]
timmerman (de)	цясляр (м)	[tsʲasʲ'ʎar]

masseur (de)	масажыст (м)	[masa'ʒɪst]
masseuse (de)	масажыстка (ж)	[masa'ʒɪstka]
dokter, arts (de)	урач (м)	[u'ratʃ]

taxichauffeur (de)	таксіст (м)	[tak'sist]
chauffeur (de)	шафёр (м)	[ʃa'fɜr]
koerier (de)	кур'ер (м)	[kurʰ'ɛr]

kamermeisje (het)	пакаёўка (ж)	[pakaʒuka]
bewaker (de)	ахоўнік (м)	[a'hɔunik]
stewardess (de)	сцюардэса (ж)	[sʲtsyar'dɛsa]

meester (de)	настаўнік (м)	[nas'taunik]
bibliothecaris (de)	бібліятэкар (м)	[biblija'tɛkar]
vertaler (de)	перакладчык (м)	[pɛrak'latʃɪk]
tolk (de)	перакладчык (м)	[pɛrak'latʃɪk]
gids (de)	гід (м)	[ɣit]

kapper (de)	цырульнік (м)	[tsɪ'ruʎnik]
postbode (de)	паштальён (м)	[paʃta'ʎjɔn]
verkoper (de)	прадавец (м)	[prada'wɛts]

tuinman (de)	садоўнік (м)	[sa'dɔunik]
huisbediende (de)	слуга (м, ж)	[slu'ɣa]
dienstmeisje (het)	служанка (ж)	[slu'ʒaŋka]
schoonmaakster (de)	прыбіральшчыца (ж)	[prɪbi'raʎʃʧɪtsa]

126. Militaire beroepen en rangen

soldaat (rang)	радавы (м)	[rada'vɪ]
sergeant (de)	сяржант (м)	[sʲar'ʒant]
luitenant (de)	лейтэнант (м)	[lɛjtɛ'nant]
kapitein (de)	капітан (м)	[kapi'tan]

majoor (de)	маёр (м)	[maɜr]
kolonel (de)	палкоўнік (м)	[pal'kɔunik]
generaal (de)	генерал (м)	[ɣɛnɛ'ral]
maarschalk (de)	маршал (м)	['marʃal]
admiraal (de)	адмірал (м)	[admi'ral]

| militair (de) | вайсковец (м) | [vajs'kɔwɛts] |
| soldaat (de) | салдат (м) | [sal'dat] |

| officier (de) | афіцэр (м) | [afi'tsɛr] |
| commandant (de) | камандзір (м) | [kaman'dzir] |

grenswachter (de)	пагранічнік (м)	[paɣra'nitʃnik]
marconist (de)	радыст (м)	[ra'dɪst]
verkenner (de)	разведчык (м)	[raz'ʲwɛtʃɪk]
sappeur (de)	сапёр (м)	[sa'pɜr]
schutter (de)	стралок (м)	[stra'lɔk]
stuurman (de)	штурман (м)	['ʃturman]

127. Ambtenaren. Priesters

| koning (de) | кароль (м) | [ka'rɔʎ] |
| koningin (de) | каралева (ж) | [kara'lɛva] |

| prins (de) | прынц (м) | [prɪnts] |
| prinses (de) | прынцэса (ж) | [prɪn'tsɛsa] |

| tsaar (de) | цар (м) | [tsar] |
| tsarina (de) | царыца (ж) | [tsa'rɪtsa] |

president (de)	Прэзідэнт (м)	[prɛzi'dɛnt]
minister (de)	міністр (м)	[mi'nistr]
eerste minister (de)	прэм'ер-міністр (м)	[prɛmʰʲɛr mi'nistr]
senator (de)	сенатар (м)	[sɛ'natar]

diplomaat (de)	дыпламат (м)	[dɪpla'mat]
consul (de)	консул (м)	['kɔnsul]
ambassadeur (de)	пасол (м)	[pa'sɔl]
adviseur (de)	саветнік (м)	[sa'wɛtnik]

ambtenaar (de)	чыноўнік (м)	[tʃɪ'nɔunik]
prefect (de)	прэфект (м)	[prɛ'fɛkt]
burgemeester (de)	мэр (м)	[mɛr]

| rechter (de) | суддзя (м) | [sud'dzʲa] |
| aanklager (de) | пракурор (м) | [praku'rɔr] |

missionaris (de)	місіянер (м)	[misija'nɛr]
monnik (de)	манах (м)	[ma'nah]
abt (de)	абат (м)	[a'bat]
rabbi, rabbijn (de)	рабін (м)	[ra'bin]

vizier (de)	візір (м)	[wi'zir]
sjah (de)	шах (м)	[ʃah]
sjeik (de)	шэйх (м)	[ʃɛjh]

128. Agrarische beroepen

imker (de)	пчаляр (м)	[ptʃa'ʎar]
herder (de)	пастух (м)	[pas'tuh]
landbouwkundige (de)	аграном (м)	[aɣra'nɔm]

veehouder (de)	жывёлавод (м)	[ʒɪwʒlaˈvɔt]
dierenarts (de)	ветэрынар (м)	[wɛtɛrɪˈnar]

landbouwer (de)	фермер (м)	[ˈfɛrmɛr]
wijnmaker (de)	вінароб (м)	[winaˈrɔp]
zoöloog (de)	заолаг (м)	[zaˈɔlah]
cowboy (de)	каўбой (м)	[kauˈbɔj]

129. Kunst beroepen

acteur (de)	акцёр (м)	[akˈʦɜr]
actrice (de)	актрыса (ж)	[aktˈrɪsa]

zanger (de)	спявак (м)	[sʲpʲaˈvak]
zangeres (de)	спявачка (ж)	[sʲpʲaˈvatʃka]

danser (de)	танцор (м)	[tanˈʦɔr]
danseres (de)	танцоўшчыца (ж)	[tanˈʦɔuʃʧɪʦa]

artiest (mann.)	артыст (м)	[arˈtɪst]
artiest (vrouw.)	артыстка (ж)	[arˈtɪstka]

muzikant (de)	музыка (м)	[muˈzɪka]
pianist (de)	піяніст (м)	[pijaˈnist]
gitarist (de)	гітарыст (м)	[ɣitaˈrɪst]

orkestdirigent (de)	дырыжор (м)	[dɪrɪˈʒɔr]
componist (de)	кампазітар (м)	[kampaˈzitar]
impresario (de)	імпрэсарыо (м)	[imprɛˈsarɪɔ]

filmregisseur (de)	рэжысёр (м)	[rɛʒɪˈsɜr]
filmproducent (de)	прадзюсер (м)	[praˈdzysɛr]
scenarioschrijver (de)	сцэнарыст (м)	[sʦɛnaˈrɪst]
criticus (de)	крытык (м)	[ˈkrɪtɪk]

schrijver (de)	пісьменнік (м)	[pisʲˈmɛnik]
dichter (de)	паэт (м)	[paˈɛt]
beeldhouwer (de)	скульптар (м)	[ˈskuʎptar]
kunstenaar (de)	мастак (м)	[masˈtak]

jongleur (de)	жанглёр (м)	[ʒaŋˈlɜr]
clown (de)	клоун (м)	[ˈklɔun]
acrobaat (de)	акрабат (м)	[akraˈbat]
goochelaar (de)	фокуснік (м)	[ˈfɔkusʲnik]

130. Verschillende beroepen

dokter, arts (de)	урач (м)	[uˈratʃ]
ziekenzuster (de)	медсястра (ж)	[mɛtsʲastˈra]
psychiater (de)	псіхіятр (м)	[psihiˈjatr]
tandarts (de)	стаматолаг (м)	[stamaˈtɔlah]
chirurg (de)	хірург (м)	[hiˈrurh]

astronaut (de)	астранаўт (м)	[astra'naut]
astronoom (de)	астраном (м)	[astra'nɔm]
chauffeur (de)	вадзіцель (м)	[va'dzitsɛʎ]
machinist (de)	машыніст (м)	[maʃɪ'nist]
mecanicien (de)	механік (м)	[mɛ'hanik]
mijnwerker (de)	шахцёр (м)	[ʃah'tsɜr]
arbeider (de)	рабочы (м)	[ra'bɔtʃɪ]
bankwerker (de)	слесар (м)	['sⁱlɛsar]
houtbewerker (de)	сталяр (м)	[sta'ʎar]
draaier (de)	токар (м)	['tɔkar]
bouwvakker (de)	будаўнік (м)	[budau'nik]
lasser (de)	зваршчык (м)	['zvarʃʧɪk]
professor (de)	прафесар (м)	[pra'fɛsar]
architect (de)	архітэктар (м)	[arhi'tɛktar]
historicus (de)	гісторык (м)	[ɣis'tɔrɪk]
wetenschapper (de)	навуковец (м)	[navu'kɔwɛts]
fysicus (de)	фізік (м)	['fizik]
scheikundige (de)	хімік (м)	['himik]
archeoloog (de)	археолаг (м)	[arhɛ'ɔlah]
geoloog (de)	геолаг (м)	[ɣɛ'ɔlah]
onderzoeker (de)	даследчык (м)	[dasⁱ'lɛtʃɪk]
babysitter (de)	нянька (ж)	['ɲaɲka]
leraar, pedagoog (de)	педагог (м)	[pɛda'ɣɔh]
redacteur (de)	рэдактар (м)	[rɛ'daktar]
chef-redacteur (de)	галоўны рэдактар (м)	[ɣa'lɔunɪ rɛ'daktar]
correspondent (de)	карэспандэнт (м)	[karɛspan'dɛnt]
typiste (de)	машыністка (ж)	[maʃɪ'nistka]
designer (de)	дызайнер (м)	[dɪ'zajnɛr]
computerexpert (de)	камп'ютэршчык (м)	[kampʰ'jutɛrʃʧɪk]
programmeur (de)	праграміст (м)	[praɣra'mist]
ingenieur (de)	інжынер (м)	[inʒɪ'nɛr]
matroos (de)	марак (м)	[ma'rak]
zeeman (de)	матрос (м)	[mat'rɔs]
redder (de)	ратавальнік (м)	[rata'vaʎnik]
brandweerman (de)	пажарны (м)	[pa'ʒarnɪ]
politieagent (de)	паліцэйскі (м)	[pali'tsɛjski]
nachtwaker (de)	вартаўнік (м)	[vartau'nik]
detective (de)	сышчык (м)	['sɪʃʧɪk]
douanier (de)	мытнік (м)	['mɪtnik]
lijfwacht (de)	целаахоўнік (м)	[tsɛla:'hɔunik]
gevangenisbewaker (de)	наглядчык (м)	[naɣ'ʎatʃɪk]
inspecteur (de)	інспектар (м)	[insⁱ'pɛktar]
sportman (de)	спартсмен (м)	[spartsⁱ'mɛn]
trainer (de)	трэнер (м)	['trɛnɛr]
slager, beenhouwer (de)	мяснік (м)	[mⁱasⁱ'nik]

schoenlapper (de)	шавец (м)	[ʃaˈwɛts]
handelaar (de)	камерсант (м)	[kamɛrˈsant]
lader (de)	грузчык (м)	[ˈɣruʃʧik]

kledingstilist (de)	мадэльер (м)	[madɛˈʎjɛr]
model (het)	мадэль (ж)	[maˈdɛʎ]

131. Beroepen. Sociale status

scholier (de)	школьнік (м)	[ˈʃkɔʎnik]
student (de)	студэнт (м)	[stuˈdɛnt]

filosoof (de)	філосаф (м)	[fiˈlɔsaf]
econoom (de)	эканаміст (м)	[ɛkanaˈmist]
uitvinder (de)	вынаходца (м)	[vinaˈhɔʦa]

werkloze (de)	беспрацоўны (м)	[bɛspraˈʦounɪ]
gepensioneerde (de)	пенсіянер (м)	[pɛnsijaˈnɛr]
spion (de)	шпіён (м)	[ʃpiɜn]

gedetineerde (de)	зняволены (м)	[zʲɲaˈvɔlɛnɪ]
staker (de)	забастоўшчык (м)	[zabasˈtouʃʧik]
bureaucraat (de)	бюракрат (м)	[byrakˈrat]
reiziger (de)	падарожнік (м)	[padaˈrɔʒnik]

homoseksueel (de)	гомасексуаліст (м)	[ɣɔmasɛksuaˈlist]
hacker (computerkraker)	хакер (м)	[ˈhakɛr]

bandiet (de)	бандыт (м)	[banˈdɪt]
huurmoordenaar (de)	наёмны забойца (м)	[naɜmnɪ zaˈbɔjʦa]
drugsverslaafde (de)	наркаман (м)	[narkaˈman]
drugshandelaar (de)	наркагандляр (м)	[narkaɣandˈʎar]
prostituee (de)	прастытутка (ж)	[prastɪˈtutka]
pooier (de)	сутэнёр (м)	[sutɛˈnɜr]

tovenaar (de)	вядзьмак (м)	[vʲadzʲˈmak]
tovenares (de)	вядзьмарка (ж)	[vʲadzʲˈmarka]
piraat (de)	пірат (м)	[piˈrat]
slaaf (de)	раб (м)	[rap]
samoerai (de)	самурай (м)	[samuˈraj]
wilde (de)	дзікун (м)	[dziˈkun]

Sport

132. Soorten sporten. Sporters

sportman (de)	спартсмен (м)	[spartss'men]
soort sport (de/het)	від (м) спорту	['wit 'sportu]
basketbal (het)	баскетбол (м)	[baskɛd'bol]
basketbalspeler (de)	баскетбаліст (м)	[baskɛdba'list]
baseball (het)	бейсбол (м)	[bɛjz'bol]
baseballspeler (de)	бейсбаліст (м)	[bɛjzba'list]
voetbal (het)	футбол (м)	[fud'bol]
voetballer (de)	футбаліст (м)	[fudba'list]
doelman (de)	варатар (м)	[vara'tar]
hockey (het)	хакей (м)	[ha'kɛj]
hockeyspeler (de)	хакеіст (м)	[hakɛ'ist]
volleybal (het)	валейбол (м)	[valɛj'bol]
volleybalspeler (de)	валейбаліст (м)	[valɛjba'list]
boksen (het)	бокс (м)	[boks]
bokser (de)	баксёр (м)	[bak'sɜr]
worstelen (het)	барацьба (ж)	[baradz'ba]
worstelaar (de)	барэц (м)	[ba'rɛts]
karate (de)	каратэ (н)	[kara'tɛ]
karateka (de)	каратыст (м)	[kara'tɪst]
judo (de)	дзюдо (н)	[dzy'do]
judoka (de)	дзюдаіст (м)	[dzyda'ist]
tennis (het)	тэніс (м)	['tɛnis]
tennisspeler (de)	тэнісіст (м)	[tɛni'sist]
zwemmen (het)	плаванне (н)	['plavaŋɛ]
zwemmer (de)	плывец (м)	[plɪ'wɛts]
schermen (het)	фехтаванне (н)	[fɛhta'vaŋɛ]
schermer (de)	фехтавальшчык (м)	[fɛhta'vaʎʧɪk]
schaak (het)	шахматы (мн)	['ʃahmatɪ]
schaker (de)	шахматыст (м)	[ʃahma'tɪst]
alpinisme (het)	альпінізм (м)	[aʎpi'nizm]
alpinist (de)	альпініст (м)	[aʎpi'nist]
hardlopen (het)	бег (м)	[bɛh]

renner (de)	бягун (м)	[bʲa'ɣun]
atletiek (de)	лёгкая атлетыка (ж)	['lɔhkaja at'lɛtɪka]
atleet (de)	атлет (м)	[at'lɛt]

| paardensport (de) | конны спорт (м) | ['kɔŋɪ 'spɔrt] |
| ruiter (de) | коннік (м) | ['kɔŋik] |

kunstschaatsen (het)	фігурнае катанне (н)	[fi'ɣurnaɛ ka'taŋɛ]
kunstschaatser (de)	фігурыст (м)	[fiɣu'rɪst]
kunstschaatsster (de)	фігурыстка (ж)	[fiɣu'rɪstka]

gewichtheffen (het)	цяжкая атлетыка (ж)	['tsʲaʃkaja at'lɛtɪka]
autoraces (mv.)	аўтагонкі (ж мн)	[auta'ɣɔŋki]
coureur (de)	гоншчык (м)	['ɣɔnʃʧɪk]

| wielersport (de) | веласпорт (м) | [wɛlas'pɔrt] |
| wielrenner (de) | веласіпедыст (м) | [wɛlasipɛ'dɪst] |

verspringen (het)	скачкі (м мн) ў даўжыню	[skaʧ'ki u dauʒɪ'ny]
polsstokspringen (het)	скачкі (м мн) з шастом	[skaʧ'ki ʃ ʃas'tom]
verspringer (de)	скакун (м)	[ska'kun]

133. Soorten sporten. Diversen

Amerikaans voetbal (het)	амерыканскі футбол (м)	[amɛrɪ'kanski fud'bɔl]
badminton (het)	бадмінтон (м)	[badmin'tɔn]
biatlon (de)	біятлон (м)	[bijat'lɔn]
biljart (het)	більярд (м)	[bi'ʎjart]

bobsleeën (het)	бобслей (м)	['bɔpsˡlɛj]
bodybuilding (de)	бодыбілдынг (м)	[bɔdɪ'bildɪnh]
waterpolo (het)	воднае пола (н)	['vɔdnaɛ 'pɔla]
handbal (de)	гандбол (м)	[ɣand'bɔl]
golf (het)	гольф (м)	[ɣɔʎf]

roeisport (de)	веславанне (н)	[wɛsla'vaŋɛ]
duiken (het)	дайвінг (м)	['dajwinh]
langlaufen (het)	лыжныя гонкі (ж мн)	['lɪʒnɪja 'ɣɔŋki]
tafeltennis (het)	настольны тэніс (м)	[nas'tɔʎnɪ 'tɛnis]

zeilen (het)	парусны спорт (м)	['parusnɪ 'spɔrt]
rally (de)	ралі (н)	['rali]
rugby (het)	рэгбі (н)	['rɛɣbi]
snowboarden (het)	снаўборд (м)	[snau'bɔrt]
boogschieten (het)	стральба (ж) з лука	[straʎ'ba z 'luka]

134. Fitnessruimte

lange halter (de)	штанга (ж)	['ʃtaŋa]
halters (mv.)	гантэлі (ж мн)	[ɣan'tɛli]
training machine (de)	трэнажор (м)	[trɛna'ʒɔr]
hometrainer (de)	велатрэнажор (м)	[wɛlatrɛna'ʒɔr]

loopband (de)	бегавая дарожка (ж)	[bɛɣa'vaja da'rɔʃka]
rekstok (de)	перакладзіна (ж)	[pɛrak'ladzina]
brug (de) gelijke leggers	брусы (м мн)	[bru'sı]
paardsprong (de)	конь (м)	[kɔɲ]
mat (de)	мат (м)	[mat]

| aerobics (de) | аэробіка (ж) | [aɛ'rɔbika] |
| yoga (de) | ёга (ж) | [ɜɣa] |

135. Hockey

hockey (het)	хакей (м)	[ha'kɛj]
hockeyspeler (de)	хакеіст (м)	[hakɛ'ist]
hockey spelen	гуляць у хакей	[ɣu'ʎats u ha'kɛj]
IJs (het)	лёд (м)	['lɜt]

puck (de)	шайба (ж)	['ʃajba]
hockeystick (de)	клюшка (ж)	['klyʃka]
schaatsen (mv.)	канькі (м мн)	[kaɲ'ki]

| boarding (de) | борт (м) | [bɔrt] |
| schot (het) | кідок (м) | [ki'dɔk] |

doelman (de)	варатар (м)	[vara'tar]
goal (de)	гол (м)	[ɣɔl]
een goal scoren	забіць гол	[za'bidzʲ 'ɣɔl]

| periode (de) | перыяд (м) | [pɛ'rıjat] |
| reservebank (de) | лаўка (ж) запасных | ['lauka zapas'nıh] |

136. Voetbal

voetbal (het)	футбол (м)	[fud'bɔl]
voetballer (de)	футбаліст (м)	[fudba'list]
voetbal spelen	гуляць у футбол	[ɣu'ʎats u fud'bɔl]

eredivisie (de)	найвышэйшая ліга (ж)	[najvı'ʃɛjʃaja 'liɣa]
voetbalclub (de)	футбольны клуб (м)	[fud'bɔʎnı 'klup]
trainer (de)	трэнер (м)	['trɛnɛr]
eigenaar (de)	уладальнік (м)	[ula'daʎnik]

team (het)	каманда (ж)	[ka'manda]
aanvoerder (de)	капітан (м) каманды	[kapi'tan ka'mandı]
speler (de)	гулец (м)	[ɣu'lɛts]
reservespeler (de)	запасны гулец (м)	[zapas'nı ɣu'lɛts]

| aanvaller (de) | нападаючы (м) | [napa'dajuʧı] |
| centrale aanvaller (de) | цэнтральны нападаючы (м) | [tsɛnt'raʎnı napa'dajuʧı] |

doelpuntmaker (de)	бамбардзір (м)	[bambar'dzir]
verdediger (de)	абаронца (м)	[aba'rɔntsa]
middenvelder (de)	паўабаронца (м)	[pauaba'rɔntsa]

match, wedstrijd (de)	матч (м)	[matʃ]
elkaar ontmoeten (ww)	сустракацца	[sustra'katsa]
finale (de)	фінал (м)	[fi'nal]
halve finale (de)	паўфінал (м)	[paufi'nal]
kampioenschap (het)	чэмпіянат (м)	[ʧɛmpija'nat]

helft (de)	тайм (м)	[tajm]
eerste helft (de)	першы тайм (м)	['pɛrʃɪ 'tajm]
pauze (de)	перапынак (м)	[pɛra'pɪnak]

doel (het)	вароты (мн)	[va'rɔtɪ]
doelman (de)	варатар (м)	[vara'tar]
doelpaal (de)	штанга (ж)	['ʃtaŋa]
lat (de)	перакладзіна (ж)	[pɛrak'ladzina]
doelnet (het)	сетка (ж)	['sɛtka]
een goal incasseren	прапусціць гол	[prapusʲ'tsidzʲ 'ɣɔl]

bal (de)	мяч (м)	[mʲaʧ]
pass (de)	пас (м)	[pas]
schot (het), schop (de)	удар (м)	[u'dar]
schieten (de bal ~)	нанесці ўдар	[na'nɛsʲtsi u'dar]
vrije schop (directe ~)	штрафны ўдар (м)	[ʃtraf'nɪ u'dar]
hoekschop, corner (de)	вуглавы ўдар (м)	[vuɣla'vɪ u'dar]

aanval (de)	атака (ж)	[a'taka]
tegenaanval (de)	контратака (ж)	[kɔntra'taka]
combinatie (de)	камбінацыя (ж)	[kambi'natsɪja]

scheidsrechter (de)	арбітр (м)	[ar'bitr]
fluiten (ww)	свістаць	[sʲwis'tatsʲ]
fluitsignaal (het)	свісток (м)	[sʲwis'tɔk]
overtreding (de)	парушэнне (н)	[paru'ʃɛŋɛ]
een overtreding maken	парушыць	[pa'ruʃɪtsʲ]
uit het veld te sturen	выдаліць з поля	['vɪdalits s 'pɔʎa]

gele kaart (de)	жоўтая картка (ж)	['ʒɔutaja 'kartka]
rode kaart (de)	чырвоная картка (ж)	[ʧɪr'vɔnaja 'kartka]
diskwalificatie (de)	дыскваліфікацыя (ж)	[dɪskvalifi'katsɪja]
diskwalificeren (ww)	дыскваліфікаваць	[dɪskvalifika'vatsʲ]

strafschop, penalty (de)	пенальці (н)	[pɛ'naʎtsi]
muur (de)	сценка (ж)	['sʲtsɛŋka]
scoren (ww)	забіць	[za'bitsʲ]
goal (de), doelpunt (het)	гол (м)	[ɣɔl]
een goal scoren	забіць гол	[za'bidzʲ 'ɣɔl]

vervanging (de)	замена (ж)	[za'mɛna]
vervangen (ov.ww.)	замяніць	[zamʲa'nitsʲ]
regels (mv.)	правілы (н мн)	['prawilɪ]
tactiek (de)	тактыка (ж)	['taktɪka]

stadion (het)	стадыён (м)	[stadɪɔn]
tribune (de)	трыбуна (ж)	[trɪ'buna]
fan, supporter (de)	заўзятар (м)	[zau'zʲatar]
schreeuwen (ww)	крычаць	[krɪ'ʧatsʲ]
scorebord (het)	табло (н)	[tab'lɔ]

stand (~ is 3-1)	лік (м)	[lik]
nederlaag (de)	паражэнне (н)	[para'ʒɛɲɛ]
verliezen (ww)	прайграць	[prajɣ'rats]
gelijkspel (het)	нічыя (ж)	[nitʃı'ja]
in gelijk spel eindigen	згуляць унічыю	[zɣu'ʎats unitʃı'ju]
overwinning (de)	перамога (ж)	[pɛra'mɔɣa]
overwinnen (ww)	перамагчы	[pɛramah'tʃı]
kampioen (de)	чэмпіён (м)	[tʃɛmpiɜn]
best (bn)	найлепшы	[naj'lɛpʃı]
feliciteren (ww)	віншаваць	[winʃa'vats]
commentator (de)	каментатар (м)	[kamɛn'tatar]
becommentariëren (ww)	каменціраваць	[kamɛn'tsiravats]
uitzending (de)	трансляцыя (ж)	[transʎ'ʎatsıja]

137. Alpine skiën

ski's (mv.)	лыжы (ж мн)	['lıʒı]
skiën (ww)	катацца на лыжах	[ka'tatsa na 'lıʒah]
skigebied (het)	гарналыжны курорт (м)	[ɣarna'lıʒnı ku'rɔrt]
skilift (de)	пад'ёмнік (м)	[padʰɜmnik]
skistokken (mv.)	палкі (ж мн)	['palki]
helling (de)	схіл (м)	[shil]
slalom (de)	слалам (м)	['slalam]

138. Tennis. Golf

golf (het)	гольф (м)	[ɣɔʎf]
golfclub (de)	гольф-клуб (м)	['ɣɔʎf 'klup]
golfer (de)	гулец (м) у гольф	[ɣu'lɛts u 'ɣɔʎf]
hole (de)	лунка (ж)	['luŋka]
golfclub (de)	клюшка (ж)	['klyʃka]
trolley (de)	каляска (ж) для клюшак	[ka'ʎaska dʎa 'klyʃak]
tennis (het)	тэніс (м)	['tɛnis]
tennisveld (het)	корт (м)	[kɔrt]
opslag (de)	падача (ж)	[pa'datʃa]
serveren, opslaan (ww)	падаваць	[pada'vats]
racket (het)	ракетка (ж)	[ra'kɛtka]
net (het)	сетка (ж)	['sɛtka]
bal (de)	мяч (м)	[mʲatʃ]

139. Schaken

schaak (het)	шахматы (мн)	['ʃahmatı]
schaakstukken (mv.)	шахматы (мн)	['ʃahmatı]
schaker (de)	шахматыст (м)	[ʃahma'tıst]

| schaakbord (het) | шахматная дошка (ж) | ['ʃahmatnaja 'doʃka] |
| schaakstuk (het) | фігура (ж) | [fi'ɣura] |

| witte stukken (mv.) | белыя (мн) | ['bɛlɪja] |
| zwarte stukken (mv.) | чорныя (мн) | ['ʧornɪja] |

pion (de)	пешка (ж)	['pɛʃka]
loper (de)	слон (м)	[slon]
paard (het)	конь (м)	[koɲ]
toren (de)	тура (ж)	[tu'ra]
koningin (de)	каралева (ж)	[kara'lɛva]
koning (de)	кароль (м)	[ka'roʎ]

zet (de)	ход (м)	[hot]
zetten (ww)	хадзіць	[ha'dziʦ]
opofferen (ww)	ахвяраваць	[ahvˡara'vaʦ]
rokade (de)	ракіроўка (ж)	[raki'rouka]
schaak (het)	шах (м)	[ʃah]
schaakmat (het)	мат (м)	[mat]

schaakwedstrijd (de)	шахматны турнір (м)	['ʃahmatnɪ tur'nir]
grootmeester (de)	гросмайстар (м)	[ɣros'majstar]
combinatie (de)	камбінацыя (ж)	[kambi'naʦɪja]
partij (de)	партыя (ж)	['partɪja]
dammen (de)	шашкі (ж мн)	['ʃaʃki]

140. Boksen

boksen (het)	бокс (м)	[boks]
boksgevecht (het)	бой (м)	[boj]
bokswedstrijd (de)	паядынак (м)	[paja'dɪnak]
ronde (de)	раунд (м)	['raunt]

| ring (de) | рынг (м) | [rɪnh] |
| gong (de) | гонг (м) | [ɣonh] |

stoot (de)	удар (м)	[u'dar]
knock-down (de)	накдаўн (м)	[naɣ'daun]
knock-out (de)	накаўт (м)	[na'kaut]
knock-out slaan (ww)	накаўтаваць	[nakauta'vaʦ]

| bokshandschoen (de) | баксёрская пальчатка (ж) | [bak'sɔrskaja paʎ'ʧatka] |
| referee (de) | рэферы (м) | ['rɛfɛrɪ] |

lichtgewicht (het)	лёгкая вага (ж)	['lɔhkaja va'ɣa]
middengewicht (het)	сярэдняя вага (ж)	[sˡa'rɛdɲaja va'ɣa]
zwaargewicht (het)	цяжкая вага (ж)	['ʦˡaʃkaja va'ɣa]

141. Sporten. Diversen

| Olympische Spelen (mv.) | Алімпійскія гульні (ж мн) | [alim'pijskija 'ɣuʎni] |
| winnaar (de) | пераможца (м) | [pɛra'moʒʦa] |

| overwinnen (ww) | перамагаць | [pɛrama'ɣats] |
| winnen (ww) | выйграць | ['vijɣrats] |

| leider (de) | лідэр (м) | ['lidɛr] |
| leiden (ww) | лідзіраваць | [li'dziravats] |

eerste plaats (de)	першае месца (н)	['pɛrʃaɛ 'mɛstsa]
tweede plaats (de)	другое месца (н)	[dru'ɣɔɛ 'mɛstsa]
derde plaats (de)	трэцяе месца (н)	['trɛtsʲaɛ 'mɛstsa]

medaille (de)	медаль (м)	[mɛ'daʎ]
trofee (de)	трафей (м)	[tra'fɛj]
beker (de)	кубак (м)	['kubak]
prijs (de)	прыз (м)	[prɪs]
hoofdprijs (de)	галоўны прыз (м)	[ɣa'lɔunɪ 'prɪs]

| record (het) | рэкорд (м) | [rɛ'kɔrt] |
| een record breken | ставіць рэкорд | ['stawits rɛ'kɔrt] |

| finale (de) | фінал (м) | [fi'nal] |
| finale (bn) | фінальны | [fi'naʎnɪ] |

| kampioen (de) | чэмпіён (м) | [ʧɛmpiɔn] |
| kampioenschap (het) | чэмпіянат (м) | [ʧɛmpija'nat] |

stadion (het)	стадыён (м)	[stadɪɔn]
tribune (de)	трыбуна (ж)	[trɪ'buna]
fan, supporter (de)	заўзятар (м)	[zau'zʲatar]
tegenstander (de)	праціўнік (м)	[pra'tsiunik]

| start (de) | старт (м) | [start] |
| finish (de) | фініш (м) | ['finiʃ] |

| nederlaag (de) | паражэнне (н) | [para'ʒɛnɛ] |
| verliezen (ww) | прайграць | [prajɣ'rats] |

rechter (de)	суддзя (м)	[sud'dzʲa]
jury (de)	журы (н)	[ʒu'rɪ]
stand (~ is 3-1)	лік (м)	[lik]
gelijkspel (het)	нічыя (ж)	[niʧɪ'ja]
in gelijk spel eindigen	згуляць унічыю	[zɣu'ʎats uniʧɪ'ju]
punt (het)	ачко (н)	[aʧ'kɔ]
uitslag (de)	вынік (м)	['vɪnik]

pauze (de)	перапынак (м)	[pɛra'pɪnak]
doping (de)	допінг (м)	['dɔpinh]
straffen (ww)	штрафаваць	[ʃtrafa'vats]
diskwalificeren (ww)	дыскваліфікаваць	[dɪskvalifika'vats]

toestel (het)	прылада (ж)	[prɪ'lada]
speer (de)	кап'ё (н)	[kapʰʒ]
kogel (de)	ядро (н)	[jad'rɔ]
bal (de)	шар (м)	[ʃar]

| doel (het) | цэль (ж) | [tsɛʎ] |
| schietkaart (de) | мішэнь (ж) | [mi'ʃɛn] |

125

| schieten (ww) | страляць | [stra'ʎaʦ] |
| precies (bijv. precieze schot) | дакладны | [dak'ladnɪ] |

trainer, coach (de)	трэнер (м)	['trɛnɛr]
trainen (ww)	трэніраваць	[trɛnira'vaʦ]
zich trainen (ww)	трэніравацца	[trɛnira'vaʦsa]
training (de)	трэніроўка (ж)	[trɛni'rɔuka]

gymnastiekzaal (de)	спартзала (ж)	[spar'ʣala]
oefening (de)	практыкаванне (н)	[praktɪka'vaɲɛ]
opwarming (de)	размінка (ж)	[razi'miŋka]

Onderwijs

142. School

school (de)	школа (ж)	['ʃkɔla]
schooldirecteur (de)	дырэктар (м) школы	[dɪ'rɛktar 'ʃkɔlɪ]
leerling (de)	вучань (м)	['vutʃaɲ]
leerlinge (de)	вучаніца (ж)	[vutʃa'nitsa]
scholier (de)	школьнік (м)	['ʃkɔʎnik]
scholiere (de)	школьніца (ж)	['ʃkɔʎnitsa]
leren (lesgeven)	навучаць	[navu'tʃats]
studeren (bijv. een taal ~)	вучыць	[vu'tʃɪts]
van buiten leren	вучыць напамяць	[vu'tʃɪts na'pamʲats]
leren (bijv. ~ tellen)	вучыцца	[vu'tʃɪtsa]
in school zijn (schooljongen zijn)	вучыцца	[vu'tʃɪtsa]
naar school gaan	ісці ў школу	[isʲ'tsi u 'ʃkɔlu]
alfabet (het)	алфавіт (м)	[alfa'wit]
vak (schoolvak)	прадмет (м)	[prad'mɛt]
klaslokaal (het)	клас (м)	[klas]
les (de)	урок (м)	[u'rɔk]
pauze (de)	перапынак (м)	[pɛra'pɪnak]
bel (de)	званок (м)	[zva'nɔk]
schooltafel (de)	парта (ж)	['parta]
schoolbord (het)	дошка (ж)	['dɔʃka]
cijfer (het)	адзнака (ж)	[adz'naka]
goed cijfer (het)	добрая адзнака (ж)	['dɔbraja adz'naka]
slecht cijfer (het)	дрэнная адзнака (ж)	['drɛnaja adz'naka]
een cijfer geven	ставіць адзнаку	['stawits adz'naku]
fout (de)	памылка (ж)	[pa'mɪlka]
fouten maken	рабіць памылкі	[ra'bits pa'mɪlki]
corrigeren (fouten ~)	выпраўляць	[vɪprau'ʎats]
spiekbriefje (het)	шпаргалка (ж)	[ʃpar'ɣalka]
huiswerk (het)	дамашняе заданне (н)	[da'maʃɲaɛ za'daɲɛ]
oefening (de)	практыкаванне (н)	[praktɪka'vaɲɛ]
aanwezig zijn (ww)	прысутнічаць	[prɪ'sutnitʃats]
absent zijn (ww)	адсутнічаць	[a'tsutnitʃats]
bestraffen (een stout kind ~)	караць	[ka'rats]
bestraffing (de)	пакаранне (н)	[paka'raɲɛ]
gedrag (het)	паводзіны (мн)	[pa'vɔdzinɪ]

cijferlijst (de)	дзённік (м)	['dzɜŋik]
potlood (het)	аловак (м)	[a'lɔvak]
gom (de)	сцірка (ж)	['sʲtsirka]
krijt (het)	крэйда (ж)	['krɛjda]
pennendoos (de)	пенал (м)	[pɛ'nal]

boekentas (de)	партфель (м)	[part'fɛʎ]
pen (de)	ручка (ж)	['rutʃka]
schrift (de)	сшытак (м)	['ʃitak]
leerboek (het)	падручнік (м)	[pad'rutʃnik]
passer (de)	цыркуль (м)	['tsɪrkuʎ]

| technisch tekenen (ww) | чарціць | [tʃar'tsits] |
| technische tekening (de) | чарцёж (м) | [tʃar'tsɜʃ] |

gedicht (het)	верш (м)	[wɛrʃ]
van buiten (bw)	напамяць	[na'pamʲats]
van buiten leren	вучыць напамяць	[vu'tʃɪts na'pamʲats]

| vakantie (de) | канікулы (мн) | [ka'nikulɪ] |
| met vakantie zijn | быць на канікулах | ['bɪts na ka'nikulah] |

toets (schriftelijke ~)	кантрольная работа (ж)	[kant'rɔʎnaja ra'bɔta]
opstel (het)	сачыненне (н)	[satʃɪ'nɛŋɛ]
dictee (het)	дыктоўка (ж)	[dɪk'tɔuka]

examen (het)	экзамен (м)	[ɛɣ'zamɛn]
examen afleggen	здаваць экзамены	[zda'vats ɛɣ'zamɛnɪ]
experiment (het)	дослед (м)	['dɔsʲlɛt]

143. Hogeschool. Universiteit

academie (de)	акадэмія (ж)	[aka'dɛmija]
universiteit (de)	універсітэт (м)	[uniwɛrsi'tɛt]
faculteit (de)	факультэт (м)	[fakuʎ'tɛt]

student (de)	студэнт (м)	[stu'dɛnt]
studente (de)	студэнтка (ж)	[stu'dɛntka]
leraar (de)	выкладчык (м)	[vɪk'latʃɪk]

| collegezaal (de) | аўдыторыя (ж) | [audɪ'tɔrɪja] |
| afgestudeerde (de) | выпускнік (м) | [vɪpusk'nik] |

| diploma (het) | дыплом (м) | [dɪp'lɔm] |
| dissertatie (de) | дысертацыя (ж) | [dɪsɛr'tatsɪja] |

| onderzoek (het) | даследаванне (н) | [dasʲʲlɛdavaŋɛ] |
| laboratorium (het) | лабараторыя (ж) | [labara'tɔrɪja] |

| college (het) | лекцыя (ж) | ['lɛktsɪja] |
| medestudent (de) | аднакурснік (м) | [adna'kursʲnik] |

| studiebeurs (de) | стыпендыя (ж) | [stɪ'pɛndɪja] |
| academische graad (de) | навуковая ступень (ж) | [navu'kɔvaja stu'pɛɭ] |

144. Wetenschappen. Disciplines

wiskunde (de)	матэматыка (ж)	[matɛ'matɪka]
algebra (de)	алгебра (ж)	['alɣɛbra]
meetkunde (de)	геаметрыя (ж)	[ɣɛa'mɛtrɪja]
astronomie (de)	астраномія (ж)	[astra'nɔmija]
biologie (de)	біялогія (ж)	[bija'lɔɣija]
geografie (de)	рэаграфія (ж)	[ɣɛaɣ'rafija]
geologie (de)	геалогія (ж)	[ɣɛa'lɔɣija]
geschiedenis (de)	гісторыя (ж)	[ɣis'tɔrɪja]
geneeskunde (de)	медыцына (ж)	[mɛdɪ'tsɪna]
pedagogiek (de)	педагогіка (ж)	[pɛda'ɣɔɣika]
rechten (mv.)	права (н)	['prava]
fysica, natuurkunde (de)	фізіка (ж)	['fizika]
scheikunde (de)	хімія (ж)	['himija]
filosofie (de)	філасофія (ж)	[fila'sɔfija]
psychologie (de)	псіхалогія (ж)	[psiha'lɔɣija]

145. Schrift. Spelling

grammatica (de)	граматыка (ж)	[ɣra'matɪka]
vocabulaire (het)	лексіка (ж)	['lɛksika]
fonetiek (de)	фанетыка (ж)	[fa'nɛtɪka]
zelfstandig naamwoord (het)	назоўнік (м)	[na'zɔunik]
bijvoeglijk naamwoord (het)	прыметнік (м)	[prɪ'mɛtnik]
werkwoord (het)	дзеяслоў (м)	[dzɛjas'lɔu]
bijwoord (het)	прыслоўе (н)	[prɪs'lɔuɛ]
voornaamwoord (het)	займеннік (м)	[zaj'mɛŋik]
tussenwerpsel (het)	выклічнік (м)	[vɪk'litʃnik]
voorzetsel (het)	прыназоўнік (м)	[prɪna'zɔunik]
stam (de)	корань (м) слова	['kɔraɲ 'slɔva]
achtervoegsel (het)	канчатак (м)	[kan'tʃatak]
voorvoegsel (het)	прыстаўка (ж)	[prɪs'tauka]
lettergreep (de)	склад (м)	[sklat]
achtervoegsel (het)	суфікс (м)	['sufiks]
nadruk (de)	націск (м)	['natsisk]
afkappingsteken (het)	апостраф (м)	[a'pɔstraf]
punt (de)	кропка (ж)	['krɔpka]
komma (de/het)	коска (ж)	['kɔska]
puntkomma (de)	кропка (ж) з коскай	['krɔpka s 'kɔskaj]
dubbelpunt (de)	двукроп'е (н)	[dvuk'rɔpʰɛ]
beletselteken (het)	шматкроп'е (н)	[ʃmatk'rɔpʰɛ]
vraagteken (het)	пытальнік (м)	[pɪ'taʎnik]
uitroepteken (het)	клічнік (м)	['klitʃnik]

129

aanhalingstekens (mv.)	двукоссе (н)	[dvu'kɔssɛ]
tussen aanhalingstekens (bw)	у двукоссі	[u dvu'kɔssi]
haakjes (mv.)	дужкі (ж мн)	['duʃki]
tussen haakjes (bw)	у дужках	[u 'duʃkah]

streepje (het)	дэфіс (м)	[dɛ'fis]
gedachtestreepje (het)	працяжнік (м)	[pra'tsʲaʒnik]
spatie	прабел (м)	[pra'bɛl]
(~ tussen twee woorden)		

| letter (de) | літара (ж) | ['litara] |
| hoofdletter (de) | вялікая літара (ж) | [vʲa'likaja 'litara] |

| klinker (de) | галосны гук (м) | [ɣa'lɔsnɪ 'ɣuk] |
| medeklinker (de) | зычны гук (м) | ['zɪtʃnɪ 'ɣuk] |

zin (de)	сказ (м)	[skas]
onderwerp (het)	дзейнік (м)	['dzɛjnik]
gezegde (het)	выказнік (м)	[vɪ'kazʲnik]

regel (in een tekst)	радок (м)	[ra'dɔk]
op een nieuwe regel (bw)	з новага радка	[z 'nɔvaɣa rat'ka]
alinea (de)	абзац (м)	[ab'zats]

woord (het)	слова (н)	['slɔva]
woordgroep (de)	словазлучэнне (н)	[slɔvazlu'tʃɛnɛ]
uitdrukking (de)	выраз (м)	['vɪras]
synoniem (het)	сінонім (м)	[si'nɔnim]
antoniem (het)	антонім (м)	[an'tɔnim]

regel (de)	правіла (н)	['prawila]
uitzondering (de)	выключэнне (н)	[vɪkly'tʃɛnɛ]
correct (bijv. ~e spelling)	правільны	['prawiʎnɪ]

vervoeging, conjugatie (de)	спражэнне (н)	[spra'ʒɛnɛ]
verbuiging, declinatie (de)	скланенне (н)	[skla'nɛnɛ]
naamval (de)	склон (м)	[sklɔn]
vraag (de)	пытанне (н)	[pɪ'tanɛ]
onderstrepen (ww)	падкрэсліць	[patk'rɛsʲlits]
stippellijn (de)	пункцір (м)	[puŋk'tsir]

146. Vreemde talen

taal (de)	мова (ж)	['mɔva]
vreemde taal (de)	замежная мова (ж)	[za'mɛʒnaja 'mɔva]
leren (bijv. van buiten ~)	вывучаць	[vɪvu'tʃatsʲ]
studeren (Nederlands ~)	вучыць	[vu'tʃits]

lezen (ww)	чытаць	[tʃɪ'tatsʲ]
spreken (ww)	гаварыць	[ɣava'rɪts]
begrijpen (ww)	разумець	[razu'mɛts]
schrijven (ww)	пісаць	[pi'sats]
snel (bw)	хутка	['hutka]
langzaam (bw)	павольна	[pa'vɔʎna]

vloeiend (bw)	лёгка	['lɔhka]
regels (mv.)	правілы (н мн)	['prawilɪ]
grammatica (de)	граматыка (ж)	[ɣra'matɪka]
vocabulaire (het)	лексіка (ж)	['lɛksika]
fonetiek (de)	фанетыка (ж)	[fa'nɛtɪka]

leerboek (het)	падручнік (м)	[pad'rutʃnik]
woordenboek (het)	слоўнік (м)	['slɔunik]
leerboek (het) voor zelfstudie	самавучыцель (м)	[samavu'tʃɪtsɛʎ]
taalgids (de)	размоўнік (м)	[raz'mɔunik]

cassette (de)	касета (ж)	[ka'sɛta]
videocassette (de)	відэакасета (ж)	[widɛaka'sɛta]
CD (de)	кампакт-дыск (м)	[kam'payd 'dɪsk]
DVD (de)	DVD (м)	[dʑiwi'dʑi]

alfabet (het)	алфавіт (м)	[alfa'wit]
spellen (ww)	гаварыць па літарах	[ɣava'rɪts pa 'litarah]
uitspraak (de)	вымаўленне (н)	[vɪmau'lɛŋɛ]

accent (het)	акцэнт (м)	[ak'tsɛnt]
met een accent (bw)	з акцэнтам	[z ak'tsɛntam]
zonder accent (bw)	без акцэнту	[bɛz ak'tsɛntu]

woord (het)	слова (н)	['slɔva]
betekenis (de)	сэнс (м)	[sɛns]

cursus (de)	курсы (м мн)	['kursɪ]
zich inschrijven (ww)	запісацца	[zapi'satsa]
leraar (de)	выкладчык (м)	[vɪk'latʃɪk]

vertaling (een ~ maken)	пераклад (м)	[pɛrak'lat]
vertaling (tekst)	пераклад (м)	[pɛrak'lat]
vertaler (de)	перакладчык (м)	[pɛrak'latʃɪk]
tolk (de)	перакладчык (м)	[pɛrak'latʃɪk]

polyglot (de)	паліглот (м)	[paliɣ'lɔt]
geheugen (het)	памяць (ж)	['pamʲats]

147. Sprookjesfiguren

Sinterklaas (de)	Санта Клаўс (м)	['santa 'klaus]
zeemeermin (de)	русалка (ж)	[ru'salka]

magiër, tovenaar (de)	чараўнік (м)	[tʃarau'nik]
goede heks (de)	чараўніца (ж)	[tʃarau'nitsa]
magisch (bn)	чароўны	[tʃa'rɔunɪ]
toverstokje (het)	чарадзейная палачка (ж)	[tʃara'dzɛjnaja 'palatʃka]

sprookje (het)	казка (ж)	['kaska]
wonder (het)	цуд (м)	[tsut]
dwerg (de)	гном (м)	[ɣnɔm]
veranderen in … (anders worden)	ператварыцца ў …	[pɛratva'rɪtsa u]

geest (de)	здань (ж)	[zdaɲ]
spook (het)	прывід (м)	['prɪwit]
monster (het)	пачвара (ж)	[patʃ'vara]
draak (de)	цмок (м)	[tsmɔk]
reus (de)	волат (м)	['vɔlat]

148. Dierenriem

Ram (de)	Авен (м)	[a'wɛn]
Stier (de)	Цялец (м)	[tsʲa'lɛts]
Tweelingen (mv.)	Блізняты (мн)	[bliz'ɲatɪ]
Kreeft (de)	Рак (м)	[rak]
Leeuw (de)	Леў (м)	['lɛu]
Maagd (de)	Дзева (ж)	['dzɛva]

Weegschaal (de)	Шалі (мн)	['ʃali]
Schorpioen (de)	Скарпіён (м)	[skarpiɜn]
Boogschutter (de)	Стралец (м)	[stra'lɛts]
Steenbok (de)	Казярог (м)	[kazʲa'rɔh]
Waterman (de)	Вадалей (м)	[vada'lɛj]
Vissen (mv.)	Рыбы (мн)	['rɪbɪ]

karakter (het)	характар (м)	[ha'raktar]
karaktertrekken (mv.)	рысы (ж мн) характару	['rɪsɪ ha'raktaru]
gedrag (het)	паводзіны (мн)	[pa'vɔdzinɪ]
waarzeggen (ww)	варажыць	[vara'ʒɪts]
waarzegster (de)	варажбітка (ж)	[varaʒ'bitka]
horoscoop (de)	гараскоп (м)	[ɣaras'kɔp]

Kunst

149. Theater

theater (het)	тэатр (м)	[tɛ'atr]
opera (de)	опера (ж)	['ɔpɛra]
operette (de)	аперэта (ж)	[apɛ'rɛta]
ballet (het)	балет (м)	[ba'lɛt]

affiche (de/het)	афіша (ж)	[a'fiʃa]
theatergezelschap (het)	трупа (ж)	['trupa]
tournee (de)	гастролі (ж мн)	[ɣast'rɔli]
op tournee zijn	гастраліраваць	[ɣastra'liravats]
repeteren (ww)	рэпеціраваць	[rɛpɛ'tsiravats]
repetitie (de)	рэпетыцыя (ж)	[rɛpɛ'tɨtsɨja]
repertoire (het)	рэпертуар (м)	[rɛpɛrtu'ar]

voorstelling (de)	паказ (м)	[pa'kas]
spektakel (het)	спектакль (м)	[sʲpɛk'takʎ]
toneelstuk (het)	п'еса (ж)	['pʰɛsa]

biljet (het)	білет (м)	[bi'lɛt]
kassa (de)	білетная каса (ж)	[bi'lɛtnaja 'kasa]
foyer (de)	хол (м)	[hɔl]
garderobe (de)	гардэроб (м)	[ɣardɛ'rɔp]
garderobe nummer (het)	нумарок (м)	[numa'rɔk]
verrekijker (de)	бінокль (м)	[bi'nɔkʎ]
plaatsaanwijzer (de)	кантралёр (м)	[kantra'lɜr]

parterre (de)	партэр (м)	[par'tɛr]
balkon (het)	балкон (м)	[bal'kɔn]
gouden rang (de)	бельэтаж (м)	[bɛʎɛ'taʃ]
loge (de)	ложа (н)	['lɔʒa]
rij (de)	рад (м)	[rat]
plaats (de)	месца (н)	['mɛstsa]

publiek (het)	публіка (ж)	['publika]
kijker (de)	глядач (м)	[ɣʎa'datʃ]
klappen (ww)	пляскаць	['pʎaskats]
applaus (het)	апладысменты (мн)	[apladɨsʲ'mɛntɨ]
ovatie (de)	авацыі (ж мн)	[a'vatsɨi]

toneel (op het ~ staan)	сцэна (ж)	['stsɛna]
gordijn, doek (het)	заслона (ж)	[zas'lɔna]
toneeldecor (het)	дэкарацыя (ж)	[dɛka'ratsɨja]
backstage (de)	кулісы (ж мн)	[ku'lisɨ]

scène (de)	сцэна (ж)	['stsɛna]
bedrijf (het)	дзея (ж)	['dzɛja]
pauze (de)	антракт (м)	[ant'rakt]

150. Bioscoop

acteur (de)	акцёр (м)	[ak'tsзr]
actrice (de)	актрыса (ж)	[akt'rısa]
bioscoop (de)	кіно (н)	[ki'nɔ]
speelfilm (de)	кіно (н)	[ki'nɔ]
aflevering (de)	серыя (ж)	['sɛrıja]
detectivefilm (de)	дэтэктыў (м)	[dɛtɛk'tıu]
actiefilm (de)	баявік (м)	[baja'wik]
avonturenfilm (de)	прыгодніцкі фільм (м)	[prı'ɣɔdnitski 'fiʎm]
sciencefictionfilm (de)	фантастычны фільм (м)	[fantas'tıtʃnı 'fiʎm]
griezelfilm (de)	фільм (м) жахаў	['fiʎm 'ʒahau]
komedie (de)	кінакамедыя (ж)	[kinaka'mɛdıja]
melodrama (het)	меладрама (ж)	[mɛlad'rama]
drama (het)	драма (ж)	['drama]
speelfilm (de)	мастацкі фільм (м)	[mas'tatski fiʎm]
documentaire (de)	дакументальны фільм (м)	[dakumɛn'taʎnı fiʎm]
tekenfilm (de)	мультфільм (м)	[muʎt'fiʎm]
stomme film (de)	нямое кіно (н)	[ɲa'mɔɛ ki'nɔ]
rol (de)	роля (ж)	['rɔʎa]
hoofdrol (de)	галоўная роля (ж)	[ɣa'lounaja 'rɔʎa]
spelen (ww)	іграць	[iɣ'rats]
filmster (de)	кіназорка (ж)	[kina'zɔrka]
bekend (bn)	вядомы	[vʲa'dɔmı]
beroemd (bn)	славуты	[sla'vutı]
populair (bn)	папулярны	[papu'ʎarnı]
scenario (het)	сцэнарый (м)	[stsɛ'narıj]
scenarioschrijver (de)	сцэнарыст (м)	[stsɛna'rıst]
regisseur (de)	рэжысёр (м)	[rɛʒı'sзr]
filmproducent (de)	прадзюсер (м)	[pra'dzysɛr]
assistent (de)	асістэнт (м)	[asis'tɛnt]
cameraman (de)	аператар (м)	[apɛ'ratar]
stuntman (de)	каскадзёр (м)	[kaska'dzзr]
een film maken	здымаць фільм	[zdı'mats 'fiʎm]
auditie (de)	пробы (ж мн)	['prɔbı]
opnamen (mv.)	здымкі (ж мн)	['zdımki]
filmploeg (de)	здымачная група (ж)	['zdımatʃnaja 'ɣrupa]
filmset (de)	здымачная пляцоўка (ж)	['zdımatʃnaja pʎa'tsouka]
filmcamera (de)	кінакамера (ж)	[kina'kamɛra]
bioscoop (de)	кінатэатр (м)	[kinatɛ'atr]
scherm (het)	экран (м)	[ɛk'ran]
een film vertonen	паказваць фільм	[pa'kazvats 'fiʎm]
geluidsspoor (de)	гукавая дарожка (ж)	[ɣuka'vaja da'rɔʃka]
speciale effecten (mv.)	спецыяльныя эфекты (м мн)	[sʲpɛtsı'jaʎnıja ɛ'fɛktı]

ondertiteling (de)	субтытры (м мн)	[sup'tɪtrɪ]
voortiteling, aftiteling (de)	тытры (м мн)	['tɪtrɪ]
vertaling (de)	пераклад (м)	[pɛrak'lat]

151. Schilderij

kunst (de)	мастацтва (н)	[mas'tatstva]
schone kunsten (mv.)	прыгожыя мастацтвы (н мн)	[prɪ'ɣoʒɪja mas'tatstvɪ]
kunstgalerie (de)	галерэя (ж)	[ɣalɛ'rɛja]
kunsttentoonstelling (de)	выстава (ж) карцін	[vɪs'tava kar'tsin]

schilderkunst (de)	жывапіс (м)	['ʒɪvapis]
grafiek (de)	графіка (ж)	['ɣrafika]
abstracte kunst (de)	абстракцыянізм (м)	[apstraktsɪja'nizm]
impressionisme (het)	імпрэсіянізм (м)	[imprɛsija'nizm]

schilderij (het)	карціна (ж)	[kar'tsina]
tekening (de)	рысунак (м)	[rɪ'sunak]
poster (de)	плакат (м)	[pla'kat]

illustratie (de)	ілюстрацыя (ж)	[ilyst'ratsɪja]
miniatuur (de)	мініяцюра (ж)	[minija'tsyra]
kopie (de)	копія (ж)	['kɔpija]
reproductie (de)	рэпрадукцыя (ж)	[rɛpra'duktsɪja]

mozaïek (het)	мазаіка (ж)	[ma'zaika]
gebrandschilderd glas (het)	вітраж (м)	[wit'raʃ]
fresco (het)	фрэска (ж)	['frɛska]
gravure (de)	гравюра (ж)	[ɣra'wyra]

buste (de)	бюст (м)	[byst]
beeldhouwwerk (het)	скульптура (ж)	[skuʎp'tura]
beeld (bronzen ~)	статуя (ж)	['statuja]
gips (het)	гіпс (м)	[ɣips]
gipsen (bn)	з гіпсу	[z 'ɣipsu]

portret (het)	партрэт (м)	[part'rɛt]
zelfportret (het)	аўтапартрэт (м)	[autapart'rɛt]
landschap (het)	краявід (м)	[kraja'wit]
stilleven (het)	нацюрморт (м)	[natsyr'mɔrt]
karikatuur (de)	карыкатура (ж)	[karɪka'tura]
schets (de)	накід (м)	['nakit]

verf (de)	фарба (ж)	['farba]
aquarel (de)	акварэль (ж)	[akva'rɛʎ]
olieverf (de)	алей (м)	[a'lɛj]
potlood (het)	аловак (м)	[a'lɔvak]
Oostindische inkt (de)	туш (ж)	[tuʃ]
houtskool (de)	вугаль (м)	['vuɣaʎ]

tekenen (met krijt)	рысаваць	[rɪsa'vats]
schilderen (ww)	маляваць	[maʎa'vats]
poseren (ww)	пазіраваць	[pa'ziravats]
naaktmodel (man)	натуршчык (м)	[na'turʃʧɪk]

naaktmodel (vrouw)	натуршчыца (ж)	[na'turʃʧɪtsa]
kunstenaar (de)	мастак (м)	[mas'tak]
kunstwerk (het)	твор (м)	[tvɔr]
meesterwerk (het)	шэдэўр (м)	[ʃɛ'dɛur]
studio, werkruimte (de)	майстэрня (ж)	[majs'tɛrɲa]

schildersdoek (het)	палатно (н)	[palat'nɔ]
schildersezel (de)	мальберт (м)	[maʎ'bɛrt]
palet (het)	палітра (ж)	[pa'litra]

lijst (een vergulde ~)	рама (ж)	['rama]
restauratie (de)	рэстаўрацыя (ж)	[rɛstau'ratsɪja]
restaureren (ww)	рэстаўрыраваць	[rɛstau'rɪravats]

152. Literatuur & Poëzie

literatuur (de)	літаратура (ж)	[litara'tura]
auteur (de)	аўтар (м)	['autar]
pseudoniem (het)	псеўданім (м)	[psɛuda'nim]

boek (het)	кніга (ж)	['kniɣa]
boekdeel (het)	том (м)	[tɔm]
inhoudsopgave (de)	змест (м)	[zʲmɛst]
pagina (de)	старонка (ж)	[sta'rɔŋka]
hoofdpersoon (de)	галоўны герой (м)	[ɣa'lɔunɪ ɣɛ'rɔj]
handtekening (de)	аўтограф (м)	[au'tɔɣraf]

verhaal (het)	апавяданне (н)	[apavʲa'daɲɛ]
novelle (de)	аповесць (ж)	[a'powɛsʲts]
roman (de)	раман (м)	[ra'man]
werk (literatuur)	твор (м)	[tvɔr]
fabel (de)	байка (ж)	['bajka]
detectiveroman (de)	дэтэктыў (м)	[dɛtɛk'tɪu]

gedicht (het)	верш (м)	[wɛrʃ]
poëzie (de)	паэзія (ж)	[pa'ɛzija]
epos (het)	паэма (ж)	[pa'ɛma]
dichter (de)	паэт (м)	[pa'ɛt]

fictie (de)	белетрыстыка (ж)	[bɛlɛt'rɪstɪka]
sciencefiction (de)	навуковая фантастыка (ж)	[navu'kɔvaja fan'tastɪka]
avonturenroman (de)	прыгоды (ж мн)	[prɪ'ɣɔdɪ]
opvoedkundige literatuur (de)	навучальная літаратура (ж)	[navu'ʧaʎnaja litara'tura]
kinderliteratuur (de)	дзіцячая літаратура (ж)	[dziʲtsʲatʃaja litara'tura]

153. Circus

circus (de/het)	цырк (м)	[tsɪrk]
chapiteau circus (de/het)	цырк-шапіто (м)	['tsɪrk ʃapi'tɔ]
programma (het)	праграма (ж)	[praɣ'rama]
voorstelling (de)	паказ (м)	[pa'kas]

nummer (circus ~)	нумар (м)	['numar]
arena (de)	арэна (ж)	[a'rɛna]
pantomime (de)	пантаміма (ж)	[panta'mima]
clown (de)	клоун (м)	['klɔun]

acrobaat (de)	акрабат (м)	[akra'bat]
acrobatiek (de)	акрабатыка (ж)	[akra'batɪka]
gymnast (de)	гімнаст (м)	[ɣim'nast]
gymnastiek (de)	гімнастыка (ж)	[ɣim'nastɪka]
salto (de)	сальта (н)	['saʎta]

sterke man (de)	атлет (м)	[at'lɛt]
temmer (de)	утаймавальнік (м)	[utajma'vaʎnik]
ruiter (de)	коннік (м)	['kɔŋik]
assistent (de)	асістэнт (м)	[asis'tɛnt]

stunt (de)	трук (м)	[truk]
goocheltruc (de)	фокус (м)	['fɔkus]
goochelaar (de)	фокуснік (м)	['fɔkusʲnik]

jongleur (de)	жанглёр (м)	[ʒaŋ'lɜr]
jongleren (ww)	жангліраваць	[ʒaŋ'liravats]
dierentrainer (de)	дрэсіроўшчык (м)	[drɛsi'rɔuʃʧɪk]
dressuur (de)	дрэсіроўка (ж)	[drɛsi'rɔuka]
dresseren (ww)	дрэсіраваць	[drɛsira'vats]

154. Muziek. Popmuziek

muziek (de)	музыка (ж)	['muzɪka]
muzikant (de)	музыка (м)	[mu'zɪka]
muziekinstrument (het)	музычны інструмент (м)	[mu'zɪʧnɪ instru'mɛnt]
spelen (bijv. gitaar ~)	іграць на ...	[iɣ'rats na]

gitaar (de)	гітара (ж)	[ɣi'tara]
viool (de)	скрыпка (ж)	['skrɪpka]
cello (de)	віяланчэль (ж)	[wijalan'ʧɛʎ]
contrabas (de)	кантрабас (м)	[kantra'bas]
harp (de)	арфа (ж)	['arfa]

piano (de)	піяніна (н)	[pija'nina]
vleugel (de)	раяль (м)	[ra'jaʎ]
orgel (het)	арган (м)	[ar'ɣan]

blaasinstrumenten (mv.)	духавыя інструменты (м мн)	[duha'vɪja instru'mɛntɪ]
hobo (de)	габой (м)	[ɣa'bɔj]
saxofoon (de)	саксафон (м)	[saksa'fon]
klarinet (de)	кларнет (м)	[klar'nɛt]
fluit (de)	флейта (ж)	['flɛjta]
trompet (de)	труба (ж)	[tru'ba]

| accordeon (de/het) | акардэон (м) | [akardɛ'ɔn] |
| trommel (de) | барабан (м) | [bara'ban] |

duet (het)	дуэт (м)	[du'ɛt]
trio (het)	трыо (н)	['trɪɔ]
kwartet (het)	квартэт (м)	[kvar'tɛt]
koor (het)	хор (м)	[hɔr]
orkest (het)	аркестр (м)	[ar'kɛstr]

popmuziek (de)	поп-музыка (м)	['pɔp 'muzɪka]
rockmuziek (de)	рок-музыка (м)	['rɔk 'muzɪka]
rockgroep (de)	рок-гурт (м)	[rɔɣ'ɣurt]
jazz (de)	джаз (м)	[dʒas]

| idool (het) | кумір (м) | [ku'mir] |
| bewonderaar (de) | прыхільнік (м) | [prɪ'hiʎnik] |

concert (het)	канцэрт (м)	[kan'tsɛrt]
symfonie (de)	сімфонія (ж)	[sim'fonija]
compositie (de)	твор (м)	[tvɔr]
componeren (muziek ~)	напісаць	[napi'sats]

zang (de)	спевы (м мн)	['sʲpɛvɪ]
lied (het)	песня (ж)	['pɛsʲɲa]
melodie (de)	мелодыя (ж)	[mɛ'lɔdɪja]
ritme (het)	рытм (м)	[rɪtm]
blues (de)	блюз (м)	[blys]

bladmuziek (de)	ноты (ж мн)	['nɔtɪ]
dirigeerstok (baton)	палачка (ж)	['palatʃka]
strijkstok (de)	смык (м)	[smɪk]
snaar (de)	струна (ж)	[stru'na]
koffer (de)	футарал (м)	[futa'ral]

Rusten. Entertainment. Reizen

155. Trip. Reizen

toerisme (het)	турызм (м)	[tu'rızm]
toerist (de)	турыст (м)	[tu'rıst]
reis (de)	падарожжа (н)	[pada'roʒa]
avontuur (het)	прыгода (ж)	[prı'ɣoda]
tocht (de)	паездка (ж)	[pa'ɛstka]
vakantie (de)	водпуск (м)	['votpusk]
met vakantie zijn	быць у водпуску	['bıts u 'votpusku]
rust (de)	адпачынак (м)	[atpa'tʃınak]
trein (de)	цягнік (м)	[tsʲaɣ'nik]
met de trein	цягніком	[tsʲaɣni'kom]
vliegtuig (het)	самалёт (м)	[sama'lʲot]
met het vliegtuig	самалётам	[sama'lʲotam]
met de auto	на аўтамабілі	[na autama'bili]
per schip (bw)	на караблі	[na karab'li]
bagage (de)	багаж (м)	[ba'ɣaʃ]
valies (de)	чамадан (м)	[tʃama'dan]
bagagekarretje (het)	каляска (ж) (для багажу)	[ka'ʎaska]
paspoort (het)	пашпарт (м)	['paʃpart]
visum (het)	віза (ж)	['wiza]
kaartje (het)	білет (м)	[bi'lɛt]
vliegticket (het)	авіябілет (м)	[awijabi'lɛt]
reisgids (de)	даведнік (м)	[da'wɛdnik]
kaart (de)	карта (ж)	['karta]
gebied (landelijk ~)	мясцовасць (ж)	[mʲas'tsovasʲts]
plaats (de)	месца (н)	['mɛstsa]
exotische bestemming (de)	экзотыка (ж)	[ɛɣ'zotıka]
exotisch (bn)	экзатычны	[ɛɣza'tıtʃnı]
verwonderlijk (bn)	дзівосны	[dzi'vosnı]
groep (de)	група (ж)	['ɣrupa]
rondleiding (de)	экскурсія (ж)	[ɛks'kursija]
gids (de)	экскурсавод (м)	[ɛkskursa'vot]

156. Hotel

hotel (het)	гасцініца (ж)	[ɣasʲ'tsinitsa]
motel (het)	матэль (м)	[ma'tɛʎ]
3-sterren	тры зоркі	[trı 'zorki]

5-sterren	пяць зорак	[pʲadzʲ 'zɔrak]
overnachten (ww)	спыніцца	[spɪ'nitsa]
kamer (de)	нумар (м)	['numar]
eenpersoonskamer (de)	аднамесны нумар (м)	[adna'mɛsnɪ 'numar]
tweepersoonskamer (de)	двухмесны нумар (м)	[dvuh'mɛsnɪ 'numar]
een kamer reserveren	браніраваць нумар	[bra'niravats 'numar]
halfpension (het)	паўпансіён (м)	[paupansiɜn]
volpension (het)	поўны пансіён (м)	['pɔunɪ pansiɜn]
met badkamer	з ваннай	[z 'vaɲaj]
met douche	з душам	[z 'duʃam]
satelliet-tv (de)	спадарожнікавае тэлебачанне (н)	[spada'rɔʒnikavaɛ tɛlɛ'batʃaɲɛ]
airconditioner (de)	кандыцыянер (м)	[kandɪtsɪja'nɛr]
handdoek (de)	ручнік (м)	[rutʃ'nik]
sleutel (de)	ключ (м)	[klytʃ]
administrateur (de)	адміністратар (м)	[administ'ratar]
kamermeisje (het)	пакаёўка (ж)	[paka3uka]
piccolo (de)	насільшчык (м)	[na'siʌʃtʃɪk]
portier (de)	парцье (м)	[par'tsjɛ]
restaurant (het)	рэстаран (м)	[rɛsta'ran]
bar (de)	бар (м)	[bar]
ontbijt (het)	сняданак (м)	[sʲna'danak]
avondeten (het)	вячэра (ж)	[vʲa'tʃɛra]
buffet (het)	шведскі стол (м)	['ʃwɛtski 'stɔl]
hal (de)	вестыбюль (м)	[wɛstɪ'byʌ]
lift (de)	ліфт (м)	[lift]
NIET STOREN	НЕ ТУРБАВАЦЬ	[nɛ turba'vats]
VERBODEN TE ROKEN!	НЕ КУРЫЦЬ!	[nɛ ku'rɪts]

157. Boeken. Lezen

boek (het)	кніга (ж)	['kniɣa]
auteur (de)	аўтар (м)	['autar]
schrijver (de)	пісьменнік (м)	[pisʲ'mɛɲik]
schrijven (een boek)	напісаць	[napi'sats]
lezer (de)	чытач (м)	[tʃɪ'tatʃ]
lezen (ww)	чытаць	[tʃɪ'tats]
lezen (het)	чытанне (н)	[tʃɪ'taɲɛ]
stil (~ lezen)	сам сабе	[sam sa'bɛ]
hardop (~ lezen)	уголас	[u'ɣolas]
uitgeven (boek ~)	выдаваць	[vɪda'vats]
uitgeven (het)	выданне (н)	[vɪ'daɲɛ]
uitgever (de)	выдавец (м)	[vɪda'wɛts]
uitgeverij (de)	выдавецтва (н)	[vɪda'wɛtstva]

verschijnen (bijv. boek)	выйсці	['vɪjsⁱtsi]
verschijnen (het)	выхад (м)	['vɪhat]
oplage (de)	тыраж (м)	[tɪ'raʃ]

| boekhandel (de) | кнігарня (ж) | [kni'ɣarɲa] |
| bibliotheek (de) | бібліятэка (ж) | [biblija'tɛka] |

novelle (de)	аповесць (ж)	[a'powɛsⁱts]
verhaal (het)	апавяданне (н)	[apavⁱa'daɲɛ]
roman (de)	раман (м)	[ra'man]
detectiveroman (de)	дэтэктыў (м)	[dɛtɛk'tɪu]

memoires (mv.)	мемуары (мн)	[mɛmu'arɪ]
legende (de)	легенда (ж)	[lɛ'ɣɛnda]
mythe (de)	міф (м)	[mif]

gedichten (mv.)	вершы (м мн)	['wɛrʃɪ]
autobiografie (de)	аўтабіяграфія (ж)	[autabijaɣ'rafija]
bloemlezing (de)	выбранае (н)	['vɪbranaɛ]
sciencefiction (de)	фантастыка (ж)	[fan'tastɪka]

naam (de)	назва (ж)	['nazva]
inleiding (de)	уводзіны (мн)	[u'vodzinɪ]
voorblad (het)	тытульны ліст (м)	['tɪtuʌnɪ 'list]

hoofdstuk (het)	раздзел (м)	[razⁱ'dzɛl]
fragment (het)	урывак (м)	[u'rɪvak]
episode (de)	эпізод (м)	[ɛpi'zɔt]

intrige (de)	сюжэт (м)	[sy'ʒɛt]
inhoud (de)	змест (м)	[zⁱmɛst]
inhoudsopgave (de)	змест (м)	[zⁱmɛst]
hoofdpersonage (het)	галоўны герой (м)	[ɣa'lounɪ ɣɛ'rɔj]

boekdeel (het)	том (м)	[tɔm]
omslag (de/het)	вокладка (ж)	['vɔklatka]
boekband (de)	пераплёт (м)	[pɛrap'lɜt]
bladwijzer (de)	закладка (ж)	[zak'latka]

pagina (de)	старонка (ж)	[sta'rɔŋka]
bladeren (ww)	гартаць	[ɣar'tats]
marges (mv.)	палі (н мн)	[pa'li]
annotatie (de)	пазнака (ж)	[paz'naka]
opmerking (de)	заўвага (ж)	[zau'vaɣa]

tekst (de)	тэкст (м)	[tɛkst]
lettertype (het)	шрыфт (м)	[ʃrɪft]
drukfout (de)	памылка (ж) друку	[pa'mɪlka 'druku]

vertaling (de)	пераклад (м)	[pɛrak'lat]
vertalen (ww)	перакладаць	[pɛrakla'dats]
origineel (het)	аўтэнтык (м)	[au'tɛntɪk]

beroemd (bn)	славуты	[sla'vutɪ]
onbekend (bn)	невядомы	[nɛvⁱa'dɔmɪ]
interessant (bn)	цікавы	[tsi'kavɪ]

bestseller (de)	бестселер (м)	[bɛs'tsɛlɛr]
woordenboek (het)	слоўнік (м)	['slɔunik]
leerboek (het)	падручнік (м)	[pad'rutʃnik]
encyclopedie (de)	энцыклапедыя (ж)	[ɛntsɪkla'pɛdɪja]

158. Jacht. Vissen.

jacht (de)	паляванне (н)	[paʎa'vaŋɛ]
jagen (ww)	паляваць	[paʎa'vats]
jager (de)	паляўнічы (м)	[paʎau'nitʃɪ]

schieten (ww)	страляць	[stra'ʎats]
geweer (het)	стрэльба (ж)	['strɛʎba]
patroon (de)	патрон (м)	[pat'rɔn]
hagel (de)	шрот (м)	[ʃrɔt]

val (de)	пастка (ж)	['pastka]
valstrik (de)	пастка (ж)	['pastka]
een val zetten	ставіць пастку	['stawits 'pastku]

stroper (de)	браканьер (м)	[braka'ɲɛr]
wild (het)	дзічына (ж)	[dzi'tʃɪna]
jachthond (de)	паляўнічы сабака (м)	[paʎau'nitʃɪ sa'baka]

| safari (de) | сафары (н) | [sa'farɪ] |
| opgezet dier (het) | чучала (н) | ['tʃutʃala] |

visser (de)	рыбак (м)	[rɪ'bak]
visvangst (de)	рыбалка (ж)	[rɪ'balka]
vissen (ww)	лавіць рыбу	[la'wits 'rɪbu]

hengel (de)	вуда (ж)	['vuda]
vislijn (de)	лёска (ж)	['lɔska]
haak (de)	кручок (м)	[kru'tʃɔk]

| dobber (de) | паплавок (м) | [papla'vɔk] |
| aas (het) | прынада (ж) | [prɪ'nada] |

| de hengel uitwerpen | закінуць вуду | [za'kinuts 'vudu] |
| bijten (ov. de vissen) | кляваць | [kʎa'vats] |

| vangst (de) | улоў (м) | [u'lɔu] |
| wak (het) | палонка (ж) | [pa'lɔŋka] |

| net (het) | сетка (ж) | ['sɛtka] |
| boot (de) | лодка (ж) | ['lɔtka] |

vissen met netten	лавіць сеткай	[la'wits 'sɛtkaj]
het net uitwerpen	закідваць сетку	[za'kidvats 'sɛtku]
het net binnenhalen	выцягваць сетку	[vɪ'tsjaɣvats 'sɛtku]

walvisvangst (de)	кітабой (м)	[kita'bɔj]
walvisvaarder (de)	кітабойнае судна (н)	[kita'bɔjnaɛ 'sudna]
harpoen (de)	гарпун (м)	[ɣar'pun]

159. Spellen. Biljart

biljart (het)	більярд (м)	[biˈʎjart]
biljartzaal (de)	більярдная (ж)	[biˈʎjardnaja]
biljartbal (de)	більярдны шар (м)	[biˈʎjardnɪ ˈʃar]
een bal in het gat jagen	загнаць шар	[zaɣˈnats ˈʃar]
keu (de)	кій (м)	[kij]
gat (het)	луза (ж)	[ˈluza]

160. Spellen. Speelkaarten

ruiten (mv.)	звонкі (ж мн)	[ˈzvɔŋki]
schoppen (mv.)	віны (ж мн)	[ˈwinɪ]
klaveren (mv.)	чырвы (ж мн)	[ˈtʃɪrvɪ]
harten (mv.)	трэфы (м мн)	[ˈtrɛfɪ]
aas (de)	туз (м)	[tus]
koning (de)	кароль (м)	[kaˈrɔʎ]
dame (de)	дама (ж)	[ˈdama]
boer (de)	ніжнік (м)	[ˈniʒnik]
speelkaart (de)	карта (ж)	[ˈkarta]
kaarten (mv.)	карты (ж мн)	[ˈkartɪ]
troef (de)	козыр (м)	[ˈkɔzɪr]
pak (het) kaarten	калода (ж)	[kaˈlɔda]
uitdelen (kaarten ~)	здаваць	[zdaˈvats]
schudden (de kaarten ~)	тасаваць	[tasaˈvats]
beurt (de)	ход (м)	[hɔt]
valsspeler (de)	шулер (м)	[ˈʃulɛr]

161. Casino. Roulette

casino (het)	казіно (н)	[kaziˈnɔ]
roulette (de)	рулетка (ж)	[ruˈlɛtka]
inzet (de)	стаўка (ж)	[ˈstauka]
een bod doen	рабіць стаўкі	[raˈbits ˈstauki]
rood (de)	чырвонае (н)	[tʃɪrˈvɔnaɛ]
zwart (de)	чорнае (н)	[ˈtʃɔrnaɛ]
inzetten op rood	ставіць на чырвонае	[ˈstawits na tʃɪrˈvɔnaɛ]
inzetten op zwart	ставіць на чорнае	[ˈstawits na ˈtʃɔrnaɛ]
croupier (de)	круп'е (м)	[krupʰˈɛ]
de cilinder draaien	круціць барабан	[kruˈtsidzʲ baraˈban]
spelregels (mv.)	правілы (н мн) гульні	[ˈprawilɪ ɣuʎˈni]
fiche (pokerfiche, etc.)	фішка (ж)	[ˈfiʃka]
winnen (ww)	выйграць	[ˈvijɣrats]
winst (de)	выйгрыш (м)	[ˈvijɣrɪʃ]

| verliezen (ww) | прайграць | [prajɣ'rats] |
| verlies (het) | пройгрыш (м) | ['prɔjɣrɨʃ] |

speler (de)	гулец (м)	[ɣu'lɛts]
blackjack (kaartspel)	блэк-джэк (м)	[blɛɣ'dʒɛk]
dobbelspel (het)	гульня (ж) ў косці	[ɣuʎ'ɲa u 'kɔsʲtsi]
speelautomaat (de)	гульнявы аўтамат (м)	[ɣuʎɲa'vɨ auta'mat]

162. Rusten. Spellen. Diversen

wandelen (on.ww.)	гуляць	[ɣu'ʎats]
wandeling (de)	шпацыр (м)	['ʃpatsɨr]
trip (per auto)	прагулянка (ж)	[praɣu'ʎaŋka]
avontuur (het)	прыгода (ж)	[prɨ'ɣɔda]
picknick (de)	пікнік (м)	[pik'nik]

spel (het)	гульня (ж)	[ɣuʎ'ɲa]
speler (de)	гулец (м)	[ɣu'lɛts]
partij (de)	партыя (ж)	['partɨja]

collectioneur (de)	калекцыянер (м)	[kalɛktsɨja'nɛr]
collectioneren (ww)	калекцыяніраваць	[kalɛktsɨja'niravats]
collectie (de)	калекцыя (ж)	[ka'lɛktsɨja]

kruiswoordraadsel (het)	крыжаванка (ж)	[krɨʒa'vaŋka]
hippodroom (de)	іпадром (м)	[ipad'rɔm]
discotheek (de)	дыскатэка (ж)	[dɨska'tɛka]

| sauna (de) | сауна (ж) | ['sauna] |
| loterij (de) | латарэя (ж) | [lata'rɛja] |

trektocht (kampeertocht)	вандроўка (ж)	[vand'rɔuka]
kamp (het)	лагер (м)	['laɣɛr]
tent (de)	палатка (ж)	[pa'latka]
kompas (het)	компас (м)	['kɔmpas]
rugzaktoerist (de)	турыст (м)	[tu'rɨst]

bekijken (een film ~)	глядзець	[ɣʎa'dzɛts]
kijker (televisie~)	тэлеглядач (м)	[tɛlɛɣʎa'datʃ]
televisie-uitzending (de)	тэлеперадача (ж)	[tɛlɛpɛra'datʃa]

163. Fotografie

| fotocamera (de) | фотаапарат (м) | [fota:pa'rat] |
| foto (de) | фота (н) | ['fota] |

fotograaf (de)	фатограф (м)	[fa'tɔɣraf]
fotostudio (de)	фотастудыя (ж)	[fotas'tudɨja]
fotoalbum (het)	фотаальбом (м)	[fota:ʎ'bɔm]

| lens (de), objectief (het) | аб'ектыў (м) | [abʰɛk'tɨu] |
| telelens (de) | тэлеаб'ектыў (м) | [tɛlɛabʰɛk'tɨu] |

| filter (de/het) | фільтр (м) | [fiʌtr] |
| lens (de) | лінза (ж) | ['linza] |

optiek (de)	оптыка (ж)	['ɔptɪka]
diafragma (het)	дыяфрагма (ж)	[dɪjaf'raɣma]
belichtingstijd (de)	вытрымка (ж)	['vɪtrɪmka]
zoeker (de)	відашукальнік (м)	[widaʃu'kaʌnik]

digitale camera (de)	лічбавая камера (ж)	['liʤbavaja 'kamɛra]
statief (het)	штатыў (м)	[ʃta'tɪu]
flits (de)	успышка (ж)	[us'pɪʃka]

fotograferen (ww)	фатаграфаваць	[fataɣrafa'vaʦ]
kieken (foto's maken)	здымаць	[zdɪ'maʦ]
zich laten fotograferen	фатаграфавацца	[fataɣrafa'vaʦa]

focus (de)	рэзкасць (ж)	['rɛskasʲʦ]
scherpstellen (ww)	наводзіць на рэзкасць	[na'vɔdzɪʦ na 'rɛskasʲʦ]
scherp (bn)	рэзкі	['rɛski]
scherpte (de)	рэзкасць (ж)	['rɛskasʲʦ]

| contrast (het) | кантраст (м) | [kant'rast] |
| contrastrijk (bn) | кантрастны | [kant'rasnɪ] |

kiekje (het)	здымак (м)	['zdɪmak]
negatief (het)	негатыў (м)	[nɛɣa'tɪu]
filmpje (het)	фотаплёнка (ж)	[fɔtap'lɜŋka]
beeld (frame)	кадр (м)	[kadr]
afdrukken (foto's ~)	пячатаць	[pʲa'ʧataʦ]

164. Strand. Zwemmen

strand (het)	пляж (м)	[pʌaʃ]
zand (het)	пясок (м)	[pʲa'sɔk]
leeg (~ strand)	пустэльны	[pus'tɛʌnɪ]

bruine kleur (de)	загар (м)	[za'ɣar]
zonnebaden (ww)	загараць	[zaɣa'raʦ]
gebruind (bn)	загарэлы	[zaɣa'rɛlɪ]
zonnecrème (de)	крэм (м) для загару	['krɛm dʌa za'ɣaru]

bikini (de)	бікіні (н)	[bi'kini]
badpak (het)	купальнік (м)	[ku'paʌnik]
zwembroek (de)	плаўкі (мн)	['plauki]

zwembad (het)	басейн (м)	[ba'sɛjn]
zwemmen (ww)	плаваць	['plavaʦ]
douche (de)	душ (м)	[duʃ]
zich omkleden (ww)	пераадзявацца	[pɛra:dzʲa'vaʦa]
handdoek (de)	ручнік (м)	[ruʧ'nik]

boot (de)	лодка (ж)	['lɔtka]
motorboot (de)	катэр (м)	['katɛr]
waterski's (mv.)	водныя лыжы (ж мн)	['vɔdnɪja 'lɪʒɪ]

145

waterfiets (de)	водны веласіпед (м)	['vɔdnɪ wɛlasi'pɛt]
surfen (het)	сёрфінг (м)	['sɜrfinh]
surfer (de)	сёрфінгіст (м)	[sɜrfi'ŋist]

scuba, aqualong (de)	акваланг (м)	[akva'lanh]
zwemvliezen (mv.)	ласты (м мн)	['lastɪ]
duikmasker (het)	маска (ж)	['maska]
duiker (de)	нырэц (м)	[nɪ'rɛʦ]
duiken (ww)	ныраць	[nɪ'rats]
onder water (bw)	пад вадой	[pad va'dɔj]

parasol (de)	парасон (м)	[para'sɔn]
ligstoel (de)	шэзлонг (м)	[ʃɛz'lɔnh]
zonnebril (de)	акуляры (мн)	[aku'ʎarɪ]
luchtmatras (de/het)	плавальны матрац (м)	['plavaʎnɪ mat'rats]

| spelen (ww) | гуляць | [ɣu'ʎaʦ] |
| gaan zwemmen (ww) | купацца | [ku'paʦa] |

bal (de)	мяч (м)	[mʲaʧ]
opblazen (oppompen)	надзімаць	[nadzi'mats]
lucht-, opblaasbare (bn)	надзіманы	[nadzi'manɪ]

golf (hoge ~)	хваля (ж)	['hvaʎa]
boei (de)	буй (м)	[buj]
verdrinken (ww)	тануць	[ta'nuʦ]

| redden (ww) | ратаваць | [rata'vaʦ] |
| reddingsvest (de) | выратавальная камізэлька (ж) | [vɪrata'vaʎnaja kami'zɛʎka] |

| waarnemen (ww) | назіраць | [nazi'raʦ] |
| redder (de) | ратавальнік (м) | [rata'vaʎnik] |

TECHNISCHE APPARATUUR. VERVOER

Technische apparatuur

165. Computer

computer (de)	камп'ютэр (м)	[kampʰˈjutɛr]
laptop (de)	ноўтбук (м)	[ˈnɔudbuk]
aanzetten (ww)	уключыць	[uklyˈtʃɪts]
uitzetten (ww)	выключыць	[ˈvɪklytʃɪts]
toetsenbord (het)	клавіятура (ж)	[klawijaˈtura]
toets (enter~)	клавіша (ж)	[ˈklawiʃa]
muis (de)	мыш (ж)	[mɪʃ]
muismat (de)	дываʌок (м)	[dɪvaˈnɔk]
knopje (het)	кнопка (ж)	[ˈknɔpka]
cursor (de)	курсор (м)	[kurˈsɔr]
monitor (de)	манітор (м)	[maniˈtɔr]
scherm (het)	экран (м)	[ɛkˈran]
harde schijf (de)	цвёрды дыск (м)	[ˈtswзrdɪ ˈdɪsk]
volume (het) van de harde schijf	аб'ём (м) цвёрдага дыска	[abʰзm ˈtswзrdaɣa ˈdɪska]
geheugen (het)	памяць (ж)	[ˈpamʲats]
RAM-geheugen (het)	аператыўная памяць (ж)	[apɛraˈtɪunaja ˈpamʲats]
bestand (het)	файл (м)	[fajl]
folder (de)	папка (ж)	[ˈpapka]
openen (ww)	адкрыць	[atkˈrɪts]
sluiten (ww)	закрыць	[zakˈrɪts]
opslaan (ww)	захаваць	[zahaˈvats]
verwijderen (wissen)	выдаліць	[ˈvɪdalits]
kopiëren (ww)	скапіраваць	[skaˈpiravats]
sorteren (ww)	сартаваць	[sartaˈvats]
overplaatsen (ww)	перапісаць	[pɛrapiˈsats]
programma (het)	праграма (ж)	[praɣˈrama]
software (de)	праграмнае забеспячэнне (н)	[praɣˈramnaɛ zabɛsʲpʲaˈtʃɛɲɛ]
programmeur (de)	праграміст (м)	[praɣraˈmist]
programmeren (ww)	праграміраваць	[praɣraˈmiravats]
hacker (computerkraker)	хакер (м)	[ˈhakɛr]
wachtwoord (het)	пароль (м)	[paˈrɔʎ]
virus (het)	вірус (м)	[ˈwirus]

ontdekken (virus ~)	знайсці	[znajsʲ'tsi]
byte (de)	байт (м)	[bajt]
megabyte (de)	мегабайт (м)	[mɛɣa'bajt]

| data (de) | даныя (мн) | ['danɪja] |
| databank (de) | база (ж) даных | ['baza 'danɪh] |

kabel (USB-~, enz.)	кабель (м)	['kabɛʎ]
afsluiten (ww)	адлучыць	[adlu'tʃɪts]
aansluiten op (ww)	далучыць	[dalu'tʃɪts]

166. Internet. E-mail

internet (het)	Інтэрнэт (м)	[intɛr'nɛt]
browser (de)	браўзер (м)	['brauzɛr]
zoekmachine (de)	пошукавы рэсурс (м)	['poʃukavɪ rɛ'surs]
internetprovider (de)	правайдэр (м)	[pra'vajdɛr]

webmaster (de)	вэб-майстар (м)	[vɛb'majstar]
website (de)	вэб-сайт (м)	[vɛp'sajt]
webpagina (de)	вэб-старонка (ж)	['vɛp sta'rɔŋka]

| adres (het) | адрас (м) | ['adras] |
| adresboek (het) | адрасная кніга (ж) | ['adrasnaja 'kniɣa] |

| postvak (het) | паштовая скрынка (ж) | [paʃ'tɔvaja 'skrɪŋka] |
| post (de) | пошта (ж) | ['pɔʃta] |

bericht (het)	паведамленне (н)	[pawɛdam'lɛɲɛ]
verzender (de)	адпраўшчык (м)	[atp'rauʃtʃɪk]
verzenden (ww)	адправіць	[atp'rawits]
verzending (de)	адпраўка (ж)	[atp'rauka]
ontvanger (de)	атрымальнік (м)	[atrɪ'maʎnik]
ontvangen (ww)	атрымаць	[atrɪ'mats]

| correspondentie (de) | перапіска (ж) | [pɛra'piska] |
| corresponderen (met ...) | перапісвацца | [pɛra'pisvatsa] |

bestand (het)	файл (м)	[fajl]
downloaden (ww)	спампаваць	[spampa'vats]
creëren (ww)	стварыць	[stva'rɪts]
verwijderen (een bestand ~)	выдаліць	['vɪdalits]
verwijderd (bn)	выдалены	['vɪdalɛnɪ]

verbinding (de)	сувязь (ж)	['suvʲasʲ]
snelheid (de)	хуткасць (ж)	['hutkasʲts]
modem (de)	мадэм (м)	[ma'dɛm]
toegang (de)	доступ (м)	['dɔstup]
poort (de)	порт (м)	[pɔrt]

aansluiting (de)	падключэнне (н)	[patkly'tʃɛɲɛ]
zich aansluiten (ww)	падключыцца	[patkly'tʃɪtsa]
selecteren (ww)	выбраць	['vɪbrats]
zoeken (ww)	шукаць	[ʃu'kats]

167. Elektriciteit

elektriciteit (de)	электрычнасць (ж)	[ɛlɛkt'rɪtʃnasʲts]
elektrisch (bn)	электрычны	[ɛlɛkt'rɪtʃnɪ]
elektriciteitscentrale (de)	электрастанцыя (ж)	[ɛlɛktras'tantsɪja]
energie (de)	энергія (ж)	[ɛ'nɛrɣija]
elektrisch vermogen (het)	электраэнергія (ж)	[ɛlɛktraɛ'nɛrɣija]

lamp (de)	лямпачка (ж)	['ʎampatʃka]
zaklamp (de)	ліхтар (м)	[lih'tar]
straatlantaarn (de)	ліхтар (м)	[lih'tar]

licht (elektriciteit)	святло (н)	[sʲvʲat'lɔ]
aandoen (ww)	уключаць	[ukly'tʃats]
uitdoen (ww)	выключаць	[vɪkly'tʃats]
het licht uitdoen	пагасіць святло	[paɣa'sits sʲvʲat'lɔ]

doorbranden (gloeilamp)	перагарэць	[pɛraɣa'rɛts]
kortsluiting (de)	кароткае замыканне (н)	[ka'rɔtkaɛ zamɪ'kaɲɛ]
onderbreking (de)	абрыў (м)	[ab'rɪu]
contact (het)	кантакт (м)	[kan'takt]

schakelaar (de)	выключальнік (м)	[vɪkly'tʃaʎnik]
stopcontact (het)	разетка (ж)	[ra'zɛtka]
stekker (de)	вілка (ж)	['wilka]
verlengsnoer (de)	падаўжальнік (м)	[padau'ʒaʎnik]

zekering (de)	засцерагальнік (м)	[zasʲtsɛra'ɣaʎnik]
kabel (de)	провад (м)	['prɔvat]
bedrading (de)	праводка (ж)	[pra'vɔtka]

ampère (de)	ампер (м)	[am'pɛr]
stroomsterkte (de)	сіла (ж) току	['sila 'tɔku]
volt (de)	вольт (м)	[vɔʎt]
spanning (de)	напружанне (н)	[nap'ruʒaɲɛ]

elektrisch toestel (het)	электрапрыбор (м)	[ɛlɛktraprɪ'bɔr]
indicator (de)	індыкатар (м)	[indɪ'katar]

elektricien (de)	электрык (м)	[ɛ'lɛktrɪk]
solderen (ww)	паяць	[pa'jats]
soldeerbout (de)	паяльнік (м)	[pa'jaʎnik]
stroom (de)	ток (м)	[tɔk]

168. Gereedschappen

werktuig (stuk gereedschap)	інструмент (м)	[instru'mɛnt]
gereedschap (het)	інструменты (м мн)	[instru'mɛntɪ]
uitrusting (de)	абсталяванне (н)	[apstaʎa'vaɲɛ]

hamer (de)	малаток (м)	[mala'tɔk]
schroevendraaier (de)	адвёртка (ж)	[ad'wɜrtka]
bijl (de)	сякера (ж)	[sʲa'kɛra]

zaag (de)	піла (ж)	[pi'la]
zagen (ww)	пілаваць	[pila'vats]
schaaf (de)	гэбель (м)	['ɣɛbɛʎ]
schaven (ww)	габляваць	[ɣabʎa'vats]
soldeerbout (de)	паяльнік (м)	[pa'jaʎnik]
solderen (ww)	паяць	[pa'jats]

vijl (de)	напільнік (м)	[na'piʎnik]
nijptang (de)	абцугі (мн)	[aptsu'ɣi]
combinatietang (de)	пласкагубцы (мн)	[plaska'ɣuptsɪ]
beitel (de)	стамеска (ж)	[sta'mɛska]

boorkop (de)	свердзел (м)	['sʲwɛrdzɛl]
boormachine (de)	дрыль (м)	[drɪʎ]
boren (ww)	свідраваць	[sʲwidra'vats]

mes (het)	нож (м)	[nɔʃ]
zakmes (het)	кішэнны нож (м)	[ki'ʃɛnɪ 'nɔʃ]
knip- (abn)	складаны	[skla'danɪ]
lemmet (het)	лязо (н)	[ʎa'zɔ]

scherp (bijv. ~ mes)	востры	['vɔstrɪ]
bot (bn)	тупы	[tu'pɪ]
bot raken (ww)	затупіцца	[zatu'pitsa]
slijpen (een mes ~)	вастрыць	[vast'rɪts]

bout (de)	болт (м)	[bɔlt]
moer (de)	гайка (ж)	['ɣajka]
schroefdraad (de)	разьба (ж)	[razʲ'ba]
houtschroef (de)	шруба (ж)	['ʃruba]

nagel (de)	цвік (м)	[tswik]
kop (de)	плешка (ж)	['plɛʃka]

liniaal (de/het)	лінейка (ж)	[li'nɛjka]
rolmeter (de)	рулетка (ж)	[ru'lɛtka]
waterpas (de/het)	ватэрпас (м)	[vatɛr'pas]
loep (de)	лупа (ж)	['lupa]

meetinstrument (het)	вымяральны прыбор (м)	[vɪmʲa'raʎnɪ prɪ'bɔr]
opmeten (ww)	вымяраць	[vɪmʲa'rats]
schaal (meetschaal)	шкала (ж)	[ʃka'la]
gegevens (mv.)	паказанне (н)	[paka'zaɲɛ]

compressor (de)	кампрэсар (м)	[kamp'rɛsar]
microscoop (de)	мікраскоп (м)	[mikras'kɔp]

pomp (de)	помпа (ж)	['pɔmpa]
robot (de)	робат (м)	['rɔbat]
laser (de)	лазер (м)	['lazɛr]

moersleutel (de)	гаечны ключ (м)	['ɣaetʃnɪ 'klytʃ]
plakband (de)	стужка-скотч (ж)	['stuʃka 'skɔtʃ]
lijm (de)	клей (м)	[klɛj]
schuurpapier (het)	нажддачная папера (ж)	[naʒ'datʃnaja pa'pɛra]
veer (de)	спружына (ж)	[spru'ʒɪna]

| magneet (de) | магніт (м) | [maɣ'nit] |
| handschoenen (mv.) | пальчаткі (ж мн) | [paʎ'tʃatki] |

touw (bijv. hennetouw)	вяроўка (ж)	[vʲa'rɔuka]
snoer (het)	шнур (м)	[ʃnur]
draad (de)	провад (м)	['prɔvat]
kabel (de)	кабель (м)	['kabɛʎ]

moker (de)	кувалда (ж)	[ku'valda]
breekijzer (het)	лом (м)	[lɔm]
ladder (de)	лескі (мн)	['lɛski]
trapje (inklapbaar ~)	драбіны (ж мн)	[dra'binɪ]

aanschroeven (ww)	закручваць	[zak'rutʃvats]
losschroeven (ww)	адкручваць	[atk'rutʃvats]
dichtpersen (ww)	заціскаць	[zatsis'kats]
vastlijmen (ww)	прыклейваць	[prɪk'lɛjvats]
snijden (ww)	рэзаць	['rɛzats]

defect (het)	няспраўнасць (ж)	[ɲasp'raunasʲts]
reparatie (de)	папраўка (ж)	[pap'rauka]
repareren (ww)	рамантаваць	[ramanta'vats]
regelen (een machine ~)	рэгуляваць	[rɛɣuʎa'vats]

nakijken (ww)	праўраць	[pravʲa'rats]
controle (de)	праверка (ж)	[pra'wɛrka]
gegevens (mv.)	паказанне (н)	[paka'zaɲɛ]

| degelijk (bijv. ~ machine) | надзейны | [na'dzɛjnɪ] |
| ingewikkeld (bn) | складаны | [skla'danɪ] |

roesten (ww)	іржавець	[irʒa'wɛts]
roestig (bn)	іржавы	[ir'ʒavɪ]
roest (de/het)	іржа (ж)	[ir'ʒa]

Vervoer

169. Vliegtuig

vliegtuig (het)	самалёт (м)	[sama'lɔt]
vliegticket (het)	авіябілет (м)	[awijabi'lɛt]
luchtvaartmaatschappij (de)	авіякампанія (ж)	[awijakam'panija]
luchthaven (de)	аэрапорт (м)	[aɛra'pɔrt]
supersonisch (bn)	звышгукавы	[zvɪʒɣuka'vɪ]

gezagvoerder (de)	камандзір (м) карабля	[kaman'dzir karab'ʎa]
bemanning (de)	экіпаж (м)	[ɛki'paʃ]
piloot (de)	пілот (м)	[pi'lot]
stewardess (de)	сцюардэса (ж)	[sʲʦyar'dɛsa]
stuurman (de)	штурман (м)	['ʃturman]

vleugels (mv.)	крылы (н мн)	['krɪlɪ]
staart (de)	хвост (м)	[hvɔst]
cabine (de)	кабіна (ж)	[ka'bina]
motor (de)	рухавік (м)	[ruha'wik]
landingsgestel (het)	шасі (н)	[ʃa'si]
turbine (de)	турбіна (ж)	[tur'bina]

propeller (de)	прапелер (м)	[pra'pɛlɛr]
zwarte doos (de)	чорная скрынка (ж)	['ʧɔrnaja 'skrɪŋka]
stuur (het)	штурвал (м)	[ʃtur'val]
brandstof (de)	гаручае (н)	[ɣaru'ʧaɛ]

veiligheidskaart (de)	інструкцыя (ж)	[inst'ruktsɪja]
zuurstofmasker (het)	кіслародная маска (ж)	[kisla'rɔdnaja 'maska]
uniform (het)	уніформа (ж)	[uni'fɔrma]
reddingsvest (de)	выратавальная камізэлька (ж)	[vɪrata'vaʎnaja kami'zɛʎka]
parachute (de)	парашут (м)	[para'ʃut]

opstijgen (het)	узлёт (м)	[uzʲ'lɔt]
opstijgen (ww)	узлятаць	[uzʲʎa'taʦ]
startbaan (de)	узлётная паласа (ж)	[uzʲ'lɔtnaja pala'sa]

zicht (het)	бачнасць (ж)	['baʧnasʲʦ]
vlucht (de)	палёт (м)	[pa'lɔt]

hoogte (de)	вышыня (ж)	[vɪʃɪ'ɲa]
luchtzak (de)	паветраная яма (ж)	[pa'wɛtranaja 'jama]

plaats (de)	месца (н)	['mɛsʦa]
koptelefoon (de)	навушнікі (м мн)	[na'vuʃniki]
tafeltje (het)	адкідны столік (м)	[atkid'nɪ 'stolik]
venster (het)	ілюмінатар (м)	[ilymi'natar]
gangpad (het)	праход (м)	[pra'hɔt]

170. Trein

trein (de)	цягнік (м)	[tsʲaɣ'nik]
elektrische trein (de)	электрацягнік (м)	[ɛlɛktratsʲaɣ'nik]
sneltrein (de)	хуткі цягнік (м)	['hutki tsʲaɣ'nik]
diesellocomotief (de)	цеплавоз (м)	[tsɛpla'vɔs]
locomotief (de)	паравоз (м)	[para'vɔs]

rijtuig (het)	вагон (м)	[va'ɣɔn]
restauratierijtuig (het)	вагон-рэстаран (м)	[va'ɣɔn rɛsta'ran]

rails (mv.)	рэйкі (ж мн)	['rɛjki]
spoorweg (de)	чыгунка (ж)	[tʃɪ'ɣuŋka]
dwarsligger (de)	шпала (ж)	['ʃpala]

perron (het)	платформа (ж)	[plat'fɔrma]
spoor (het)	пуць (м)	[putsʲ]
semafoor (de)	семафор (м)	[sɛma'fɔr]
halte (bijv. kleine treinhalte)	станцыя (ж)	['stantsɨja]

machinist (de)	машыніст (м)	[maʃɨ'nist]
kruier (de)	насільшчык (м)	[na'siʎʃʧɪk]
conducteur (de)	праваднік (м)	[pravad'nik]
passagier (de)	пасажыр (м)	[pasa'ʒɪr]
controleur (de)	кантралёр (м)	[kantra'lʲɔr]

gang (in een trein)	калідор (м)	[kali'dɔr]
noodrem (de)	стоп-кран (м)	[stɔpk'ran]

coupé (de)	купэ (н)	[ku'pɛ]
bed (slaapplaats)	лаўка (ж)	['lauka]
bovenste bed (het)	лаўка (ж) верхняя	['lauka 'wɛrhɲaja]
onderste bed (het)	лаўка (ж) ніжняя	['lauka 'niʒɲaja]
beddengoed (het)	пасцельная бялізна (ж)	[pasʲ'tsɛʎnaja bʲa'lizna]

kaartje (het)	білет (м)	[bi'lɛt]
dienstregeling (de)	расклад (м)	[rask'lat]
informatiebord (het)	табло (н)	[tab'lɔ]

vertrekken (De trein vertrekt ...)	адыходзіць	[adɪ'hɔdzits]
vertrek (ov. een trein)	адпраўленне (н)	[atprau'lɛɲɛ]

aankomen (ov. de treinen)	прыбываць	[prɪbɪ'vatsʲ]
aankomst (de)	прыбыццё (н)	[prɪbɪ'tsʲɔ]

aankomen per trein	прыехаць цягніком	[prɪ'ɛhatsʲ tsʲaɣni'kɔm]
in de trein stappen	сесці на цягнік	['sɛsʲtsi na tsʲaɣ'nik]
uit de trein stappen	сысці з цягніка	[sɨsʲ'tsi sʲ tsʲaɣni'ka]

treinwrak (het)	крушэнне (н)	[kru'ʃɛɲɛ]
locomotief (de)	паравоз (м)	[para'vɔs]
stoker (de)	качагар (м)	[katʃa'ɣar]
stookplaats (de)	топка (ж)	['tɔpka]
steenkool (de)	вугаль (м)	['vuɣaʎ]

153

171. Schip

schip (het)	карабель (м)	[kara'bɛʎ]
vaartuig (het)	судна (н)	['sudna]
stoomboot (de)	параход (м)	[para'hɔt]
motorschip (het)	цеплаход (м)	[tsɛpla'hɔt]
lijnschip (het)	лайнер (м)	['lajnɛr]
kruiser (de)	крэйсер (м)	['krɛjsɛr]
jacht (het)	яхта (ж)	['jahta]
sleepboot (de)	буксір (м)	[buk'sir]
duwbak (de)	баржа (ж)	['barʒa]
ferryboot (de)	паром (м)	[pa'rɔm]
zeilboot (de)	пароснік (м)	['parusʲnik]
brigantijn (de)	брыганціна (ж)	[brɪɣan'tsina]
IJsbreker (de)	ледакол (м)	[lɛda'kɔl]
duikboot (de)	лодка (ж) падводная	['lɔtka pad'vɔdnaja]
boot (de)	лодка (ж)	['lɔtka]
sloep (de)	шлюпка (ж)	['ʃlypka]
reddingssloep (de)	шлюпка (ж) выратавальная	['ʃlypka vɪrata'vaʎnaja]
motorboot (de)	катэр (м)	['katɛr]
kapitein (de)	капітан (м)	[kapi'tan]
zeeman (de)	матрос (м)	[mat'rɔs]
matroos (de)	марак (м)	[ma'rak]
bemanning (de)	экіпаж (м)	[ɛki'paʃ]
bootsman (de)	боцман (м)	['bɔtsman]
scheepsjongen (de)	юнга (м)	['juŋa]
kok (de)	кок (м)	[kɔk]
scheepsarts (de)	суднавы ўрач (м)	['sudnavɪ u'ratʃ]
dek (het)	палуба (ж)	['paluba]
mast (de)	мачта (ж)	['matʃta]
zeil (het)	парус (м)	['parus]
ruim (het)	трум (м)	[trum]
voorsteven (de)	нос (м)	[nɔs]
achtersteven (de)	карма (ж)	[kar'ma]
roeispaan (de)	вясло (н)	[vʲas'lɔ]
schroef (de)	вінт (м)	[wint]
kajuit (de)	каюта (ж)	[ka'juta]
officierskamer (de)	кают-кампанія (ж)	[ka'jut kam'panija]
machinekamer (de)	машыннае аддзяленне (н)	[ma'ʃɪnaɛ addzʲa'lɛŋɛ]
brug (de)	капітанскі мосцік (м)	[kapi'tanski 'mɔsʲtsik]
radiokamer (de)	радыёрубка (ж)	[radɪɔrupka]
radiogolf (de)	хваля (ж)	['hvaʎa]
logboek (het)	суднавы журнал (м)	['sudnavɪ ʒur'nal]
verrekijker (de)	падзорная труба (ж)	[pa'dzɔrnaja tru'ba]
klok (de)	звон (м)	[zvɔn]

vlag (de)	сцяг (м)	[s'ts'ah]
kabel (de)	канат (м)	[ka'nat]
knoop (de)	вузел (м)	['vuzɛl]

| trapleuning (de) | поручань (м) | ['pɔrutʃaɲ] |
| trap (de) | трап (м) | [trap] |

anker (het)	якар (м)	['jakar]
het anker lichten	падняць якар	[pad'ɲats 'jakar]
het anker neerlaten	кінуць якар	['kinuts 'jakar]
ankerketting (de)	якарны ланцуг (м)	['jakarnɪ lan'tsuh]

haven (bijv. containerhaven)	порт (м)	[pɔrt]
kaai (de)	прычал (м)	[prɪ'tʃal]
aanleggen (ww)	прычальваць	[prɪ'tʃaʎvats]
wegvaren (ww)	адчальваць	[a'tʃaʎvats]

reis (de)	падарожжа (н)	[pada'rɔʐa]
cruise (de)	круіз (м)	[kru'is]
koers (de)	курс (м)	[kurs]
route (de)	маршрут (м)	[marʃ'rut]

vaarwater (het)	фарватэр (м)	[far'vatɛr]
zandbank (de)	мель (ж)	[mɛʎ]
stranden (ww)	сесці на мель	['sɛs'tsi na 'mɛʎ]

storm (de)	бура (ж)	['bura]
signaal (het)	сігнал (м)	[siɣ'nal]
zinken (ov. een boot)	тануць	[ta'nuts]
SOS (noodsignaal)	SOS	[sɔs]
reddingsboei (de)	выратавальны круг (м)	[vɪrata'vaʎnɪ kruh]

172. Vliegveld

luchthaven (de)	аэрапорт (м)	[aɛra'pɔrt]
vliegtuig (het)	самалёт (м)	[sama'lɜt]
luchtvaartmaatschappij (de)	авіякампанія (ж)	[awijakam'panija]
luchtverkeersleider (de)	дыспетчар (м)	[dɪs'ʲpɛtʃar]

vertrek (het)	вылет (м)	['vɪlɛt]
aankomst (de)	прылёт (м)	[prɪ'lɜt]
aankomen (per vliegtuig)	прыляцець	[prɪʎa'tsɛts]

| vertrektijd (de) | час (м) вылету | ['tʃas 'vɪlɛtu] |
| aankomstuur (het) | час (м) прылёту | ['tʃas prɪ'lɜtu] |

| vertraagd zijn (ww) | затрымлівацца | [zat'rɪmlivatsa] |
| vluchtvertraging (de) | затрымка (ж) вылету | [zat'rɪmka 'vɪlɛtu] |

informatiebord (het)	інфармацыйнае табло (н)	[infarma'tsɪjnaɛ tab'lɔ]
informatie (de)	інфармацыя (ж)	[infar'matsɪja]
aankondigen (ww)	абвяшчаць	[abvʲaʃ'tʃats]
vlucht (bijv. KLM ~)	рэйс (м)	[rɛjs]
douane (de)	мытня (ж)	['mɪtɲa]

155

douanier (de)	мытнік (м)	['mɪtnik]
douaneaangifte (de)	дэкларацыя (ж)	[dɛkla'ratsɪja]
invullen (douaneaangifte ~)	запоўніць	[za'pounits]
paspoortcontrole (de)	пашпартны кантроль (м)	['paʃpartnɪ kant'rɔʎ]

bagage (de)	багаж (м)	[ba'ɣaʃ]
handbagage (de)	ручная паклажа (ж)	[rutʃ'naja pak'laʒa]
Gevonden voorwerpen	пошукі (мн) багажу	['pɔʃuki baɣa'ʒu]
bagagekarretje (het)	каляска (ж) (для багажу)	[ka'ʎaska]

landing (de)	пасадка (ж)	[pa'satka]
landingsbaan (de)	пасадачная паласа (ж)	[pa'sadatʃnaja pala'sa]
landen (ww)	садзіцца	[sa'dzitsa]
vliegtuigtrap (de)	трап (м)	[trap]

inchecken (het)	рэгістрацыя (ж)	[rɛɣist'ratsɪja]
incheckbalie (de)	стойка (ж) рэгістрацыі	['stɔjka rɛɣist'ratsɪi]
inchecken (ww)	зарэгістравацца	[zarɛɣistra'vatsa]
instapkaart (de)	пасадачны талон (м)	[pa'sadatʃnɪ ta'lɔn]
gate (de)	выхад (м)	['vɪhat]

transit (de)	транзіт (м)	[tran'zit]
wachten (ww)	чакаць	[tʃa'kats]
wachtzaal (de)	зала (ж) чакання	['zala tʃa'kanja]
begeleiden (uitwuiven)	праводзіць	[pra'vɔdzits]
afscheid nemen (ww)	развітвацца	[razʲ'witvatsa]

173. Fiets. Motorfiets

fiets (de)	веласіпед (м)	[wɛlasi'pɛt]
bromfiets (de)	мотаролер (м)	[mɔta'rɔlɛr]
motorfiets (de)	матацыкл (м)	[mata'tsɪkl]

met de fiets rijden	ехаць на веласіпедзе	['ɛhats na wɛlasi'pɛdzɛ]
stuur (het)	руль (м)	[ruʎ]
pedaal (de/het)	педаль (ж)	[pɛ'daʎ]
remmen (mv.)	тармазы (м мн)	[tarma'zɪ]
fietszadel (de/het)	сядло (н)	[sʲad'lɔ]

pomp (de)	помпа (ж)	['pɔmpa]
bagagedrager (de)	багажнік (м)	[ba'ɣaʒnik]
fietslicht (het)	ліхтар (м)	[lih'tar]
helm (de)	шлем (м)	[ʃlɛm]

wiel (het)	кола (н)	['kɔla]
spatbord (het)	крыло (н)	[krɪ'lɔ]
velg (de)	вобад (м)	['vɔbat]
spaak (de)	спіца (ж)	['sʲpitsa]

Auto's

174. Soorten auto's

auto (de)	аўтамабіль (м)	[autama'bіʎ]
sportauto (de)	спартыўны аўтамабіль (м)	[spar'tiuni autama'biʎ]
limousine (de)	лімузін (м)	[limu'zin]
terreinwagen (de)	пазадарожнік (м)	[pazada'rɔʒnik]
cabriolet (de)	кабрыялет (м)	[kabrija'lɛt]
minibus (de)	мікрааўтобус (м)	[mikra:u'tɔbus]
ambulance (de)	хуткая дапамога (ж)	['hutkaja dapa'mɔɣa]
sneeuwruimer (de)	снегаўборачная машына (ж)	[sʲnɛɣau'bɔratʃnaja ma'ʃina]
vrachtwagen (de)	грузавік (м)	[ɣruza'wik]
tankwagen (de)	бензавоз (м)	[bɛnza'vɔs]
bestelwagen (de)	фургон (м)	[fur'ɣɔn]
trekker (de)	цягач (м)	[tsʲa'ɣatʃ]
aanhangwagen (de)	прычэп (м)	[prı'tʃɛp]
comfortabel (bn)	камфартабельны	[kamfar'tabɛʎnı]
tweedehands (bn)	ужываны	[uʒı'vanı]

175. Auto's. Carrosserie

motorkap (de)	капот (м)	[ka'pɔt]
spatbord (het)	крыло (н)	[krı'lɔ]
dak (het)	дах (м)	[dah]
voorruit (de)	ветравое шкло (н)	[wɛtra'vɔɛ 'ʃklɔ]
achterruit (de)	люстэрка (н) задняга агляду	[lys'tɛrka 'zadɲaɣa aɣ'ʎadu]
ruitensproeier (de)	абмывальнік (м)	[abmı'vaʎnik]
wisserbladen (mv.)	шклоачышчальнікі (м мн)	[ʃklɔatʃıʃ'tʃaʎniki]
zijruit (de)	бакавое шкло (н)	[baka'vɔɛ 'ʃklɔ]
raamlift (de)	шклопад'ёмнік (м)	[ʃklɔpadʰɔmnik]
antenne (de)	антэна (ж)	[an'tɛna]
zonnedak (het)	люк (м)	[lyk]
bumper (de)	бампер (м)	['bampɛr]
koffer (de)	багажнік (м)	[ba'ɣaʒnik]
portier (het)	дзверцы (мн)	['dzʲwɛrtsı]
handvat (het)	ручка (ж)	['rutʃka]
slot (het)	замок (м)	[za'mɔk]
nummerplaat (de)	нумар (м)	['numar]

knalpot (de)	глушыцель (м)	[ɣluˈʃitsɛʎ]
benzinetank (de)	бензабак (м)	[bɛnzaˈbak]
uitlaatpijp (de)	выхлапная труба (ж)	[vɪhlapˈnaja truˈba]

gas (het)	газ (м)	[ɣas]
pedaal (de/het)	педаль (ж)	[pɛˈdaʎ]
gaspedaal (de/het)	педаль (ж) газу	[pɛˈdaʎ ˈɣazu]

rem (de)	тормаз (м)	[ˈtɔrmas]
rempedaal (de/het)	педаль (ж) тормазу	[pɛˈdaʎ ˈtɔrmazu]
remmen (ww)	тармазіць	[tarmaˈzits]
handrem (de)	стаянкавы тормаз (м)	[staˈjaŋkavɪ ˈtɔrmas]

koppeling (de)	счапленне (н)	[ʃʧapˈlɛɲɛ]
koppelingspedaal (de/het)	педаль (ж) счаплення	[pɛˈdaʎ ʃʧapˈlɛnja]
koppelingsschijf (de)	дыск (м) счаплення	[dɪsk ʃʧapˈlɛnja]
schokdemper (de)	амартызатар (м)	[amartɪˈzatar]

wiel (het)	кола (н)	[ˈkɔla]
reservewiel (het)	запасное кола (н)	[zapasˈnɔɛ ˈkɔla]
wieldop (de)	каўпак (м)	[kauˈpak]

aandrijfwielen (mv.)	вядучыя колы (н мн)	[vʲaˈdutʃɪja ˈkɔlɪ]
met voorwielaandrijving	пярэднепрывадны	[pʲarɛdnɛprɪvadˈnɪ]
met achterwielaandrijving	заднепрывадны	[zadnɛprɪvadˈnɪ]
met vierwielaandrijving	поўнапрывадны	[pounaprɪvadˈnɪ]

versnellingsbak (de)	каробка (ж) перадач	[kaˈrɔpka pɛraˈdatʃ]
automatisch (bn)	аўтаматычны	[autamaˈtɪtʃnɪ]
mechanisch (bn)	механічны	[mɛhaˈnitʃnɪ]
versnellingspook (de)	рычаг (м) каробкі перадач	[rɪˈtʃah kaˈrɔpki pɛraˈdatʃ]

| voorlicht (het) | фара (ж) | [ˈfara] |
| voorlichten (mv.) | фары (ж мн) | [ˈfarɪ] |

dimlicht (het)	блізкае святло (н)	[ˈbliskaɛ sʲvʲatˈlɔ]
grootlicht (het)	далёкае святло (н)	[daˈlɔkaɛ sʲvʲatˈlɔ]
stoplicht (het)	стоп-сігнал (м)	[stɔpsiɣˈnal]

standlichten (mv.)	габарытныя агні (м мн)	[ɣabaˈrɪtnɪja aɣˈni]
noodverlichting (de)	аварыйныя агні (м мн)	[avaˈrɪjnɪja aɣˈni]
mistlichten (mv.)	супрацьтуманныя фары (ж мн)	[supratstuˈmaŋɪja ˈfarɪ]

| pinker (de) | паваротнік (м) | [pavaˈrotnik] |
| achteruitrijdlicht (het) | задні ход (м) | [ˈzadni ˈhɔt] |

176. Auto's. Passagiersruimte

interieur (het)	салон (м)	[saˈlɔn]
leren (van leer gemaak)	скураны	[skuraˈnɪ]
fluwelen (abn)	велюравы	[wɛˈlʲuravɪ]
bekleding (de)	абіўка (ж)	[aˈbiuka]
toestel (het)	прыбор (м)	[prɪˈbɔr]
instrumentenbord (het)	прыборны шчыток (м)	[prɪˈbɔrnɪ ʃʧɪˈtɔk]

| snelheidsmeter (de) | спідометр (м) | [sʲpi'dɔmɛtr] |
| pijltje (het) | стрэлка (ж) | ['strɛlka] |

kilometerteller (de)	лічыльнік (м)	[li'ʧɪʎnik]
sensor (de)	датчык (м)	['datʃɪk]
niveau (het)	узровень (м)	[uz'rɔwɛɲ]
controlelampje (het)	лямпачка (ж)	['ʎampaʧka]

stuur (het)	руль (м)	[ruʎ]
toeter (de)	сігнал (м)	[siɣ'nal]
knopje (het)	кнопка (ж)	['knɔpka]
schakelaar (de)	пераключальнік (м)	[pɛrakly'ʧaʎnik]

stoel (bestuurders~)	сядзенне (н)	[sʲa'dzɛŋɛ]
rugleuning (de)	спінка (ж)	['sʲpiŋka]
hoofdsteun (de)	падгалоўнік (м)	[padɣa'ɫounik]
veiligheidsgordel (de)	рэмень (м) бяспекі	['rɛmɛɲ bʲasʲ'pɛki]
de gordel aandoen	прышпіліць рэмень	[prɪʃpi'litsʲ 'rɛmɛɲ]
regeling (de)	рэгуляванне (н)	[rɛɣuʎa'vaŋɛ]

| airbag (de) | паветраная падушка (ж) | [pa'wɛtranaja pa'duʃka] |
| airconditioner (de) | кандыцыянер (м) | [kandɪtsɪja'nɛr] |

radio (de)	радыё (н)	['radɪɜ]
CD-speler (de)	CD-прайгравальнік (м)	[si'dzi prajɣra'vaʎnik]
aanzetten (bijv. radio ~)	уключыць	[ukly'ʧɪts]
antenne (de)	антэна (ж)	[an'tɛna]
handschoenenkastje (het)	бардачок (м)	[barda'ʧɔk]
asbak (de)	попельніца (ж)	['pɔpɛʎnitsa]

177. Auto's. Motor

| diesel- (abn) | дызельны | ['dɪzɛʎnɪ] |
| benzine- (~motor) | бензінавы | [bɛn'zinavɪ] |

motorinhoud (de)	аб'ём (м) рухавіка	[abʰɜm ruhawi'ka]
vermogen (het)	магутнасць (ж)	[ma'ɣutnasʲts]
paardenkracht (de)	конская сіла (ж)	['kɔnskaja 'sila]
zuiger (de)	поршань (м)	['pɔrʃaɲ]
cilinder (de)	цыліндр (м)	[tsɪ'lindr]
klep (de)	клапан (м)	['klapan]

injectie (de)	інжэктар (м)	[in'ʒɛktar]
generator (de)	генератар (м)	[ɣɛnɛ'ratar]
carburator (de)	карбюратар (м)	[karby'ratar]
motorolie (de)	аліва (ж) маторная	[a'liva ma'tɔrnaja]

| radiator (de) | радыятар (м) | [radɪ'jatar] |
| koelvloeistof (de) | ахаладжальная вадкасць (ж) | [ahala'ʤaʎnaja 'vatkasʲts] |

| ventilator (de) | вентылятар (м) | [wɛntɪ'ʎatar] |

| accu (de) | акумулятар (м) | [akumu'ʎatar] |
| starter (de) | стартэр (м) | ['startɛr] |

| contact (ontsteking) | запальванне (н) | [za'paʎvaɲɛ] |
| bougie (de) | свечка (ж) запальвання | ['sʲwɛʧka za'paʎvaɲja] |

pool (de)	клема (ж)	['klɛma]
positieve pool (de)	плюс (м)	[plys]
negatieve pool (de)	мінус (м)	['minus]
zekering (de)	засцерагальнік (м)	[zasʲtsɛra'ɣaʎnik]

luchtfilter (de)	паветраны фільтр (м)	[pa'wɛtranɪ 'fiʎtr]
oliefilter (de)	алівавы фільтр (м)	[a'livavɪ 'fiʎtr]
benzinefilter (de)	паліўны фільтр (м)	['paliunɪ 'fiʎtr]

178. Auto's. Botsing. Reparatie

auto-ongeval (het)	аварыя (ж)	[a'varɪja]
verkeersongeluk (het)	дарожнае здарэнне (н)	[da'rɔʒnaɛ zda'rɛɲɛ]
aanrijden (tegen een boom, enz.)	уразацца	[ura'zatsa]
verongelukken (ww)	разбіцца	[razʲ'bitsa]
beschadiging (de)	пашкоджанне (н)	[paʃ'kɔʤaɲɛ]
heelhuids (bn)	цэлы	['tsɛlɪ]

| kapot gaan (zijn gebroken) | зламацца | [zla'matsa] |
| sleeptouw (het) | буксіровачны трос (м) | [buksi'rɔvaʧnɪ 'trɔs] |

lek (het)	пракол (м)	[pra'kɔl]
lekke krijgen (band)	спусціць	[spusʲ'tsits]
oppompen (ww)	напампоўваць	[napam'pouvats]
druk (de)	ціск (м)	[tsisk]
checken (controleren)	праверыць	[pra'wɛrits]

reparatie (de)	рамонт (м)	[ra'mont]
garage (de)	рамонтная майстэрня (ж)	[ra'mɔntnaja majs'tɛrɲa]
wisselstuk (het)	запчастка (ж)	[zap'ʧastka]
onderdeel (het)	дэталь (ж)	[dɛ'taʎ]

bout (de)	болт (м)	[bɔlt]
schroef (de)	шруба (ж)	['ʃruba]
moer (de)	гайка (ж)	['ɣajka]
sluitring (de)	шайба (ж)	['ʃajba]
kogellager (de/het)	падшыпнік (м)	[pat'ʃɪpnik]

pijp (de)	трубка (ж)	['trupka]
pakking (de)	пракладка (ж)	[prak'latka]
kabel (de)	провад (м)	['prɔvat]

dommekracht (de)	дамкрат (м)	[damk'rat]
moersleutel (de)	ключ (м) гаечны	[klyʤ 'ɣaeʧnɪ]
hamer (de)	малаток (м)	[mala'tɔk]
pomp (de)	помпа (ж)	['pɔmpa]
schroevendraaier (de)	адвёртка (ж)	[ad'wɜrtka]
brandblusser (de)	вогнетушыцель (м)	[vɔɣnetu'ʃitsɛʎ]
gevarendriehoek (de)	аварыйны трохвугольнік (м)	[ava'rɪjnɪ trɔhvu'ɣɔʎnik]

afslaan (ophouden te werken)	глухнуць	['ɣluhnuts]
uitvallen (het)	спыненне (н)	[spɪ'nɛŋɛ]
zijn gebroken	быць зламаным	['bɪdzʲ zla'manɪm]

oververhitten (ww)	перагрэцца	[pɛraɣ'rɛtsa]
verstopt raken (ww)	засмеціцца	[zasʲ'mɛtsitsa]
bevriezen (autodeur, enz.)	замерзнуць	[za'mɛrznuts]
barsten (leidingen, enz.)	лопнуць	['lɔpnuts]

druk (de)	ціск (м)	[tsisk]
niveau (bijv. olieniveau)	узровень (м)	[uz'rɔwɛɲ]
slap (de drijfriem is ~)	слабы	['slabɪ]

deuk (de)	увагнутасць (ж)	[uvaɣ'nutasʲts]
geklop (vreemde geluiden)	стук (м)	[stuk]
barst (de)	трэшчына (ж)	['trɛʃtʃɪna]
kras (de)	драпіна (ж)	['drapina]

179. Auto's. Weg

weg (de)	дарога (ж)	[da'rɔɣa]
snelweg (de)	аўтамагістраль (ж)	[autamaɣist'raʎ]
autoweg (de)	шаша (ж)	[ʃa'ʃa]
richting (de)	кірунак (м)	[ki'runak]
afstand (de)	адлегласць (ж)	[ad'lɛɣlasʲts]

brug (de)	мост (м)	[mɔst]
parking (de)	паркінг (м)	['parkinh]
plein (het)	плошча (ж)	['plɔʃtʃa]
verkeersknooppunt (het)	развязка (ж)	[razʲ'vʲaska]
tunnel (de)	тунэль (м)	[tu'nɛʎ]

benzinestation (het)	аўтазапраўка (ж)	[autazap'rauka]
parking (de)	аўтастаянка (ж)	[autasta'janka]
benzinepomp (de)	бензакалонка (ж)	[bɛnzaka'lɔŋka]
garage (de)	гараж (м)	[ɣa'raʃ]
tanken (ww)	заправіць	[zap'rawits]
brandstof (de)	паліва (н)	['paliva]
jerrycan (de)	каністра (ж)	[ka'nistra]

asfalt (het)	асфальт (м)	[as'faʎt]
markering (de)	разметка (ж)	[razʲ'mɛtka]
trottoirband (de)	бардзюр (м)	[bar'dzyr]
geleiderail (de)	агароджа (ж)	[aɣa'rɔdʒa]
greppel (de)	кювет (м)	[ky'wɛt]
vluchtstrook (de)	узбочына (ж)	[uz'bɔtʃɪna]
lichtmast (de)	слуп (м)	[slup]

besturen (een auto ~)	весці	['wɛsʲtsi]
afslaan (naar rechts ~)	паварочваць	[pava'rɔtʃvats]
U-bocht maken (ww)	разварочвацца	[razva'rɔtʃvatsa]
achteruit (de)	задні ход (м)	['zadni 'hɔt]
toeteren (ww)	сігналіць	[siɣ'nalits]

toeter (de)	гукавы сігнал (м)	[ɣuka'vɪ siɣ'nal]
vastzitten (in modder)	захраснуць	[zah'rasnuʦ]
spinnen (wielen gaan ~)	буксаваць	[buksa'vaʦ]
uitzetten (ww)	глушыць	[ɣlu'ʃɪʦ]

snelheid (de)	хуткасць (ж)	['hutkasʲʦ]
een snelheidsovertreding maken	перавысіць хуткасць	[pɛra'vɪsiʦ 'hutkasʲʦ]
bekeuren (ww)	штрафаваць	[ʃtrafa'vaʦ]
verkeerslicht (het)	святлафор (м)	[sʲvʲatla'fɔr]
rijbewijs (het)	правы (мн) вадзіцельскія	['pravɪ va'dziʦɛʎskija]

overgang (de)	пераезд (м)	[pɛra'ɛst]
kruispunt (het)	скрыжаванне (н)	[skrɪʒa'vaɲɛ]
zebrapad (oversteekplaats)	пешаходны пераход (м)	[pɛʃa'hɔdnɪ pɛra'hɔt]
bocht (de)	паварот (м)	[pava'rɔt]
voetgangerszone (de)	пешаходная зона (ж)	[pɛʃa'hɔdnaja 'zɔna]

180. Verkeersborden

verkeersregels (mv.)	правілы (н мн) дарожнага руху	['prawilɪ darɔʒnaɣa 'ruhu]
verkeersbord (het)	знак (м)	[znak]
inhalen (het)	абгон (м)	[ab'ɣɔn]
bocht (de)	паварот (м)	[pava'rɔt]
U-bocht, kering (de)	разварот (м)	[razva'rɔt]
Rotonde (de)	кругавы рух (м)	[kruɣa'vɪ ruh]

Verboden richting	уезд забаронены	[u'ɛzd zaba'rɔnɛnɪ]
Verboden toegang	рух забаронены	['ruɣ zaba'rɔnɛnɪ]
Inhalen verboden	абгон забаронены	[ab'ɣɔn zaba'rɔnɛnɪ]
Parkeerverbod	стаянка забаронена	[sta'janka zaba'rɔnɛna]
Verbod stil te staan	спыненне забаронена	[spɪ'nɛɲɛ zaba'rɔnɛna]

Gevaarlijke bocht	круты паварот (м)	[kru'tɪ pava'rɔt]
Gevaarlijke daling	стромкі спуск (м)	['strɔmkі 'spusk]
Eenrichtingsweg	аднабаковы рух (м)	[adnaba'kɔvɪ 'ruh]
Voetgangers	пешаходны пераход (м)	[pɛʃa'hɔdnɪ pɛra'hɔt]
Slipgevaar	коўзкая дарога (ж)	['kɔuskaja da'rɔɣa]
Voorrang verlenen	саступіць дарогу	[sastu'pidzʲ da'rɔɣu]

MENSEN. GEBEURTENISSEN IN HET LEVEN

Gebeurtenissen in het leven

181. Vakanties. Evenement

feest (het)	свята (н)	['sʲvʲata]
nationale feestdag (de)	нацыянальнае свята (н)	[natsɨja'naʎnaɛ 'sʲvʲata]
feestdag (de)	святочны дзень (м)	[sʲvʲa'totʃnɪ 'dzɛɲ]
herdenken (ww)	святкаваць	[sʲvʲatka'vats]
gebeurtenis (de)	падзея (ж)	[pa'dzɛja]
evenement (het)	мерапрыемства (н)	[mɛraprɪ'ɛmstva]
banket (het)	банкет (м)	[ba'ŋkɛt]
receptie (de)	прыём (м)	[prɪɜm]
feestmaal (het)	бяседа (ж)	[bʲa'sɛda]
verjaardag (de)	гадавіна (ж)	[ɣada'wina]
jubileum (het)	юбілей (м)	[jubi'lɛj]
vieren (ww)	адзначыць	[adz'natʃɪts]
Nieuwjaar (het)	Новы год (м)	['nɔvɪ 'ɣɔt]
Gelukkig Nieuwjaar!	З Новым годам!	[z 'nɔvɪm 'ɣɔdam]
Kerstfeest (het)	Каляды (ж мн)	[ka'ʎadɪ]
Vrolijk kerstfeest!	Вясёлых Каляд!	[vʲa'sɔlɪh ka'ʎat]
kerstboom (de)	Навагодняя ёлка (ж)	[nava'ɣɔdɲaja ɜlka]
vuurwerk (het)	салют (м)	[sa'lyt]
bruiloft (de)	вяселле (н)	[vʲa'sɛllɛ]
bruidegom (de)	жаніх (м)	[ʒa'nih]
bruid (de)	нявеста (ж)	[ɲa'wɛsta]
uitnodigen (ww)	запрашаць	[zapra'ʃats]
uitnodiging (de)	запрашэнне (н)	[zapra'ʃɛɲɛ]
gast (de)	госць (м)	[ɣɔsʲts]
op bezoek gaan	ісці ў госці	[isʲ'tsi u 'ɣɔsʲtsi]
gasten verwelkomen	сустракаць гасцей	[sustra'kadzʲ ɣasʲ'tsɛj]
geschenk, cadeau (het)	падарунак (м)	[pada'runak]
geven (iets cadeau ~)	дарыць	[da'rɪts]
geschenken ontvangen	атрымоўваць падарункі	[atrɪ'mɔuvats pada'ruŋki]
boeket (het)	букет (м)	[bu'kɛt]
felicitaties (mv.)	віншаванне (н)	[winʃa'vaɲɛ]
feliciteren (ww)	віншаваць	[winʃa'vats]
wenskaart (de)	віншавальная паштоўка (ж)	[winʃa'vaʎnaja paʃ'tɔuka]
een kaartje versturen	адправіць паштоўку	[atp'rawits paʃ'tɔuku]

een kaartje ontvangen	атрымаць паштоўку	[atrı'mats paʃ'tɔuku]
toast (de)	тост (м)	[tɔst]
aanbieden (een drankje ~)	частаваць	[tʃasta'vats]
champagne (de)	шампанскае (н)	[ʃam'panskaɛ]

plezier hebben (ww)	весяліцца	[wɛsʲa'litsa]
plezier (het)	весялосць (ж)	[wɛsʲa'losʲts]
vreugde (de)	радасць (ж)	['radasʲts]

dans (de)	танец (м)	['tanɛts]
dansen (ww)	танцаваць	[tantsa'vats]

wals (de)	вальс (м)	[vaʎs]
tango (de)	танга (н)	['taŋa]

182. Begrafenissen. Begrafenis

kerkhof (het)	могілкі (мн)	['mɔɣilki]
graf (het)	магіла (ж)	[ma'ɣila]
kruis (het)	крыж (м)	[krıʃ]
grafsteen (de)	надмагільны помнік (м)	[nadma'ɣiʎnı 'pɔmnik]
omheining (de)	агароджа (ж)	[aɣa'rɔdʒa]
kapel (de)	капліца (ж)	[kap'litsa]

dood (de)	смерць (ж)	[sʲmɛrts]
sterven (ww)	памерці	[pa'mɛrtsi]
overledene (de)	нябожчык (м)	[na'bɔtʃʃık]
rouw (de)	жалоба (ж)	[ʒa'lɔba]

begraven (ww)	хаваць	[ha'vats]
begrafenisonderneming (de)	пахавальнае бюро (н)	[paha'vaʎnaɛ by'rɔ]
begrafenis (de)	пахаванне (н)	[paha'vaŋɛ]

krans (de)	вянок (м)	[vʲa'nɔk]
doodskist (de)	труна (ж)	[tru'na]
lijkwagen (de)	катафалк (м)	[kata'falk]
lijkkleed (de)	саван (м)	['savan]

urn (de)	урна (ж)	['urna]
crematorium (het)	крэматорый (м)	[krɛma'tɔrıj]

overlijdensbericht (het)	некралог (м)	[nɛkra'lɔh]
huilen (wenen)	плакаць	['plakats]
snikken (huilen)	рыдаць	[rı'dats]

183. Oorlog. Soldaten

peloton (het)	узвод (м)	[uz'vɔt]
compagnie (de)	рота (ж)	['rɔta]
regiment (het)	полк (м)	[pɔlk]
leger (armee)	армія (ж)	['armija]
divisie (de)	дывізія (ж)	[dı'wizija]

sectie (de)	атрад (м)	[at'rat]
troep (de)	войска (н)	['vɔjska]

soldaat (militair)	салдат (м)	[sal'dat]
officier (de)	афіцэр (м)	[afi'tsɛr]

soldaat (rang)	радавы (м)	[rada'vɪ]
sergeant (de)	сяржант (м)	[sʲar'ʒant]
luitenant (de)	лейтэнант (м)	[lɛjtɛ'nant]
kapitein (de)	капітан (м)	[kapi'tan]
majoor (de)	маёр (м)	[maɜr]
kolonel (de)	палкоўнік (м)	[pal'kɔunik]
generaal (de)	генерал (м)	[ɣɛnɛ'ral]

matroos (de)	марак (м)	[ma'rak]
kapitein (de)	капітан (м)	[kapi'tan]
bootsman (de)	боцман (м)	['bɔtsman]

artillerist (de)	артылерыст (м)	[artɪlɛ'rɪst]
valschermjager (de)	дэсантнік (м)	[dɛ'santnik]
piloot (de)	лётчык (м)	['lɜtʃɪk]
stuurman (de)	штурман (м)	['ʃturman]
mecanicien (de)	механік (м)	[mɛ'hanik]

sappeur (de)	сапёр (м)	[sa'pɜr]
parachutist (de)	парашутыст (м)	[paraʃu'tɪst]
verkenner (de)	разведчык (м)	[razʲ'wɛtʃɪk]
scherpschutter (de)	снайпер (м)	['snajpɛr]

patrouille (de)	патруль (м)	[pat'ruʎ]
patrouilleren (ww)	патруляваць	[patruʎa'vats]
wacht (de)	вартавы (м)	[varta'vɪ]

krijger (de)	воін (м)	['vɔin]
held (de)	герой (м)	[ɣɛ'rɔj]
heldin (de)	гераіня (ж)	[ɣɛra'iɲa]
patriot (de)	патрыёт (м)	[patrɪɜt]

verrader (de)	здраднік (м)	['zdradnik]
deserteur (de)	дэзерцір (м)	[dɛzɛr'tsir]
deserteren (ww)	дэзерціраваць	[dɛzɛr'tsiravats]

huurling (de)	наймiт (м)	['najmit]
rekruut (de)	навабранец (м)	[navab'ranɛts]
vrijwilliger (de)	добраахвотнік (м)	[dɔbra:h'vɔtnik]

gedode (de)	забіты (м)	[za'bitɪ]
gewonde (de)	паранены (м)	[pa'ranɛnɪ]
krijgsgevangene (de)	палонны (м)	[pa'lɔɲɪ]

184. Oorlog. Militaire acties. Deel 1

oorlog (de)	вайна (ж)	[vaj'na]
oorlog voeren (ww)	ваяваць	[vaja'vats]

burgeroorlog (de)	грамадзянская вайна (ж)	[ɣrama'dzʲanskaja vaj'na]
achterbaks (bw)	вераломна	[wɛra'lɔmna]
oorlogsverklaring (de)	абвяшчэнне (н)	[abvʲaʃ'tʃɛŋɛ]
verklaren (de oorlog ~)	абвясціць	[abvʲasʲ'tsits]
agressie (de)	агрэсія (ж)	[aɣ'rɛsija]
aanvallen (binnenvallen)	нападаць	[napa'dats]

binnenvallen (ww)	захопліваць	[za'hɔplivats]
invaller (de)	захопнік (м)	[za'hɔpnik]
veroveraar (de)	заваёўнік (м)	[zavaʒunik]

verdediging (de)	абарона (ж)	[aba'rɔna]
verdedigen (je land ~)	абараняць	[abara'ɲats]
zich verdedigen (ww)	абараняцца	[abara'ɲatsa]

vijand (de)	вораг (м)	['vɔrah]
tegenstander (de)	супраціўнік (м)	[supra'tsiunik]
vijandelijk (bn)	варожы	[va'rɔʒɪ]

strategie (de)	стратэгія (ж)	[stra'tɛɣija]
tactiek (de)	тактыка (ж)	['taktɪka]

order (de)	загад (м)	[za'ɣat]
bevel (het)	каманда (ж)	[ka'manda]
bevelen (ww)	загадваць	[za'ɣadvats]
opdracht (de)	заданне (н)	[za'daŋɛ]
geheim (bn)	сакрэтны	[sak'rɛtnɪ]

veldslag (de)	бітва (ж)	['bitva]
strijd (de)	бой (м)	[bɔj]

aanval (de)	атака (ж)	[a'taka]
bestorming (de)	штурм (м)	[ʃturm]
bestormen (ww)	штурмаваць	[ʃturma'vats]
bezetting (de)	аблога (ж)	[ab'lɔɣa]

aanval (de)	наступ (м)	['nastup]
in het offensief te gaan	наступаць	[nastu'pats]

terugtrekking (de)	адступленне (н)	[atstup'lɛŋɛ]
zich terugtrekken (ww)	адступаць	[atstu'pats]

omsingeling (de)	акружэнне (н)	[akru'ʒɛŋɛ]
omsingelen (ww)	акружаць	[akru'ʒats]

bombardement (het)	бамбёжка (ж)	[bam'bɔʃka]
een bom gooien	скінуць бомбу	['skinudzʲ 'bɔmbu]
bombarderen (ww)	бамбіць	[bam'bits]
ontploffing (de)	выбух (м)	['vɪbuh]

schot (het)	стрэл (м)	[strɛl]
een schot lossen	стрэліць	['strɛlits]
schieten (het)	стральба (ж)	[straʎ'ba]

mikken op (ww)	цэліцца	['tsɛlitsa]
aanleggen (een wapen ~)	навесці	[na'wɛsʲtsi]

treffen (doelwit ~)	трапіць	['trapits]
zinken (tot zinken brengen)	патапіць	[pata'pits]
kogelgat (het)	прабоіна (ж)	[pra'bɔina]
zinken (gezonken zijn)	ісці на дно	[isʲ'tsi na 'dnɔ]

front (het)	фронт (м)	[frɔnt]
hinterland (het)	тыл (м)	[tɪl]
evacuatie (de)	эвакуацыя (ж)	[ɛvaku'atsɪja]
evacueren (ww)	эвакуіраваць	[ɛvaku'iravats]

prikkeldraad (de)	калючы дрот (м)	[ka'lytʃɪ 'drɔt]
verdedigingsobstakel (het)	загарода (ж)	[zaɣa'rɔda]
wachttoren (de)	вышка (ж)	['vɪʃka]

hospitaal (het)	шпіталь (м)	[ʃpi'taʎ]
verwonden (ww)	раніць	['ranits]
wond (de)	рана (ж)	['rana]
gewonde (de)	паранены (м)	[pa'ranɛnɪ]
gewond raken (ww)	атрымаць раненне	[atrɪ'mats ra'nɛŋɛ]
ernstig (~e wond)	цяжкі	['tsʲaʃki]

185. Oorlog. Militaire acties. Deel 2

krijgsgevangenschap (de)	палон (м)	[pa'lɔn]
krijgsgevangen nemen	узяць у палон	[u'zʲats u pa'lɔn]
krijgsgevangene zijn	быць у палоне	['bɪts u pa'lɔnɛ]
krijgsgevangen genomen worden	трапіць у палон	['trapits u pa'lɔn]

concentratiekamp (het)	канцлагер (м)	[kants'laɣɛr]
krijgsgevangene (de)	палонны (м)	[pa'lɔŋɪ]
vluchten (ww)	уцячы	[utsʲa'tʃɪ]

verraden (ww)	здрадзіць	['zdradzits]
verrader (de)	здраднік (м)	['zdradnik]
verraad (het)	здрада (ж)	['zdrada]

fusilleren (executeren)	расстраляць	[rastra'ʎats]
executie (de)	расстрэл (м)	[rast'rɛl]

uitrusting (de)	абмундзіраванне (н)	[abmundzira'vaŋɛ]
schouderstuk (het)	пагон (м)	[pa'ɣɔn]
gasmasker (het)	процівагаз (м)	[prɔtsiva'ɣas]

portofoon (de)	рацыя (ж)	['ratsɪja]
geheime code (de)	шыфр (м)	[ʃɪfr]
samenzwering (de)	канспірацыя (ж)	[kansʲpi'ratsɪja]
wachtwoord (het)	пароль (м)	[pa'rɔʎ]

mijn (landmijn)	міна (ж)	['mina]
ondermijnen (legden mijnen)	замініраваць	[zami'niravats]
mijnenveld (het)	міннае поле (н)	['miŋaɛ 'pɔlɛ]
luchtalarm (het)	паветраная трывога (ж)	[pa'wɛtranaja trɪ'vɔɣa]
alarm (het)	трывога (ж)	[trɪ'vɔɣa]

| signaal (het) | сігнал (м) | [siɣ'nal] |
| vuurpijl (de) | сігнальная ракета (ж) | [siɣ'naʌnaja ra'kɛta] |

staf (generale ~)	штаб (м)	[ʃtap]
verkenningstocht (de)	разведка (ж)	[raz'ʲwɛtka]
toestand (de)	становішча (н)	[sta'nɔwiʃʧa]
rapport (het)	рапарт (м)	['rapart]
hinderlaag (de)	засада (ж)	[za'sada]
versterking (de)	падмацаванне (н)	[padmatsa'vaŋɛ]

doel (bewegend ~)	мішэнь (ж)	[mi'ʃɛɲ]
proefterrein (het)	палігон (м)	[pali'ɣɔn]
manoeuvres (mv.)	манеўры (м мн)	[ma'nɛurɪ]

paniek (de)	паніка (ж)	['panika]
verwoesting (de)	развал (м)	[raz'val]
verwoestingen (mv.)	разбурэнні (н мн)	[razbu'rɛɲi]
verwoesten (ww)	разбураць	[razbu'rats]

overleven (ww)	выжыць	['vɪʒɪts]
ontwapenen (ww)	абяззброіць	[abʲazzb'rɔits]
behandelen (een pistool ~)	абыходзіцца	[abɪ'hɔdzitsa]

| Geeft acht! | Смірна! | ['sʲmirna] |
| Op de plaats rust! | Вольна! | ['vɔʌna] |

heldendaad (de)	подзвіг (м)	['pɔdzʲwih]
eed (de)	клятва (ж)	['kʌatva]
zweren (een eed doen)	клясціся	['kʌasʲtsisʲa]

decoratie (de)	узнагарода (ж)	[uznaɣa'rɔda]
onderscheiden (een ereteken geven)	узнагароджваць	[uznaɣa'rɔdʒvats]
medaille (de)	медаль (м)	[mɛ'daʌ]
orde (de)	ордэн (м)	['ɔrdɛn]

overwinning (de)	перамога (ж)	[pɛra'mɔɣa]
verlies (het)	паражэнне (н)	[para'ʒɛŋɛ]
wapenstilstand (de)	перамір'е (н)	[pɛra'mirʰɛ]

wimpel (vaandel)	сцяг (м)	[sʲtsʲaʲah]
roem (de)	слава (ж)	['slava]
parade (de)	парад (м)	[pa'rat]
marcheren (ww)	маршыраваць	[marʃɪra'vats]

186. Wapens

wapens (mv.)	зброя (ж)	['zbrɔja]
vuurwapens (mv.)	агнястрэльная зброя (ж)	[aɣɲastʲrɛʌnaja 'zbrɔja]
koude wapens (mv.)	халодная зброя (ж)	[ha'lɔdnaja 'zbrɔja]

chemische wapens (mv.)	хімічная зброя (ж)	[hi'miʧnaja 'zbrɔja]
kern-, nucleair (bn)	ядзерны	['jadzɛrnɪ]
kernwapens (mv.)	ядзерная зброя (ж)	['jadzɛrnaja 'zbrɔja]

bom (de)	бомба (ж)	['bɔmba]
atoombom (de)	атамная бомба (ж)	['atamnaja 'bɔmba]

pistool (het)	пісталет (м)	[pista'lɛt]
geweer (het)	стрэльба (ж)	['strɛʌba]
machinepistool (het)	аўтамат (м)	[auta'mat]
machinegeweer (het)	кулямёт (м)	[kuʌa'mɜt]

loop (schietbuis)	руля (ж)	['ruʌa]
loop (bijv. geweer met kortere ~)	ствол (м)	[stvɔl]
kaliber (het)	калібр (м)	[ka'libr]

trekker (de)	курок (м)	[ku'rɔk]
korrel (de)	прыцэл (м)	[prɪ'tsɛl]
magazijn (het)	магазін (м)	[maɣa'zin]
geweerkolf (de)	прыклад (м)	[prɪk'lat]

granaat (handgranaat)	граната (ж)	[ɣra'nata]
explosieven (mv.)	узрыўчатка (ж)	[uzrɪu'tʃatka]

kogel (de)	куля (ж)	['kuʌa]
patroon (de)	патрон (м)	[pat'rɔn]
lading (de)	зарад (м)	[za'rat]
ammunitie (de)	боепрыпасы (мн)	[bɔɛprɪ'pasɪ]

bommenwerper (de)	бамбардзіроўшчык (м)	[bambardzi'rouʃtʃɪk]
straaljager (de)	знішчальнік (м)	[zʲniʃ'tʃaʌnik]
helikopter (de)	верталёт (м)	[wɛrta'lɜt]

afweergeschut (het)	зенітка (ж)	[zɛ'nitka]
tank (de)	танк (м)	[taŋk]
kanon (tank met een ~ van 76 mm)	пушка (ж)	['puʃka]

artillerie (de)	артылерыя (ж)	[artɪ'lɛrɪja]
aanleggen (een wapen ~)	навесці	[na'wɛsʲtsi]

projectiel (het)	снарад (м)	[sna'rat]
mortiergranaat (de)	міна (ж)	['mina]
mortier (de)	мінамёт (м)	[mina'mɜt]
granaatscherf (de)	асколак (м)	[as'kɔlak]

duikboot (de)	падводная лодка (ж)	[pad'vɔdnaja 'lɔtka]
torpedo (de)	тарпеда (ж)	[tar'pɛda]
raket (de)	ракета (ж)	[ra'kɛta]

laden (geweer, kanon)	зараджаць	[zara'dʒatsʲ]
schieten (ww)	страляць	[stra'ʌatsʲ]
richten op (mikken)	цэліцца	['tsɛlitsa]
bajonet (de)	штык (м)	[ʃtɪk]

degen (de)	шпага (ж)	['ʃpaɣa]
sabel (de)	шабля (ж)	['ʃabʌa]
speer (de)	дзіда (ж)	['dzida]
boog (de)	лук (м)	[luk]

pijl (de)	страла (ж)	[straˈla]
musket (de)	мушкет (м)	[muʃˈkɛt]
kruisboog (de)	арбалет (м)	[arbaˈlɛt]

187. Oude mensen

primitief (bn)	першабытны	[pɛrʃaˈbɨtnɨ]
voorhistorisch (bn)	дагістарычны	[daɣistaˈrɨtʃnɨ]
eeuwenoude (~ beschaving)	старажытны	[staraˈʒɨtnɨ]

Steentijd (de)	Каменны век (м)	[kaˈmɛnɨ ˈwɛk]
Bronstijd (de)	Бронзавы век (м)	[ˈbrɔnzavɨ ˈwɛk]
IJstijd (de)	ледавiковы перыяд (м)	[lɛdawiˈkɔvɨ pɛˈrijat]

stam (de)	племя (н)	[ˈplɛmʲa]
menseneter (de)	людаед (м)	[lydaˈɛt]
jager (de)	паляўнiчы (м)	[paʎauˈnitʃɨ]
jagen (ww)	паляваць	[paʎaˈvats]
mammoet (de)	мамант (м)	[ˈmamant]

grot (de)	пячора (ж)	[pʲaˈtʃɔra]
vuur (het)	агонь (м)	[aˈɣɔɲ]
kampvuur (het)	вогнішча (н)	[ˈvɔɣniʃtʃa]
rotstekening (de)	наскальны малюнак (м)	[nasˈkaʎnɨ maˈlynak]

werkinstrument (het)	прылада (ж) працы	[prɨˈlada ˈpratsɨ]
speer (de)	дзіда (ж)	[ˈdzida]
stenen bijl (de)	каменная сякера (ж)	[kaˈmɛnaja sʲaˈkɛra]
oorlog voeren (ww)	ваяваць	[vajaˈvats]
temmen (bijv. wolf ~)	прыручаць	[prɨruˈtʃats]
idool (het)	ідал (м)	[ˈidal]
aanbidden (ww)	пакланяцца	[paklaˈɲatsa]
bijgeloof (het)	забабоны (мн)	[zabaˈbɔnɨ]

evolutie (de)	эвалюцыя (ж)	[ɛvaˈlytsɨja]
ontwikkeling (de)	развіццё (н)	[razʲwiˈtsɜ]
verdwijning (de)	знікненне (н)	[zʲnikˈnɛnɛ]
zich aanpassen (ww)	прыстасоўвацца	[prɨstaˈsɔuvatsa]

archeologie (de)	археалогія (ж)	[arhɛaˈlɔɣija]
archeoloog (de)	археолаг (м)	[arhɛˈɔlah]
archeologisch (bn)	археалагічны	[arhɛalaˈɣitʃnɨ]

opgravingsplaats (de)	раскопкі (ж мн)	[rasˈkɔpki]
opgravingen (mv.)	раскопкі (ж мн)	[rasˈkɔpki]
vondst (de)	знаходка (ж)	[znaˈhɔtka]
fragment (het)	фрагмент (м)	[fraɣˈmɛnt]

188. Middeleeuwen

volk (het)	народ (м)	[naˈrɔt]
volkeren (mv.)	народы (м мн)	[naˈrɔdɨ]

stam (de)	племя (н)	['plɛmʲa]
stammen (mv.)	плямёны (н мн)	[pʎa'mɜnɪ]

barbaren (mv.)	варвары (м мн)	['varvarɪ]
Galliërs (mv.)	галы (м мн)	['ɣalɪ]
Goten (mv.)	готы (м мн)	['ɣɔlɪ]
Slaven (mv.)	славяне (м мн)	[sla'vʲanɛ]
Vikings (mv.)	вікінгі (м мн)	['wikiɲi]

Romeinen (mv.)	рымляне (м мн)	['rɪmʎanɛ]
Romeins (bn)	рымскі	['rɪmski]

Byzantijnen (mv.)	візантыйцы (м мн)	[wizan'tɪjtsɪ]
Byzantium (het)	Візантыя (ж)	[wizan'tɪja]
Byzantijns (bn)	візантыйскі	[wizan'tɪjski]

keizer (bijv. Romeinse ~)	імператар (м)	[impɛ'ratar]
opperhoofd (het)	правадыр (м)	[prava'dɪr]
machtig (bn)	магутны	[ma'ɣutnɪ]
koning (de)	кароль (м)	[ka'rɔʎ]
heerser (de)	кіраўнік (м)	[kirau'nik]

ridder (de)	рыцар (м)	['rɪtsar]
feodaal (de)	феадал (м)	[fɛa'dal]
feodaal (bn)	феадальны	[fɛa'daʎnɪ]
vazal (de)	васал (м)	[va'sal]

hertog (de)	герцаг (м)	['ɣɛrtsah]
graaf (de)	граф (м)	[ɣraf]
baron (de)	барон (м)	[ba'rɔn]
bisschop (de)	епіскап (м)	[ɛ'piskap]

harnas (het)	даспехі (м мн)	[dasʲ'pɛhi]
schild (het)	шчыт (м)	[ʃtʃɪt]
zwaard (het)	меч (м)	[mɛtʃ]
vizier (het)	забрала (н)	[zab'rala]
maliënkolder (de)	кальчуга (ж)	[kaʎ'tʃuɣa]

kruistocht (de)	крыжовы паход (м)	[krɪ'ʒɔvɪ pa'hɔt]
kruisvaarder (de)	крыжак (м)	[krɪ'ʒak]

gebied (bijv. bezette ~en)	тэрыторыя (ж)	[tɛrɪ'tɔrɪja]
aanvallen (binnenvallen)	нападаць	[napa'dats]
veroveren (ww)	заваяваць	[zavaja'vats]
innemen (binnenvallen)	захапіць	[zaha'pits]

bezetting (de)	аблога (ж)	[ab'lɔɣa]
bezet (bn)	абложаны	[ab'lɔʒanɪ]
belegeren (ww)	абложваць	[ab'lɔʒvats]

inquisitie (de)	інквізіцыя (ж)	[iŋkwi'zitsɪja]
inquisiteur (de)	інквізітар (м)	[iŋkwi'zitar]
foltering (de)	катаванне (н)	[kata'vaŋɛ]
wreed (bn)	жорсткі	['ʒɔrstki]
ketter (de)	ерэтык (м)	[ɛrɛ'tɪk]
ketterij (de)	ерась (ж)	['ɛrasʲ]

zeevaart (de)	мараплаўства (н)	[marap'laustva]
piraat (de)	пірат (м)	[pi'rat]
piraterij (de)	пірацтва (н)	[pi'raˌstva]
enteren (het)	абардаж (м)	[abar'daʃ]
buit (de)	здабыча (ж)	[zda'bɪʧa]
schatten (mv.)	скарбы (м мн)	['skarbɪ]

ontdekking (de)	адкрыццё (н)	[atkrɪ'ʦɜ]
ontdekken (bijv. nieuw land)	адкрыць	[atk'rɪʦ]
expeditie (de)	экспедыцыя (ж)	[ɛksʲpɛ'dɪʦɪja]

musketier (de)	мушкецёр (м)	[muʃkɛ'ʦɜr]
kardinaal (de)	кардынал (м)	[kardɪ'nal]
heraldiek (de)	геральдыка (ж)	[ɣɛ'raʎdɪka]
heraldisch (bn)	геральдычны	[ɣɛraʎ'dɪʧnɪ]

189. Leider. Baas. Autoriteiten

koning (de)	кароль (м)	[ka'rɔʎ]
koningin (de)	каралева (ж)	[kara'lɛva]
koninklijk (bn)	каралеўскі	[kara'lɛuski]
koninkrijk (het)	каралеўства (н)	[kara'lɛustva]

prins (de)	прынц (м)	[prɪnʦ]
prinses (de)	прынцэса (ж)	[prɪn'ʦɛsa]

president (de)	прэзідэнт (м)	[prɛzi'dɛnt]
vicepresident (de)	віцэ-прэзідэнт (м)	['wiʦɛ prɛzi'dɛnt]
senator (de)	сенатар (м)	[sɛ'natar]

monarch (de)	манарх (м)	[ma'narh]
heerser (de)	кіраўнік (м)	[kirau'nik]
dictator (de)	дыктатар (м)	[dɪk'tatar]
tiran (de)	тыран (м)	[tɪ'ran]
magnaat (de)	магнат (м)	[maɣ'nat]

directeur (de)	дырэктар (м)	[dɪ'rɛktar]
chef (de)	шэф (м)	[ʃɛf]
beheerder (de)	загадчык (м)	[za'ɣatʃɪk]
baas (de)	бос (м)	[bɔs]
eigenaar (de)	гаспадар (м)	[ɣaspa'dar]

hoofd (bijv. ~ van de delegatie)	галава (ж)	[ɣala'va]
autoriteiten (mv.)	улады (ж мн)	[u'ladɪ]
superieuren (mv.)	начальства (н)	[na'ʧaʎstva]

gouverneur (de)	губернатар (м)	[ɣubɛr'natar]
consul (de)	консул (м)	['kɔnsul]
diplomaat (de)	дыпламат (м)	[dɪpla'mat]
burgemeester (de)	мэр (м)	[mɛr]
sheriff (de)	шэрыф (м)	[ʃɛ'rɪf]
keizer (bijv. Romeinse ~)	імператар (м)	[impɛ'ratar]
tsaar (de)	цар (м)	[ʦar]

| farao (de) | фараон (м) | [fara'ɔn] |
| kan (de) | хан (м) | [han] |

190. Weg. Weg. Routebeschrijving

| weg (de) | дарога (ж) | [da'rɔɣa] |
| route (de kortste ~) | шлях (м) | [ʃʎah] |

autoweg (de)	шаша (ж)	[ʃa'ʃa]
snelweg (de)	аўтамагістраль (ж)	[autamaɣist'raʎ]
rijksweg (de)	нацыянальная дарога (ж)	[natsɪja'naʎnaja da'rɔɣa]

| hoofdweg (de) | галоўная дарога (ж) | [ɣa'lɔunaja da'rɔɣa] |
| landweg (de) | прасёлкавая дарога (ж) | [pra'sɜlkavaja da'rɔɣa] |

| pad (het) | сцежка (ж) | ['sʲtsɛʃka] |
| paadje (het) | сцяжынка (ж) | [sʲtsʲa'ʒɪŋka] |

Waar?	Дзе?	[dzɛ]
Waarheen?	Куды?	[ku'dɪ]
Waaruit?	Адкуль?	[at'kuʎ]

| richting (de) | кірунак (м) | [ki'runak] |
| aanwijzen (de weg ~) | паказаць | [paka'zatsʲ] |

naar links (bw)	налева	[na'lɛva]
naar rechts (bw)	направа	[nap'rava]
rechtdoor (bw)	наўпрост	[naup'rɔst]
terug (bijv. ~ keren)	назад	[na'zat]

bocht (de)	паварот (м)	[pava'rɔt]
afslaan (naar rechts ~)	паварочваць	[pava'rɔtʃvatsʲ]
U-bocht maken (ww)	разварочвацца	[razva'rɔtʃvatsa]

| zichtbaar worden (ww) | віднецца | [wid'nɛtsa] |
| verschijnen (in zicht komen) | здацца | ['zdatsa] |

stop (korte onderbreking)	спыненне (н)	[spɪ'nɛɲɛ]
zich verpozen (uitrusten)	адпачыць	[atpa'tʃɪtsʲ]
rust (de)	адпачынак (м)	[atpa'tʃɪnak]

verdwalen (de weg kwijt zijn)	заблудзіць	[zablu'dzitsʲ]
leiden naar … (de weg)	весці да …	['wɛsʲtsi da]
bereiken (ergens aankomen)	выйсці да …	['vɪjsʲtsi da]
deel (~ van de weg)	адрэзак (м)	[ad'rɛzak]

asfalt (het)	асфальт (м)	[as'faʎt]
trottoirband (de)	бардзюр (м)	[bar'dzyr]
greppel (de)	канава (ж)	[ka'nava]
putdeksel (het)	люк (м)	[lyk]
vluchtstrook (de)	узбочына (ж)	[uz'bɔtʃɪna]
kuil (de)	яма (ж)	['jama]
gaan (te voet)	ісці	[isʲ'tsi]
inhalen (voorbijgaan)	абагнаць	[abaɣ'natsʲ]

stap (de)	крок (м)	[krɔk]
te voet (bw)	пешшу	[ˈpɛʃu]

blokkeren (de weg ~)	перагарадзіць	[pɛraɣaraˈdzits]
slagboom (de)	шлагбаум (м)	[ʃlaɣˈbaum]
doodlopende straat (de)	тупік (м)	[tuˈpik]

191. De wet overtreden. Criminelen. Deel 1

bandiet (de)	бандыт (м)	[banˈdɨt]
misdaad (de)	злачынства (н)	[zlaˈtʃɨnstva]
misdadiger (de)	злачынец (м)	[zlaˈtʃɨnɛts]

dief (de)	злодзей (м)	[ˈzlɔdzɛj]
stelen (ww)	красці	[ˈkrasʲtsi]
stelen, diefstal (de)	крадзеж (м)	[kraˈdzɛʃ]

kidnappen (ww)	выкрасці	[ˈvɨkrasʲtsi]
kidnapping (de)	выкраданне (н)	[vɨkraˈdaɲɛ]
kidnapper (de)	выкрадальнік (м)	[vɨkraˈdaʎnik]

losgeld (het)	выкуп (м)	[ˈvɨkup]
eisen losgeld (ww)	патрабаваць выкуп	[patrabaˈvatsʲ ˈvɨkup]

overvallen (ww)	рабаваць	[rabaˈvats]
overvaller (de)	рабаўнік (м)	[rabauˈnik]

afpersen (ww)	вымагаць	[vɨmaˈɣats]
afperser (de)	вымагальнік (м)	[vɨmaˈɣaʎnik]
afpersing (de)	вымагальніцтва (н)	[vɨmaˈɣaʎnitstva]

vermoorden (ww)	забіць	[zaˈbitsʲ]
moord (de)	забойства (н)	[zaˈbɔjstva]
moordenaar (de)	забойца (м)	[zaˈbɔjtsa]

schot (het)	стрэл (м)	[strɛl]
een schot lossen	стрэліць	[ˈstrɛlitsʲ]
neerschieten (ww)	застрэліць	[zastˈrɛlits]
schieten (ww)	страляць	[straˈʎats]
schieten (het)	стральба (ж)	[straʎˈba]

ongeluk (gevecht, enz.)	здарэнне (н)	[zdaˈrɛɲɛ]
gevecht (het)	бойка (ж)	[ˈbɔjka]
slachtoffer (het)	ахвяра (ж)	[ahˈvʲara]

beschadigen (ww)	пашкодзіць	[paʃˈkɔdzits]
schade (de)	шкода (ж)	[ˈʃkɔda]
lijk (het)	труп (м)	[trup]
zwaar (~ misdrijf)	цяжкі	[ˈtsʲaʃki]

aanvallen (ww)	напасці	[naˈpasʲtsi]
slaan (iemand ~)	біць	[bits]
in elkaar slaan (toetakelen)	збіць	[zʲbits]
ontnemen (beroven)	адабраць	[adabˈrats]

steken (met een mes)	зарэзаць	[za'rɛzaʦ]
verminken (ww)	знявечыць	[zʲɲa'wɛʧiʦ]
verwonden (ww)	раніць	['raniʦ]

chantage (de)	шантаж (м)	[ʃan'taʃ]
chanteren (ww)	шантажыраваць	[ʃanta'ʒiravaʦ]
chanteur (de)	шантажыст (м)	[ʃanta'ʒist]

afpersing (de)	рэкет (м)	['rɛkɛt]
afperser (de)	рэкецір (м)	[rɛkɛ'ʦir]
gangster (de)	гангстэр (м)	['ɣanhstɛr]
maffia (de)	мафія (ж)	['mafija]

kruimeldief (de)	кішэнны зладзюжка (м)	[ki'ʃɛɲ zla'ʣyʃka]
inbreker (de)	узломшчык (м)	[uz'lɔmʃʧik]
smokkelen (het)	кантрабанда (ж)	[kantra'banda]
smokkelaar (de)	кантрабандыст (м)	[kantraban'dist]

namaak (de)	падробка (ж)	[pad'rɔpka]
namaken (ww)	падрабляць	[padrab'ʎaʦ]
namaak-, vals (bn)	фальшывы	[faʎ'ʃivi]

192. De wet overtreden. Criminelen. Deel 2

verkrachting (de)	згвалтаванне (н)	[zɣvalta'vaɲɛ]
verkrachten (ww)	згвалтаваць	[zɣvalta'vaʦ]
verkrachter (de)	гвалтаўнік (м)	[ɣvaltau̯'nik]
maniak (de)	маньяк (м)	[ma'ɲjak]

prostituee (de)	прастытутка (ж)	[prasti'tutka]
prostitutie (de)	прастытуцыя (ж)	[prasti'tuʦija]
pooier (de)	сутэнёр (м)	[sutɛ'nɜr]

drugsverslaafde (de)	наркаман (м)	[narka'man]
drugshandelaar (de)	наркагандляр (м)	[narkaɣand'ʎar]

opblazen (ww)	узарваць	[uzar'vaʦ]
explosie (de)	выбух (м)	['vibuh]
in brand steken (ww)	падпаліць	[patpa'liʦ]
brandstichter (de)	падпальшчык (м)	[pat'paʎʃʧik]

terrorisme (het)	тэрарызм (м)	[tɛra'rizm]
terrorist (de)	тэрарыст (м)	[tɛra'rist]
gijzelaar (de)	заложнік (м)	[za'lɔʒnik]

bedriegen (ww)	падмануць	[padma'nuʦ]
bedrog (het)	падман (м)	[pad'man]
oplichter (de)	махляр (м)	[mah'ʎar]

omkopen (ww)	падкупіць	[patku'piʦ]
omkoperij (de)	подкуп (м)	['pɔtkup]
smeergeld (het)	хабар (м)	['habar]
vergif (het)	яд (м)	[jat]
vergiftigen (ww)	атруціць	[atru'ʦiʦ]

vergif innemen (ww)	атруціцца	[atru'tsitsa]
zelfmoord (de)	самазабойства (н)	[samaza'bojstva]
zelfmoordenaar (de)	самазабойца (м)	[samaza'bojtsa]

bedreigen (bijv. met een pistool)	пагражаць	[paɣra'ʒats]
bedreiging (de)	пагроза (ж)	[paɣ'rɔza]
een aanslag plegen	замахвацца	[za'mahvatsa]
aanslag (de)	замах (м)	[za'mah]

| stelen (een auto) | скрасці | ['skrasʲtsi] |
| kapen (een vliegtuig) | выкрасці | ['vɪkrasʲtsi] |

| wraak (de) | помста (ж) | ['pɔmsta] |
| wreken (ww) | помсціць | ['pɔmsʲtsits] |

martelen (gevangenen)	катаваць	[kata'vats]
foltering (de)	катаванне (н)	[kata'vaɲɛ]
folteren (ww)	мучыць	['mutʃɪts]

piraat (de)	пірат (м)	[pi'rat]
straatschender (de)	хуліган (м)	[huli'ɣan]
gewapend (bn)	узброены	[uzb'rɔɛnɪ]
geweld (het)	гвалт (м)	[ɣvalt]

| spionage (de) | шпіянаж (м) | [ʃpija'naʃ] |
| spioneren (ww) | шпіёніць | [ʃpiɔnits] |

193. Politie. Wet. Deel 1

| gerecht (het) | суд (м) | [sut] |
| gerechtshof (het) | суд (м) | [sut] |

rechter (de)	суддзя (м)	[sud'dzʲa]
jury (de)	прысяжныя (м мн)	[prɪ'sʲaʒnɪja]
juryrechtspraak (de)	суд (м) прысяжных	[sut prɪ'sʲaʒnɪh]
berechten (ww)	судзіць	[su'dzits]

advocaat (de)	адвакат (м)	[adva'kat]
beklaagde (de)	падсудны (м)	[pa'tsudnɪ]
beklaagdenbank (de)	лава (ж) падсудных	['lava pa'tsudnih]

| beschuldiging (de) | абвінавачванне (н) | [abwina'vatʃvaɲɛ] |
| beschuldigde (de) | абвінавачваны (м) | [abwina'vatʃvanɪ] |

| vonnis (het) | прысуд (м) | [prɪ'sut] |
| veroordelen (in een rechtszaak) | прысудзіць | [prɪsu'dzits] |

schuldige (de)	віноўнік (м)	[wi'nɔunik]
straffen (ww)	пакараць	[paka'rats]
bestraffing (de)	пакаранне (н)	[paka'raɲɛ]
boete (de)	штраф (м)	[ʃtraf]
levenslange opsluiting (de)	пажыццёвае зняволенне (н)	[paʒɪtsʲɔvaɛ zʲna'vɔlɛɲɛ]

doodstraf (de)	смяротная кара (ж)	[sʲmʲaˈrɔtnaja ˈkara]
elektrische stoel (de)	электрычнае крэсла (н)	[ɛlɛktˈrɪtʃnaɛ ˈkrɛsla]
schavot (het)	шыбеніца (ж)	[ˈʃɪbɛnitsa]
executeren (ww)	караць смерцю	[kaˈrats ˈsʲmɛrtsy]
executie (de)	смяротная кара (ж)	[sʲmʲaˈrɔtnaja ˈkara]
gevangenis (de)	турма (ж)	[turˈma]
cel (de)	камера (ж)	[ˈkamɛra]
konvooi (het)	канвой (м)	[kanˈvɔj]
gevangenisbewaker (de)	наглядчык (м)	[naɣˈʎatʃɪk]
gedetineerde (de)	зняволены (м)	[zʲnaˈvɔlɛnɪ]
handboeien (mv.)	наручнікі (м мн)	[naˈrutʃniki]
handboeien omdoen	надзець наручнікі	[naˈdzɛts naˈrutʃniki]
ontsnapping (de)	уцёкі (мн)	[uˈtsɜki]
ontsnappen (ww)	уцячы	[utsʲaˈtʃɪ]
verdwijnen (ww)	прапасці	[praˈpasʲtsi]
vrijlaten (uit de gevangenis)	вызваліць	[ˈvɪzvalits]
amnestie (de)	амністыя (ж)	[amˈnistɪja]
politie (de)	паліцыя (ж)	[paˈlitsɪja]
politieagent (de)	паліцэйскі (м)	[paliˈtsɛjski]
politiebureau (het)	паліцэйскі ўчастак (м)	[paliˈtsɛjski uˈtʃastak]
knuppel (de)	гумовая дубінка (ж)	[ɣuˈmɔvaja duˈbiŋka]
megafoon (de)	рупар (м)	[ˈrupar]
patrouilleerwagen (de)	патрульная машына (ж)	[patˈruʎnaja maˈʃɪna]
sirene (de)	сірэна (ж)	[siˈrɛna]
de sirene aansteken	уключыць сірэну	[uklyˈtʃɪts siˈrɛnu]
geloei (het) van de sirene	выццё (н) (сірэны)	[vɪˈtsɜ siˈrɛnɪ]
plaats delict (de)	месца (н) здарэння	[ˈmɛstsa zdaˈrɛnja]
getuige (de)	сведка (м)	[ˈsʲwɛtka]
vrijheid (de)	воля (ж)	[ˈvɔʎa]
handlanger (de)	супольнік (м)	[suˈpɔʎnik]
ontvluchten (ww)	схавацца	[shaˈvatsa]
spoor (het)	след (м)	[sʲlɛt]

194. Politie. Wet. Deel 2

opsporing (de)	вышук (м)	[ˈvɪʃuk]
opsporen (ww)	шукаць	[ʃuˈkats]
verdenking (de)	падазрэнне (н)	[padazˈrɛŋɛ]
verdacht (bn)	падазроны	[padazˈrɔnɪ]
aanhouden (stoppen)	спыніць	[spɪˈnits]
tegenhouden (ww)	затрымаць	[zatrɪˈmats]
strafzaak (de)	справа (ж)	[ˈsprava]
onderzoek (het)	следства (н)	[ˈsʲlɛtstva]
detective (de)	сышчык (м)	[ˈsɪtʃɪk]
onderzoeksrechter (de)	следчы (м)	[ˈsʲlɛtʃɪ]

versie (de)	версія (ж)	['wɛrsija]
motief (het)	матыў (м)	[ma'tiu]
verhoor (het)	допыт (м)	['dɔpɪt]
ondervragen (door de politie)	дапытваць	[da'pɪtvats]
ondervragen (omstanders ~)	апытваць	[a'pɪtvats]
controle (de)	праверка (ж)	[pra'wɛrka]

razzia (de)	аблава (ж)	[ab'lava]
huiszoeking (de)	вобыск (м)	['vɔbɪsk]
achtervolging (de)	пагоня (ж)	[pa'ɣɔɲa]
achtervolgen (ww)	пераследаваць	[pɛrasʲ'lɛdavats]
opsporen (ww)	сачыць	[sa'tʃits]

arrest (het)	арышт (м)	['arɪʃt]
arresteren (ww)	арыштаваць	[arɪʃta'vats]
vangen, aanhouden (een dief, enz.)	злавіць	[zla'wits]
aanhouding (de)	злаўленне (н)	[zlau'lɛɲɛ]

document (het)	дакумент (м)	[daku'mɛnt]
bewijs (het)	доказ (м)	['dɔkas]
bewijzen (ww)	даказваць	[da'kazvats]
voetspoor (het)	след (м)	[sʲlɛt]
vingerafdrukken (mv.)	адбіткі (м мн) пальцаў	[ad'bitki 'paʎtsau]
bewijs (het)	даказка (ж)	[da'kaska]

alibi (het)	алібі (н)	['alibi]
onschuldig (bn)	невінаваты	[nɛwina'vatɪ]
onrecht (het)	несправядлівасць (ж)	[nɛspravʲad'livasʲts]
onrechtvaardig (bn)	несправядлівы	[nɛspravʲad'livɪ]

crimineel (bn)	крымінальны	[krɪmi'naʎnɪ]
confisqueren (in beslag nemen)	канфіскаваць	[kanfiska'vats]
drug (de)	наркотык (м)	[nar'kɔtɪk]
wapen (het)	зброя (ж)	['zbrɔja]
ontwapenen (ww)	абяззброіць	[abʲazzb'rɔits]
bevelen (ww)	загадваць	[za'ɣadvats]
verdwijnen (ww)	знікнуць	['zʲniknuts]

wet (de)	закон (м)	[za'kɔn]
wettelijk (bn)	законны	[za'kɔnɪ]
onwettelijk (bn)	незаконны	[nɛza'kɔnɪ]

verantwoordelijkheid (de)	адказнасць (ж)	[at'kaznasʲts]
verantwoordelijk (bn)	адказны	[at'kaznɪ]

NATUUR

De Aarde. Deel 1

195. De kosmische ruimte

kosmos (de)	космас (м)	['kɔsmas]
kosmisch (bn)	касмічны	[kasʲ'mitʃnɪ]
kosmische ruimte (de)	касмічная прастора (ж)	[kasʲ'mitʃnaja pras'tɔra]
wereld (de)	свет (м)	[sʲwɛt]
heelal (het)	сусвет (м)	[susʲ'wɛt]
sterrenstelsel (het)	галактыка (ж)	[ɣa'laktɪka]
ster (de)	зорка (ж)	['zɔrka]
sterrenbeeld (het)	сузор'е (н)	[su'zɔrʰɛ]
planeet (de)	планета (ж)	[pla'nɛta]
satelliet (de)	спадарожнік (м)	[spada'rɔʒnik]
meteoriet (de)	метэарыт (м)	[mɛtɛa'rɪt]
komeet (de)	камета (ж)	[ka'mɛta]
asteroïde (de)	астэроід (м)	[astɛ'rɔit]
baan (de)	арбіта (ж)	[ar'bita]
draaien (om de zon, enz.)	круціцца	[kru'tsitsa]
atmosfeer (de)	атмасфера (ж)	[atmas'fɛra]
Zon (de)	Сонца (н)	['sɔntsa]
zonnestelsel (het)	Сонечная сістэма (ж)	['sɔnɛtʃnaja sis'tɛma]
zonsverduistering (de)	сонечнае зацьменне (н)	['sɔnɛtʃnaɛ zatsʲ'mɛŋɛ]
Aarde (de)	Зямля (ж)	[zʲam'ʎa]
Maan (de)	Месяц (м)	['mɛsʲats]
Mars (de)	Марс (м)	[mars]
Venus (de)	Венера (ж)	[wɛ'nɛra]
Jupiter (de)	Юпітэр (м)	[ju'pitɛr]
Saturnus (de)	Сатурн (м)	[sa'turn]
Mercurius (de)	Меркурый (м)	[mɛr'kurɪj]
Uranus (de)	Уран (м)	[u'ran]
Neptunus (de)	Нептун (м)	[nɛp'tun]
Pluto (de)	Плутон (м)	[plu'tɔn]
Melkweg (de)	Млечны Шлях (м)	['mlɛtʃnɪ 'ʃʎah]
Grote Beer (de)	Вялікая Мядзведзіца (ж)	[vʲa'likaja mʲadzʲ'wɛdzitsa]
Poolster (de)	Палярная зорка (ж)	[pa'ʎarnaja 'zɔrka]
marsmannetje (het)	марсіянін (м)	[marsi'janin]
buitenaards wezen (het)	іншапланецянін (м)	[inʃaplanɛ'tsʲanin]

bovenaards (het)	прышэлец (м)	[prɪ'ʃɛlɛts]
vliegende schotel (de)	лятаючая талерка (ж)	[ʎa'tajutʃaja ta'lɛrka]
ruimtevaartuig (het)	касмічны карабель (м)	[kasʲ'mitʃnɪ kara'bɛʎ]
ruimtestation (het)	арбітальная станцыя (ж)	[arbi'taʎnaja 'stantsɪja]
start (de)	старт (м)	[start]
motor (de)	рухавік (м)	[ruha'wik]
straalpijp (de)	сапло (н)	[sap'lɔ]
brandstof (de)	паліва (н)	['paliva]
cabine (de)	кабіна (ж)	[ka'bina]
antenne (de)	антэна (ж)	[an'tɛna]
patrijspoort (de)	ілюмінатар (м)	[ilymi'natar]
zonnebatterij (de)	сонечная батарэя (ж)	['sɔnɛtʃnaja bata'rɛja]
ruimtepak (het)	скафандр (м)	[ska'fandr]
gewichtloosheid (de)	бязважкасць (ж)	[bʲaz'vaʃkasʲts]
zuurstof (de)	кісларод (м)	[kisla'rɔt]
koppeling (de)	стыкоўка (ж)	[stɪ'kɔuka]
koppeling maken	выконваць стыкоўку	[vɪ'kɔnvats stɪ'kɔuku]
observatorium (het)	абсерваторыя (ж)	[apsɛrva'tɔrɪja]
telescoop (de)	тэлескоп (м)	[tɛlɛs'kɔp]
waarnemen (ww)	назіраць	[nazi'rats]
exploreren (ww)	даследаваць	[dasʲ'lɛdavats]

196. De Aarde

Aarde (de)	Зямля (ж)	[zʲam'ʎa]
aardbol (de)	зямны шар (м)	[zʲam'nɪ 'ʃar]
planeet (de)	планета (ж)	[pla'nɛta]
atmosfeer (de)	атмасфера (ж)	[atmas'fɛra]
aardrijkskunde (de)	геаграфія (ж)	[ɣɛaɣ'rafija]
natuur (de)	прырода (ж)	[prɪ'rɔda]
wereldbol (de)	глобус (м)	['ɣlɔbus]
kaart (de)	карта (ж)	['karta]
atlas (de)	атлас (м)	[at'las]
Europa (het)	Еўропа	[ɛu'rɔpa]
Azië (het)	Азія	['azija]
Afrika (het)	Афрыка	['afrɪka]
Australië (het)	Аўстралія	[aust'ralija]
Amerika (het)	Амерыка	[a'mɛrɪka]
Noord-Amerika (het)	Паўночная Амерыка	[pau'nɔtʃnaja a'mɛrɪka]
Zuid-Amerika (het)	Паўднёвая Амерыка	[paud'nɔvaja a'mɛrɪka]
Antarctica (het)	Антарктыда	[antark'tɪda]
Arctis (de)	Арктыка	['arktɪka]

197. Windrichtingen

noorden (het)	поўнач (ж)	['pɔunatʃ]
naar het noorden	на поўнач	[na 'pɔunatʃ]
in het noorden	на поўначы	[na 'pɔunatʃɪ]
noordelijk (bn)	паўночны	[pau'nɔtʃnɪ]

zuiden (het)	поўдзень (м)	['pɔudzɛɲ]
naar het zuiden	на поўдзень	[na 'pɔudzɛɲ]
in het zuiden	на поўдні	[na 'pɔudni]
zuidelijk (bn)	паўднёвы	[paud'nɜvɪ]

westen (het)	захад (м)	['zahat]
naar het westen	на захад	[na 'zahat]
in het westen	на захадзе	[na 'zahadzɛ]
westelijk (bn)	заходні	[za'hɔdni]

oosten (het)	усход (м)	[us'hɔt]
naar het oosten	на ўсход	[na us'hɔt]
in het oosten	на ўсходзе	[na us'hɔdzɛ]
oostelijk (bn)	усходні	[us'hɔdni]

198. Zee. Oceaan

zee (de)	мора (н)	['mɔra]
oceaan (de)	акіян (м)	[aki'jan]
golf (baai)	заліў (м)	[za'liu]
straat (de)	праліў (м)	[pra'liu]

continent (het)	мацярык (м)	[matsʲa'rɪk]
eiland (het)	востраў (м)	['vɔstrau]
schiereiland (het)	паўвостраў (м)	[pau'vɔstrau]
archipel (de)	архіпелаг (м)	[arhipɛ'lah]

baai, bocht (de)	бухта (ж)	['buhta]
haven (de)	гавань (ж)	['ɣavaɲ]
lagune (de)	лагуна (ж)	[la'ɣuna]
kaap (de)	мыс (м)	[mɪs]

atol (de)	атол (м)	[a'tɔl]
rif (het)	рыф (м)	[rɪf]
koraal (het)	карал (м)	[ka'ral]
koraalrif (het)	каралавы рыф (м)	[ka'ralavɪ 'rɪf]

diep (bn)	глыбокі	[ɣlɪ'bɔki]
diepte (de)	глыбіня (ж)	[ɣlɪbi'ɲa]
diepzee (de)	бездань (ж)	['bɛzdaɲ]
trog (bijv. Marianentrog)	упадзіна (ж)	[u'padzina]

stroming (de)	плынь (ж)	[plɪɲ]
omspoelen (ww)	абмываць	[abmɪ'vatsʲ]
oever (de)	бераг (м)	['bɛrah]
kust (de)	узбярэжжа (н)	[uzʲbʲa'rɛʐa]

181

vloed (de)	прыліў (м)	[prɪ'liu]
eb (de)	адліў (м)	[ad'liu]
ondiepte (ondiep water)	водмель (ж)	['vɔdmɛʎ]
bodem (de)	дно (н)	[dnɔ]

golf (hoge ~)	хваля (ж)	['hvaʎa]
golfkam (de)	грэбень (м) хвалі	['ɣrɛbɛɲ 'hvali]
schuim (het)	пена (ж)	['pɛna]

orkaan (de)	ураган (м)	[ura'ɣan]
tsunami (de)	цунамі (н)	[tsu'nami]
windstilte (de)	штыль (м)	[ʃtɪʎ]
kalm (bijv. ~e zee)	спакойны	[spa'kɔjnɪ]

pool (de)	полюс (м)	['pɔlys]
polair (bn)	палярны	[pa'ʎarnɪ]

breedtegraad (de)	шырата (ж)	[ʃɪra'ta]
lengtegraad (de)	даўгата (ж)	[dauɣa'ta]
parallel (de)	паралель (ж)	[para'lɛʎ]
evenaar (de)	экватар (м)	[ɛk'vatar]

hemel (de)	неба (н)	['nɛba]
horizon (de)	гарызонт (м)	[ɣarɪ'zɔnt]
lucht (de)	паветра (н)	[pa'wɛtra]

vuurtoren (de)	маяк (м)	[ma'jak]
duiken (ww)	нырацьь	[nɪ'rats]
zinken (ov. een boot)	затануцьь	[zata'nuts]
schatten (mv.)	скарбы (м мн)	['skarbɪ]

199. Namen van zeeën en oceanen

Atlantische Oceaan (de)	Атлантычны акіян (м)	[atlan'tɪtʃnɪ aki'jan]
Indische Oceaan (de)	Індыйскі акіян (м)	[in'dɪjski aki'jan]
Stille Oceaan (de)	Ціхі акіян (м)	['tsihi aki'jan]
Noordelijke IJszee (de)	Паўночны Ледавіты акіян (м)	[pau'nɔtʃnɪ lɛda'witɪ aki'jan]

Zwarte Zee (de)	Чорнае мора (н)	['tʃɔrnaɛ 'mɔra]
Rode Zee (de)	Чырвонае мора (н)	[tʃɪr'vɔnaɛ 'mɔra]
Gele Zee (de)	Жоўтае мора (н)	['ʒɔutaɛ 'mɔra]
Witte Zee (de)	Белае мора (н)	['bɛlaɛ 'mɔra]

Kaspische Zee (de)	Каспійскае мора (н)	[kasʲ'pijskaɛ 'mɔra]
Dode Zee (de)	Мёртвае мора (н)	['mɔrtvaɛ 'mɔra]
Middellandse Zee (de)	Міжземнае мора (н)	[miʒ'zɛmnaɛ 'mɔra]

Egeïsche Zee (de)	Эгейскае мора (н)	[ɛ'ɣɛjskaɛ 'mɔra]
Adriatische Zee (de)	Адрыятычнае мора (н)	[adrɪja'tɪtʃnaɛ 'mɔra]

Arabische Zee (de)	Аравійскае мора (н)	[ara'wijskaɛ 'mɔra]
Japanse Zee (de)	Японскае мора (н)	[ja'pɔnskaɛ 'mɔra]
Beringzee (de)	Берынгава мора (н)	['bɛrɪŋava 'mɔra]

Zuid-Chinese Zee (de)	Паўднёва-Кітайскае мора (н)	[paud'nɔva ki'tajskaɛ 'mɔra]
Koraalzee (de)	Каралавае мора (н)	[ka'ralavaɛ 'mɔra]
Tasmanzee (de)	Тасманава мора (н)	[tas'manava 'mɔra]
Caribische Zee (de)	Карыбскае мора (н)	[ka'rɪpskaɛ 'mɔra]
Barentszzee (de)	Баранцава мора (н)	['barantsava 'mɔra]
Karische Zee (de)	Карскае мора (н)	['karskaɛ 'mɔra]
Noordzee (de)	Паўночнае мора (н)	[pau'nɔtʃnaɛ 'mɔra]
Baltische Zee (de)	Балтыйскае мора (н)	[bal'tɪjskaɛ 'mɔra]
Noorse Zee (de)	Нарвежскае мора (н)	[nar'wɛʃskaɛ 'mɔra]

200. Bergen

berg (de)	гара (ж)	[ɣa'ra]
bergketen (de)	горны ланцуг (м)	['ɣɔrnɪ lan'tsuh]
gebergte (het)	горны хрыбет (м)	['ɣɔrnɪ hrɪ'bɛt]
bergtop (de)	вяршыня (ж)	[vʲar'ʃɪɲa]
bergpiek (de)	пік (м)	[pik]
voet (ov. de berg)	падножжа (н)	[pad'nɔʐa]
helling (de)	схіл (м)	[shil]
vulkaan (de)	вулкан (м)	[vul'kan]
actieve vulkaan (de)	дзеючы вулкан (м)	['dzɛjutʃɪ vul'kan]
uitgedoofde vulkaan (de)	патухлы вулкан (м)	[pa'tuhlɪ vul'kan]
uitbarsting (de)	вывяржэнне (н)	[vɪvʲar'ʒɛɲɛ]
krater (de)	кратэр (м)	['kratɛr]
magma (het)	магма (ж)	['maɣma]
lava (de)	лава (ж)	['lava]
gloeiend (~e lava)	распалены	[ras'palɛnɪ]
kloof (canyon)	каньён (м)	[ka'ɲjɔn]
bergkloof (de)	цясніна (ж)	[tsʲasʲ'nina]
spleet (de)	цясніна (ж)	[tsʲasʲ'nina]
bergpas (de)	перавал (м)	[pɛra'val]
plateau (het)	плато (н)	[pla'tɔ]
klip (de)	скала (ж)	[ska'la]
heuvel (de)	узгорак (м)	[uz'ɣorak]
gletsjer (de)	ледавік (м)	[lɛda'wik]
waterval (de)	вадаспад (м)	[vadas'pat]
geiser (de)	гейзер (м)	['ɣɛjzɛr]
meer (het)	возера (н)	['vɔzɛra]
vlakte (de)	раўніна (ж)	[rau'nina]
landschap (het)	краявід (м)	[kraja'wit]
echo (de)	рэха (н)	['rɛha]
alpinist (de)	альпініст (м)	[aʎpi'nist]
bergbeklimmer (de)	скалалаз (м)	[skala'las]

trotseren (berg ~)	авалодваць	[ava'lɔdvats]
beklimming (de)	узыходжанне (н)	[uzɪ'hɔdʒaɲɛ]

201. Bergen namen

Alpen (de)	Альпы (мн)	['aʎpɪ]
Mont Blanc (de)	Манблан (м)	[manb'lan]
Pyreneeën (de)	Пірэнеі (мн)	[pirɛ'nɛi]

Karpaten (de)	Карпаты (мн)	[kar'patɪ]
Oeralgebergte (het)	Уральскія горы (мн)	[u'raʎskija 'ɣɔrɪ]
Kaukasus (de)	Каўказ (м)	[kau'kas]
Elbroes (de)	Эльбрус (м)	[ɛʎb'rus]

Altaj (de)	Алтай (м)	[al'taj]
Tiensjan (de)	Цянь-Шань (м)	[tsʲaɲ'ʃaɲ]
Pamir (de)	Памір (м)	[pa'mir]
Himalaya (de)	Гімалаі (мн)	[ɣima'lai]
Everest (de)	Эверэст (м)	[ɛwɛ'rɛst]

Andes (de)	Анды (мн)	['andɪ]
Kilimanjaro (de)	Кіліманджара (н)	[kiliman'dʒara]

202. Rivieren

rivier (de)	рака (ж)	[ra'ka]
bron (~ van een rivier)	крыніца (ж)	[krɪ'nitsa]
rivierbedding (de)	рэчышча (н)	['rɛtʃɪʃʧa]
rivierbekken (het)	басейн (м)	[ba'sɛjn]
uitmonden in ...	упадаць у ...	[upa'dats u]

zijrivier (de)	прыток (м)	[prɪ'tɔk]
oever (de)	бераг (м)	['bɛrah]

stroming (de)	плынь (ж)	[plɪɲ]
stroomafwaarts (bw)	уніз па цячэнню	[u'nis pa tsʲa'ʧɛnju]
stroomopwaarts (bw)	уверх па цячэнню	[u'wɛrh pa tsʲa'ʧɛnju]

overstroming (de)	паводка (ж)	[pa'vɔtka]
overstroming (de)	разводдзе (н)	[raz'vɔddzɛ]
buiten zijn oevers treden	разлівацца	[raz'li'vatsa]
overstromen (ww)	затапляць	[zatap'ʎats]

zandbank (de)	мель (ж)	[mɛʎ]
stroomversnelling (de)	парог (м)	[pa'rɔh]

dam (de)	плаціна (ж)	[pla'tsina]
kanaal (het)	канал (м)	[ka'nal]
spaarbekken (het)	вадасховішча (н)	[vadas'hɔwiʃʧa]
sluis (de)	шлюз (м)	[ʃlys]
waterlichaam (het)	вадаём (м)	[vadaɛm]
moeras (het)	балота (н)	[ba'lɔta]

| broek (het) | багна (ж) | ['bayna] |
| draaikolk (de) | вір (м) | [wir] |

stroom (de)	ручай (м)	[ru'tʃaj]
drink- (abn)	пітны	[pit'nɪ]
zoet (~ water)	прэсны	['prɛsnɪ]

| IJs (het) | лёд (м) | ['lɔt] |
| bevriezen (rivier, enz.) | замерзнуць | [za'mɛrznuts] |

203. Namen van rivieren

| Seine (de) | Сена (ж) | ['sɛna] |
| Loire (de) | Луара (ж) | [lu'ara] |

Theems (de)	Тэмза (ж)	['tɛmza]
Rijn (de)	Рэйн (м)	[rɛjn]
Donau (de)	Дунай (м)	[du'naj]

Wolga (de)	Волга (ж)	['volya]
Don (de)	Дон (м)	[dɔn]
Lena (de)	Лена (ж)	['lɛna]

Gele Rivier (de)	Хуанхэ (н)	[huan'hɛ]
Blauwe Rivier (de)	Янцзы (н)	[jan'dzɪ]
Mekong (de)	Меконг (м)	[mɛ'kɔnh]
Ganges (de)	Ганг (м)	[yanh]

Nijl (de)	Ніл (м)	[nil]
Kongo (de)	Конга (н)	['kɔŋa]
Okavango (de)	Акаванга (ж)	[aka'vaŋa]
Zambezi (de)	Замбезі (ж)	[zam'bɛzi]
Limpopo (de)	Лімпапо (ж)	[limpa'pɔ]
Mississippi (de)	Місісіпі (ж)	[misi'sipi]

204. Bos

| bos (het) | лес (м) | [lɛs] |
| bos- (abn) | лясны | [ʎas'nɪ] |

oerwoud (dicht bos)	гушчар (м)	[yuʃ'tʃar]
bosje (klein bos)	гай (м)	[yaj]
open plek (de)	паляна (ж)	[pa'ʎana]

| struikgewas (het) | зараснікі (м мн) | ['zarasʲniki] |
| struiken (mv.) | хмызняк (м) | [hmɪzʲ'ɲak] |

| paadje (het) | сцяжынка (ж) | [sʲtsʲa'ʒɪŋka] |
| ravijn (het) | яр (м) | [jar] |

| boom (de) | дрэва (н) | ['drɛva] |
| blad (het) | ліст (м) | [list] |

gebladerte (het)	лістота (ж)	[lis'tota]
vallende bladeren (mv.)	лістапад (м)	[lista'pat]
vallen (ov. de bladeren)	ападаць	[apa'dats]
boomtop (de)	верхавіна (ж)	[wɛrha'wina]

tak (de)	галіна (ж)	[ɣali'na]
ent (de)	сук (м)	[suk]
knop (de)	пупышка (ж)	[pu'pɪʃka]
naald (de)	шыпулька (ж)	[ʃɪ'puʎka]
dennenappel (de)	шышка (ж)	[ʃɪʃka]

boom holte (de)	дупло (н)	[dup'lɔ]
nest (het)	гняздо (н)	[ɣɲaz'dɔ]
hol (het)	нара (ж)	[na'ra]

stam (de)	ствол (м)	[stvɔl]
wortel (bijv. boom~s)	корань (м)	['kɔraɲ]
schors (de)	кара (ж)	[ka'ra]
mos (het)	мох (м)	[mɔh]

ontwortelen (een boom)	карчаваць	[kartʃa'vats]
kappen (een boom ~)	сячы	[sʲa'tʃɪ]
ontbossen (ww)	высякаць	[vɪsʲa'kats]
stronk (de)	пень (м)	[pɛɲ]

kampvuur (het)	вогнішча (н)	['vɔɣniʃtʃa]
bosbrand (de)	пажар (м)	[pa'ʒar]
blussen (ww)	тушыць	[tu'ʃɪts]

boswachter (de)	ляснік (м)	[ʎasʲi'nik]
bescherming (de)	ахова (ж)	[a'hova]
beschermen (bijv. de natuur ~)	ахоўваць	[a'houvats]
stroper (de)	браканьер (м)	[braka'ɲɛr]
val (de)	пастка (ж)	['pastka]

| plukken (vruchten, enz.) | збіраць | [zʲbi'rats] |
| verdwalen (de weg kwijt zijn) | заблудзіць | [zablu'dzits] |

205. Natuurlijke hulpbronnen

natuurlijke rijkdommen (mv.)	прыродныя рэсурсы (м мн)	[prɪ'rɔdnɪja rɛ'sursɪ]
delfstoffen (mv.)	карысныя выкапні (м мн)	[ka'rɪsnɪja 'vɪkapni]
lagen (mv.)	паклады (м мн)	[pak'ladɪ]
veld (bijv. olie~)	радовішча (н)	[ra'dɔwiʃtʃa]

winnen (uit erts ~)	здабываць	[zdabɪ'vats]
winning (de)	здабыча (ж)	[zda'bɪtʃa]
erts (het)	руда (ж)	[ru'da]
mijn (bijv. kolenmijn)	руднік (м)	[rud'nik]
mijnschacht (de)	шахта (ж)	['ʃahta]
mijnwerker (de)	шахцёр (м)	[ʃah'tsɔr]
gas (het)	газ (м)	[ɣas]
gasleiding (de)	газаправод (м)	[ɣazapra'vɔt]

186

olie (aardolie)	нафта (ж)	['nafta]
olieleiding (de)	нафтаправод (м)	[naftapra'vɔt]
oliebron (de)	нафтавая вышка (ж)	['naftavaja 'vɪʃka]
boortoren (de)	буравая вышка (ж)	[bura'vaja 'vɪʃka]
tanker (de)	танкер (м)	['taŋkɛr]

zand (het)	пясок (м)	[pʲa'sɔk]
kalksteen (de)	вапняк (м)	[vap'ɲak]
grind (het)	жвір (м)	[ʒwir]
veen (het)	торф (м)	[tɔrf]
klei (de)	гліна (ж)	['ɣlina]
steenkool (de)	вугаль (м)	['vuɣaʎ]

IJzer (het)	жалеза (н)	[ʒa'lɛza]
goud (het)	золата (н)	['zɔlata]
zilver (het)	срэбра (н)	['srɛbra]
nikkel (het)	нікель (м)	['nikɛʎ]
koper (het)	медзь (ж)	[mɛʦ]

zink (het)	цынк (м)	[ʦɪŋk]
mangaan (het)	марганец (м)	['marɣanɛʦ]
kwik (het)	ртуць (ж)	[rtuʦ]
lood (het)	свінец (м)	[sʲwi'nɛʦ]

mineraal (het)	мінерал (м)	[minɛ'ral]
kristal (het)	крышталь (м)	[krɪʃ'taʎ]
marmer (het)	мармур (м)	['marmur]
uraan (het)	уран (м)	[u'ran]

De Aarde. Deel 2

206. Weer

weer (het)	надвор'е (н)	[nad'vorʰɛ]
weersvoorspelling (de)	прагноз (м) надвор'я	[praɣ'nɔs nad'vorʰja]
temperatuur (de)	тэмпература (ж)	[tɛmpɛra'tura]
thermometer (de)	тэрмометр (м)	[tɛr'mɔmɛtr]
barometer (de)	барометр (м)	[ba'rɔmɛtr]

vochtigheid (de)	вільготнасць (ж)	[wiʎ'ɣɔtnasʲts]
hitte (de)	гарачыня (ж)	[ɣaratʃɪ'ɲa]
heet (bn)	гарачы	[ɣa'ratʃɪ]
het is heet	горача	['ɣɔratʃa]

| het is warm | цёпла | ['tsɔpla] |
| warm (bn) | цёплы | ['tsɔplɪ] |

| het is koud | холадна | ['hɔladna] |
| koud (bn) | халодны | [ha'lɔdnɪ] |

zon (de)	сонца (н)	['sɔntsa]
schijnen (de zon)	свяціць	[sʲvʲa'tsits]
zonnig (~e dag)	сонечны	['sɔnɛtʃnɪ]
opgaan (ov. de zon)	узысці	[uzɪsʲ'tsi]
ondergaan (ww)	сесці	['sɛsʲtsi]

| wolk (de) | воблака (н) | ['vɔblaka] |
| bewolkt (bn) | воблачны | ['vɔblatʃnɪ] |

| regenwolk (de) | хмара (ж) | ['hmara] |
| somber (bn) | пахмурны | [pah'murnɪ] |

| regen (de) | дождж (м) | [dɔʃtʃ] |
| het regent | ідзе дождж | [i'dzɛ 'dɔʃtʃ] |

| regenachtig (bn) | дажджлівы | [daʒdʒ'livɪ] |
| motregenen (ww) | імжыць | [im'ʒɪts] |

plensbui (de)	праліўны дождж (м)	[praliu'nɪ 'dɔʃtʃ]
stortbui (de)	лівень (м)	['liwɛɲ]
hard (bn)	моцны	['mɔtsnɪ]

| plas (de) | лужына (ж) | ['luʒɪna] |
| nat worden (ww) | мокнуць | ['mɔknuts] |

mist (de)	туман (м)	[tu'man]
mistig (bn)	туманны	[tu'maɲɪ]
sneeuw (de)	снег (м)	[sʲnɛh]
het sneeuwt	ідзе снег	[i'dzɛ 'sʲnɛh]

207. Zwaar weer. Natuurrampen

noodweer (storm)	навальніца (ж)	[nava'ʎnitsa]
bliksem (de)	маланка (ж)	[ma'laŋka]
flitsen (ww)	бліскаць	['bliskats]

donder (de)	гром (м)	[ɣrɔm]
donderen (ww)	грымець	[ɣrɪ'mɛts]
het dondert	грыміць гром	[ɣrɪ'midzʲ 'ɣrɔm]

| hagel (de) | град (м) | [ɣrat] |
| het hagelt | ідзе град | [i'dzɛ 'ɣrat] |

| overstromen (ww) | затапіць | [zata'pits] |
| overstroming (de) | паводка (ж) | [pa'vɔtka] |

aardbeving (de)	землятрус (м)	[zɛmʎat'rus]
aardschok (de)	штуршок (м)	[ʃtur'ʃɔk]
epicentrum (het)	эпіцэнтр (м)	[ɛpi'tsɛntr]

| uitbarsting (de) | вывяржэнне (н) | [vɪvʲar'ʒɛŋɛ] |
| lava (de) | лава (ж) | ['lava] |

wervelwind (de)	смерч (м)	[sʲmɛrtʃ]
windhoos (de)	тарнада (м)	[tar'nada]
tyfoon (de)	тайфун (м)	[taj'fun]

orkaan (de)	ураган (м)	[ura'ɣan]
storm (de)	бура (ж)	['bura]
tsunami (de)	цунамі (н)	[tsu'nami]

cycloon (de)	цыклон (м)	[tsɪk'lɔn]
onweer (het)	непагадзь (ж)	['nɛpaɣats]
brand (de)	пажар (м)	[pa'ʒar]
ramp (de)	катастрофа (ж)	[katast'rɔfa]
meteoriet (de)	метэарыт (м)	[mɛtɛa'rɪt]

lawine (de)	лавіна (ж)	[la'wina]
sneeuwverschuiving (de)	абвал (м)	[ab'val]
sneeuwjacht (de)	мяцеліца (ж)	[mʲa'tsɛlitsa]
sneeuwstorm (de)	завіруха (ж)	[zawi'ruha]

208. Geluiden. Geluiden

stilte (de)	цішыня (ж)	[tsiʃɪ'ɲa]
geluid (het)	гук (м)	[ɣuk]
lawaai (het)	шум (м)	[ʃum]
lawaai maken (ww)	шумець	[ʃu'mɛts]
lawaaierig (bn)	шумны	['ʃumnɪ]

luid (~ spreken)	гучна	['ɣutʃna]
luid (bijv. ~e stem)	гучны	['ɣutʃnɪ]
aanhoudend (voortdurend)	заўсёдны	[zau'sɔdnɪ]

189

schreeuw (de)	крык (м)	[krɪk]
schreeuwen (ww)	крычаць	[krɪ'ʧats]
gefluister (het)	шэпт (м)	[ʃɛpt]
fluisteren (ww)	шаптаць	[ʃap'tats]

| geblaf (het) | брэх (м) | [brɛh] |
| blaffen (ww) | брахаць | [bra'hats] |

gekreun (het)	стогн (м)	[stɔɣn]
kreunen (ww)	стагнаць	[staɣ'nats]
hoest (de)	кашаль (м)	['kaʃaʎ]
hoesten (ww)	кашляць	['kaʃʎats]

gefluit (het)	свіст (м)	[sʲwist]
fluiten (op het fluitje blazen)	свістаць	[sʲwis'tats]
geklop (het)	стук (м)	[stuk]
kloppen (aan een deur)	стукаць	['stukats]

| kraken (hout, ijs) | трашчаць | [traʃ'ʧats] |
| gekraak (het) | трэск (м) | [trɛsk] |

sirene (de)	сірэна (ж)	[si'rɛna]
fluit (stoom ~)	гудок (м)	[ɣu'dɔk]
fluiten (schip, trein)	гудзець	[ɣu'dzɛts]
toeter (de)	сігнал (м)	[siɣ'nal]
toeteren (ww)	сігналіць	[siɣ'nalits]

209. Winter

winter (de)	зіма (ж)	[zi'ma]
winter- (abn)	зімовы	[zi'mɔvɪ]
in de winter (bw)	узімку	[u'zimku]

sneeuw (de)	снег (м)	[sʲnɛh]
het sneeuwt	ідзе снег	[i'dzɛ 'sʲnɛh]
sneeuwval (de)	снегапад (м)	[sʲnɛɣa'pat]
sneeuwhoop (de)	сумёт (м)	[su'mɜt]

sneeuwvlok (de)	сняжынка (ж)	[sʲɲa'ʒɪŋka]
sneeuwbal (de)	сняжок (м)	[sʲɲa'ʒɔk]
sneeuwman (de)	снегавік (м)	[sʲɲɛɣa'wik]
IJspegel (de)	лядзяш (м)	[ʎa'dzʲaʃ]

december (de)	снежань (м)	['sʲɲɛʒaɲ]
januari (de)	студзень (м)	['studzɛɲ]
februari (de)	люты (м)	['lytɪ]

| vorst (de) | мароз (м) | [ma'rɔs] |
| vries- (abn) | марозны | [ma'rɔznɪ] |

onder nul (bw)	ніжэй за нуль	[ni'ʒɛj za 'nuʎ]
eerste vorst (de)	замаразкі (м мн)	['zamaraski]
rijp (de)	шэрань (ж)	['ʃɛraɲ]
koude (de)	холад (м)	['hɔlat]

het is koud	халадна	['hɔladna]
bontjas (de)	футра (н)	['futra]
wanten (mv.)	рукавіцы (ж мн)	[ruka'witsɪ]

ziek worden (ww)	захварэць	[zahva'rɛts]
verkoudheid (de)	прастуда (ж)	[pras'tuda]
verkouden raken (ww)	прастудзіцца	[prastu'dzitsa]

IJs (het)	лёд (м)	['lɜt]
IJzel (de)	галалёдзіца (ж)	[ɣala'lɜdzitsa]
bevriezen (rivier, enz.)	замерзнуць	[za'mɛrznuts]
IJsschol (de)	крыга (ж)	['krɪɣa]

ski's (mv.)	лыжы (ж мн)	['lɪʒɪ]
skiër (de)	лыжнік (м)	['lɪʒnik]
skiën (ww)	катацца на лыжах	[ka'tatsa na 'lɪʒah]
schaatsen (ww)	катацца на каньках	[ka'tatsa na kaɲ'kah]

Fauna

210. Zoogdieren. Roofdieren

roofdier (het)	драпежнік (м)	[dra'pɛʒnik]
tijger (de)	тыгр (м)	[tɪɣr]
leeuw (de)	леў (м)	['lɛu]
wolf (de)	воўк (м)	['vɔuk]
vos (de)	ліса (ж)	['lisa]
jaguar (de)	ягуар (м)	[jaɣu'ar]
luipaard (de)	леапард (м)	[lɛa'part]
jachtluipaard (de)	гепард (м)	[ɣɛ'part]
panter (de)	пантэра (ж)	[pan'tɛra]
poema (de)	пума (ж)	['puma]
sneeuwluipaard (de)	снежны барс (м)	['sʲnɛʒnɪ 'bars]
lynx (de)	рысь (ж)	[rɪsʲ]
coyote (de)	каёт (м)	[kaɜt]
jakhals (de)	шакал (м)	[ʃa'kal]
hyena (de)	гіена (ж)	[ɣi'ɛna]

211. Wilde dieren

dier (het)	жывёліна (ж)	[ʒɪ'wɜlina]
beest (het)	звер (м)	[zʲwɛr]
eekhoorn (de)	вавёрка (ж)	[va'wɜrka]
egel (de)	вожык (м)	['vɔʒɪk]
haas (de)	заяц (м)	['zajaʦ]
konijn (het)	трус (м)	[trus]
das (de)	барсук (м)	[bar'suk]
wasbeer (de)	янот (м)	[ja'nɔt]
hamster (de)	хамяк (м)	[ha'mʲak]
marmot (de)	сурок (м)	[su'rɔk]
mol (de)	крот (м)	[krɔt]
muis (de)	мыш (ж)	[mɪʃ]
rat (de)	пацук (м)	[pa'ʦuk]
vleermuis (de)	кажан (м)	[ka'ʒan]
hermelijn (de)	гарнастай (м)	[ɣarnas'taj]
sabeldier (het)	собаль (м)	['sɔbaʎ]
marter (de)	куніца (ж)	[ku'niʦa]
wezel (de)	ласка (ж)	['laska]
nerts (de)	норка (ж)	['nɔrka]

bever (de)	бабёр (м)	[ba'bɜr]
otter (de)	выдра (ж)	['vɪdra]
paard (het)	конь (м)	[kɔɲ]
eland (de)	лось (м)	[lɔsʲ]
hert (het)	алень (м)	[a'lɛɲ]
kameel (de)	вярблюд (м)	[vʲarb'lyt]
bizon (de)	бізон (м)	[bi'zɔn]
oeros (de)	зубр (м)	[zubr]
buffel (de)	буйвал (м)	['bujval]
zebra (de)	зебра (ж)	['zɛbra]
antilope (de)	антылопа (ж)	[antɪ'lɔpa]
ree (de)	казуля (ж)	[ka'zuʎa]
damhert (het)	лань (ж)	[laɲ]
gems (de)	сарна (ж)	['sarna]
everzwijn (het)	дзік (м)	[dʑik]
walvis (de)	кіт (м)	[kit]
rob (de)	цюлень (м)	[tsy'lɛɲ]
walrus (de)	морж (м)	[mɔrʃ]
zeehond (de)	коцік (м)	['kɔtsik]
dolfijn (de)	дэльфін (м)	[dɛʎ'fin]
beer (de)	мядзведзь (м)	[mʲadʑ'wɛts]
IJsbeer (de)	белы мядзведзь (м)	['bɛlɪ mʲadʑʲ'wɛts]
panda (de)	панда (ж)	['panda]
aap (de)	малпа (ж)	['malpa]
chimpansee (de)	шымпанзэ (м)	[ʃɪmpan'zɛ]
orang-oetan (de)	арангутанг (м)	[araɲu'tanh]
gorilla (de)	гарыла (ж)	[ɣa'rɪla]
makaak (de)	макака (ж)	[ma'kaka]
gibbon (de)	гібон (м)	[ɣi'bɔn]
olifant (de)	слон (м)	[slɔn]
neushoorn (de)	насарог (м)	[nasa'rɔh]
giraffe (de)	жырафа (ж)	[ʒɪ'rafa]
nijlpaard (het)	бегемот (м)	[bɛɣɛ'mɔt]
kangoeroe (de)	кенгуру (м)	[kɛɲu'ru]
koala (de)	каала (ж)	[ka'ala]
mangoest (de)	мангуст (м)	[ma'ŋust]
chinchilla (de)	шыншыла (ж)	[ʃɪn'ʃɪla]
stinkdier (het)	скунс (м)	[skuns]
stekelvarken (het)	дзікабраз (м)	[dʑikab'ras]

212. Huisdieren

poes (de)	кошка (ж)	['kɔʃka]
kater (de)	кот (м)	[kɔt]
hond (de)	сабака (м)	[sa'baka]

paard (het)	конь (м)	[kɔɲ]
hengst (de)	жарабец (м)	[ʒara'bɛts]
merrie (de)	кабыла (ж)	[ka'bɪla]

koe (de)	карова (ж)	[ka'rɔva]
stier (de)	бык (м)	[bɪk]
os (de)	вол (м)	[vɔl]

schaap (het)	авечка (ж)	[a'wɛtʃka]
ram (de)	баран (м)	[ba'ran]
geit (de)	каза (ж)	[ka'za]
bok (de)	казёл (м)	[ka'zɔl]

ezel (de)	асёл (м)	[a'sɔl]
muilezel (de)	мул (м)	[mul]

varken (het)	свіння (ж)	[sʲwi'ɲʲa]
biggetje (het)	парася (н)	[para'sʲa]
konijn (het)	трус (м)	[trus]

kip (de)	курыца (ж)	['kurɪtsa]
haan (de)	певень (м)	['pɛwɛɲ]

eend (de)	качка (ж)	['katʃka]
woerd (de)	качар (м)	['katʃar]
gans (de)	гусь (ж)	[ɣusʲ]

kalkoen haan (de)	індык (м)	[in'dɪk]
kalkoen (de)	індычка (ж)	[in'dɪtʃka]

huisdieren (mv.)	свойская жывёла (ж)	['svɔjskaja ʒɪ'wɔla]
tam (bijv. hamster)	ручны	[rutʃ'nɪ]
temmen (tam maken)	прыручаць	[prɪru'tʃats]
fokken (bijv. paarden ~)	выгадоўваць	[vɪɣa'dɔuvats]

boerderij (de)	ферма (ж)	['fɛrma]
gevogelte (het)	свойская птушка (ж)	['svɔjskaja 'ptuʃka]
rundvee (het)	жывёла (ж)	[ʒɪ'wɔla]
kudde (de)	статак (м)	['statak]

paardenstal (de)	стайня (ж)	['stajɲa]
zwijnenstal (de)	свінарнік (м)	[sʲwi'narnik]
koeienstal (de)	кароўнік (м)	[ka'rɔunik]
konijnenhok (het)	трусятнік (м)	[tru'sʲatnik]
kippenhok (het)	куратнік (м)	[ku'ratnik]

213. Honden. Hondenrassen

hond (de)	сабака (м)	[sa'baka]
herdershond (de)	аўчарка (ж)	[au'tʃarka]
poedel (de)	пудзель (м)	['pudzɛʎ]
teckel (de)	такса (ж)	['taksa]
buldog (de)	бульдог (м)	[buʎ'dɔh]
boxer (de)	баксёр (м)	[bak'sɜr]

mastiff (de)	мастыф (м)	[mas'tıf]
rottweiler (de)	ратвейлер (м)	[rat'wɛjlɛr]
doberman (de)	даберман (м)	[dabɛr'man]

basset (de)	басэт (м)	['basɛt]
bobtail (de)	бабтэйл (м)	[bap'tɛjl]
dalmatiër (de)	далмацінец (м)	[dalma'tsinɛts]
cockerspaniël (de)	кокер-спаніэль (м)	['kɔkɛr spani'ɛʎ]

| newfoundlander (de) | ньюфаўндленд (м) | [ɲjy'faundlɛnt] |
| sint-bernard (de) | сенбернар (м) | [sɛnbɛr'nar] |

poolhond (de)	хаскі (м)	['haski]
chowchow (de)	чау-чау (м)	[ʧau'ʧau]
spits (de)	шпіц (м)	[ʃpits]
mopshond (de)	мопс (м)	[mɔps]

214. Dierengeluiden

geblaf (het)	брэх (м)	[brɛh]
blaffen (ww)	брахаць	[bra'hats]
miauwen (ww)	мяўкаць	['mjaukats]
spinnen (katten)	муркаць	['murkats]

loeien (ov. een koe)	мыкаць	['mıkats]
brullen (stier)	раўці	[rau'tsi]
grommen (ov. de honden)	рыкаць	[rı'kats]

gehuil (het)	выццё (н)	[vı'tsɜ]
huilen (wolf, enz.)	выць	[vıts]
janken (ov. een hond)	скуголіць	[sku'ɣɔlits]

mekkeren (schapen)	бляяць	[bʎa'jats]
knorren (varkens)	рохкаць	['rɔhkats]
gillen (bijv. varken)	вішчаць	[wiʃ'ʧats]

kwaken (kikvorsen)	квакаць	['kvakats]
zoemen (hommel, enz.)	гудзець	[ɣu'dzɛts]
tjirpen (sprinkhanen)	стракатаць	[straka'tats]

215. Jonge dieren

jong (het)	дзіцяня (н)	[dzitsʲa'ɲa]
poesje (het)	кацяня (н)	[katsʲa'ɲa]
muisje (het)	мышаня (н)	[mıʃa'ɲa]
puppy (de)	шчаня (н)	[ʃʧa'ɲa]

jonge haas (de)	зайчаня (н)	[zajʧa'ɲa]
konijntje (het)	трусяня (н)	[trusʲa'ɲa]
wolfje (het)	ваўчаня (н)	[vautʃa'ɲa]
vosje (het)	лісяня (н)	[lisʲa'ɲa]
beertje (het)	медзведзяня (н)	[mɛdzʲwɛdzʲa'ɲa]

leeuwenjong (het)	ільвяня (н)	[iʎvʲaˈɲa]
tijgertje (het)	тыграня (н)	[tɪɣraˈɲa]
olifantenjong (het)	сланяня (н)	[slaɲaˈɲa]

biggetje (het)	парася (н)	[paraˈsʲa]
kalf (het)	цяля (н)	[tsʲaˈʎa]
geitje (het)	казляня (н)	[kazʲʎaˈɲa]
lam (het)	ягня (н)	[jaɣˈɲa]
reekalf (het)	аленяня (н)	[alɛɲaˈɲa]
jonge kameel (de)	верблюдзяня (н)	[wɛrblydzʲaˈɲa]

slangenjong (het)	змеяня (н)	[zʲmɛjaˈɲa]
kikkertje (het)	жабяня (н)	[ʒabʲaˈɲa]

vogeltje (het)	птушаня (н)	[ptuʃaˈɲa]
kuiken (het)	кураня (н)	[kuraˈɲa]
eendje (het)	качаня (н)	[katʃaˈɲa]

216. Vogels

vogel (de)	птушка (ж)	[ˈptuʃka]
duif (de)	голуб (м)	[ˈɣɔlup]
mus (de)	верабей (м)	[wɛraˈbɛj]
koolmees (de)	сініца (ж)	[siˈnitsa]
ekster (de)	сарока (ж)	[saˈrɔka]

raaf (de)	крумкач (м)	[krumˈkatʃ]
kraai (de)	варона (ж)	[vaˈrɔna]
kauw (de)	галка (ж)	[ˈɣalka]
roek (de)	грак (м)	[ˈɣrak]

eend (de)	качка (ж)	[ˈkatʃka]
gans (de)	гусь (ж)	[ɣusʲ]
fazant (de)	фазан (м)	[faˈzan]

arend (de)	арол (м)	[aˈrɔl]
havik (de)	ястраб (м)	[ˈjastrap]
valk (de)	сокал (м)	[ˈsɔkal]
gier (de)	грыф (м)	[ɣrɪf]
condor (de)	кондар (м)	[ˈkɔndar]

zwaan (de)	лебедзь (м)	[ˈlɛbɛts]
kraanvogel (de)	журавель (м)	[ʒuraˈwɛʎ]
ooievaar (de)	бусел (м)	[ˈbusɛl]

papegaai (de)	папугай (м)	[papuˈɣaj]
kolibrie (de)	калібры (м)	[kaˈlibrɪ]
pauw (de)	паўлін (м)	[pauˈlin]

struisvogel (de)	страус (м)	[ˈstraus]
reiger (de)	чапля (ж)	[ˈtʃapʎa]
flamingo (de)	фламінга (м)	[flaˈmiɲa]
pelikaan (de)	пелікан (м)	[pɛliˈkan]
nachtegaal (de)	салавей (м)	[salaˈwɛj]

zwaluw (de)	ласта́ўка (ж)	['lastauka]
lijster (de)	дрозд (м)	[drɔst]
zanglijster (de)	пеўчы дрозд (м)	['pɛutʃɪ 'drɔst]
merel (de)	чо́рны дрозд (м)	['tʃɔrnɪ 'drɔst]

gierzwaluw (de)	стрыж (м)	[strɪʃ]
leeuwerik (de)	жаваранак (м)	['ʒavaranak]
kwartel (de)	перапёлка (ж)	[pɛra'pɔlka]

specht (de)	дзяцел (м)	['dzʲatsɛl]
koekoek (de)	зязю́ля (ж)	[zʲa'zyʎa]
uil (de)	сава́ (ж)	[sa'va]
oehoe (de)	пуга́ч (м)	[pu'ɣatʃ]
auerhoen (het)	глушэ́ц (м)	[ɣlu'ʃɛts]
korhoen (het)	цецярук (м)	[tsɛtsʲa'ruk]
patrijs (de)	курапа́тка (ж)	[kura'patka]

spreeuw (de)	шпак (м)	[ʃpak]
kanarie (de)	канарэ́йка (ж)	[kana'rɛjka]
hazelhoen (het)	рабчык (м)	['raptʃɪk]
vink (de)	зя́блік (м)	['zʲablik]
goudvink (de)	гіль (м)	[ɣiʎ]

meeuw (de)	ча́йка (ж)	['tʃajka]
albatros (de)	альбатро́с (м)	[aʎbat'rɔs]
pinguïn (de)	пінгвін (м)	[piŋ'win]

217. Vogels. Zingen en geluiden

fluiten, zingen (ww)	пець	[pɛts]
schreeuwen (dieren, vogels)	крыча́ць	[krɪ'tʃats]
kraaien (ov. een haan)	кукарэ́каць	[kuka'rɛkats]
kukeleku	кукарэ́ку	[kuka'rɛku]

klokken (hen)	кудахта́ць	[ku'dahtats]
krassen (kraai)	карка́ць	['karkats]
kwaken (eend)	крака́ць	['krakats]
piepen (kuiken)	пішча́ць	[piʃ'tʃats]
tjilpen (bijv. een mus)	цвы́ркаць	['tsvɪrkats]

218. Vis. Zeedieren

brasem (de)	лешч (м)	[lɛʃtʃ]
karper (de)	карп (м)	[karp]
baars (de)	акунь (м)	[a'kuɲ]
meerval (de)	сом (м)	[sɔm]
snoek (de)	шчупа́к (м)	[ʃtʃu'pak]

zalm (de)	ласо́сь (м)	[la'sɔsʲ]
steur (de)	асётр (м)	[a'sɛtr]
haring (de)	селядзе́ц (м)	[sɛʎa'dzɛts]
atlantische zalm (de)	сёмга (ж)	['sɔmɣa]

| makreel (de) | скумбрыя (ж) | ['skumbrɪja] |
| platvis (de) | камбала (ж) | ['kambala] |

snoekbaars (de)	судак (м)	[su'dak]
kabeljauw (de)	траска (ж)	[tras'ka]
tonijn (de)	тунец (м)	[tu'nɛʦ]
forel (de)	стронга (ж)	['strɔŋa]

paling (de)	вугор (м)	[vu'ɣɔr]
sidderrog (de)	электрычны скат (м)	[ɛlɛkt'rɪʧnɪ 'skat]
murene (de)	мурэна (ж)	[mu'rɛna]
piranha (de)	пірання (ж)	[pi'ranja]

haai (de)	акула (ж)	[a'kula]
dolfijn (de)	дэльфін (м)	[dɛʎ'fin]
walvis (de)	кіт (м)	[kit]

krab (de)	краб (м)	[krap]
kwal (de)	медуза (ж)	[mɛ'duza]
octopus (de)	васьміног (м)	[vasʲmi'nɔh]

zeester (de)	марская зорка (ж)	[mars'kaja 'zɔrka]
zee-egel (de)	марскі вожык (м)	[mars'ki 'vɔʒɪk]
zeepaardje (het)	марскі конік (м)	[mars'ki 'kɔnik]

oester (de)	вустрыца (ж)	['vustrɪʦa]
garnaal (de)	крэветка (ж)	[krɛ'wɛtka]
kreeft (de)	амар (м)	[a'mar]
langoest (de)	лангуст (м)	[la'ŋust]

219. Amfibieën. Reptielen

| slang (de) | змяя (ж) | [zʲmʲa'ja] |
| giftig (slang) | ядавіты | [jada'witɪ] |

adder (de)	гадзюка (ж)	[ɣa'dzyka]
cobra (de)	кобра (ж)	['kɔbra]
python (de)	пітон (м)	[pi'tɔn]
boa (de)	удаў (м)	[u'dau]
ringslang (de)	вуж (м)	[vuʃ]
ratelslang (de)	грымучая змяя (ж)	[ɣrɪ'muʧaja zʲmʲa'ja]
anaconda (de)	анаконда (ж)	[ana'kɔnda]

hagedis (de)	яшчарка (ж)	['jaʃʧarka]
leguaan (de)	ігуана (ж)	[iɣu'ana]
varaan (de)	варан (м)	[va'ran]
salamander (de)	саламандра (ж)	[sala'mandra]
kameleon (de)	хамелеон (м)	[hamɛlɛ'ɔn]
schorpioen (de)	скарпіён (м)	[skarpiɔn]

schildpad (de)	чарапаха (ж)	[ʧara'paha]
kikker (de)	жаба (ж)	['ʒaba]
pad (de)	рапуха (ж)	[ra'puha]
krokodil (de)	кракадзіл (м)	[kraka'dzil]

220. Insecten

insect (het)	насякомае (н)	[nasʲaˈkɔmaɛ]
vlinder (de)	матылёк (м)	[matɨˈlɔk]
mier (de)	мурашка (ж)	[muˈraʃka]
vlieg (de)	муха (ж)	[ˈmuha]
mug (de)	камар (м)	[kaˈmar]
kever (de)	жук (м)	[ʒuk]

wesp (de)	аса (ж)	[aˈsa]
bij (de)	пчала (ж)	[ptʃaˈla]
hommel (de)	чмель (м)	[tʃmɛʎ]
horzel (de)	авадзень (м)	[avaˈdzɛɲ]

spin (de)	павук (м)	[paˈvuk]
spinnenweb (het)	павуціна (ж)	[pavuˈtsina]

libel (de)	страказа (ж)	[strakaˈza]
sprinkhaan (de)	конік (м)	[ˈkɔnik]
nachtvlinder (de)	матыль (м)	[maˈtɨʎ]

kakkerlak (de)	таракан (м)	[taraˈkan]
mijt (de)	клешч (м)	[klɛʃtʃ]
vlo (de)	блыха (ж)	[blɨˈha]
kriebelmug (de)	мошка (ж)	[ˈmɔʃka]

treksprinkhaan (de)	саранча (ж)	[saranˈtʃa]
slak (de)	слімак (м)	[sʲliˈmak]
krekel (de)	цвыркун (м)	[tsvɨrˈkun]
glimworm (de)	светлячок (м)	[sʲwɛtʎaˈtʃɔk]
lieveheersbeestje (het)	божая кароўка (ж)	[ˈbɔʒaja kaˈrɔuka]
meikever (de)	хрушч (м)	[hruʃtʃ]

bloedzuiger (de)	п'яўка (ж)	[ˈpʰjauka]
rups (de)	вусень (м)	[ˈvusɛɲ]
aardworm (de)	чарвяк (м)	[tʃarˈvʲak]
larve (de)	чарвяк (м)	[tʃarˈvʲak]

221. Dieren. Lichaamsdelen

snavel (de)	дзюба (ж)	[ˈdzyba]
vleugels (mv.)	крылы (н мн)	[ˈkrɨlɨ]
poot (ov. een vogel)	лапа (ж)	[ˈlapa]
verenkleed (het)	апярэнне (н)	[apʲaˈrɛɲɛ]
veer (de)	пяро (н)	[pʲaˈrɔ]
kuifje (het)	чубок (м)	[tʃuˈbɔk]

kieuwen (mv.)	жабры (ж мн)	[ˈʒabrɨ]
kuit, dril (de)	ікра (ж)	[ikˈra]
larve (de)	лічынка (ж)	[liˈtʃɨnka]
vin (de)	плаўнік (м)	[plauˈnik]
schubben (mv.)	луска (ж)	[lusˈka]
slagtand (de)	ікол (м)	[iˈkɔl]

poot (bijv. ~ van een kat)	лапа (ж)	['lapa]
muil (de)	пыса (ж)	['pısa]
bek (mond van dieren)	пашча (ж)	['paʃtʃa]
staart (de)	хвост (м)	[hvɔst]
snorharen (mv.)	вусы (м мн)	['vusı]

| hoef (de) | капыт (м) | [ka'pıt] |
| hoorn (de) | рог (м) | [rɔh] |

schild (schildpad, enz.)	панцыр (м)	['pantsır]
schelp (de)	ракавінка (ж)	['rakawiŋka]
eierschaal (de)	шкарлупіна (ж)	[ʃkarlu'pina]

| vacht (de) | шэрсць (ж) | [ʃɛrsʲts] |
| huid (de) | шкура (ж) | ['ʃkura] |

222. Acties van de dieren

vliegen (ww)	лятаць	[ʎa'tats]
cirkelen (vogel)	кружыць	[kru'ʒıts]
wegvliegen (ww)	паляцець	[paʎa'tsɛts]
klapwieken (ww)	махаць	[ma'hats]

pikken (vogels)	дзяўбці	[dzʲaup'tsi]
broeden (de eend zit te ~)	выседжваць яйкі	[vı'sɛdʒvats 'jajki]
uitbroeden (ww)	вылуплівацца	[vı'luplivatsa]
een nest bouwen	віць	[wits]

kruipen (ww)	поўзаць	['pouzats]
steken (bij)	джаліць	['dʒalits]
bijten (de hond, enz.)	кусаць	[ku'sats]

snuffelen (ov. de dieren)	нюхаць	['nyhats]
blaffen (ww)	брахаць	[bra'hats]
sissen (slang)	сыкаць	['sıkats]
doen schrikken (ww)	палохаць	[pa'lohats]
aanvallen (ww)	нападаць	[napa'dats]

knagen (ww)	грызці	['ɣrısʲtsi]
schrammen (ww)	драпаць	['drapats]
zich verbergen (ww)	хавацца	[ha'vatsa]

spelen (ww)	гуляць	[ɣu'ʎats]
jagen (ww)	паляваць	[paʎa'vats]
winterslapen	быць у спячцы	['bıts u 'sʲpʲatsı]
uitsterven (dinosauriërs, enz.)	вымерці	['vımɛrtsi]

223. Dieren. Leefomgevingen

leefgebied (het)	асяроддзе (н) пражыванння	[asʲa'rɔddzɛ praʒı'vanʲja]
migratie (de)	міграцыя (ж)	[miɣ'ratsıja]
berg (de)	гара (ж)	[ɣa'ra]

| rif (het) | рыф (м) | [rɪf] |
| klip (de) | скала (ж) | [ska'la] |

bos (het)	лес (м)	[lɛs]
jungle (de)	джунглі (мн)	['dʒuɲli]
savanne (de)	саванна (ж)	[sa'vaŋa]
toendra (de)	тундра (ж)	['tundra]

steppe (de)	стэп (м)	[stɛp]
woestijn (de)	пустыня (ж)	[pus'tɪɲa]
oase (de)	аазіс (м)	[a'azis]

zee (de)	мора (н)	['mɔra]
meer (het)	возера (н)	['vɔzɛra]
oceaan (de)	акіян (м)	[aki'jan]

moeras (het)	балота (н)	[ba'lɔta]
zoetwater- (abn)	прэснаводны	[prɛsna'vɔdnɪ]
vijver (de)	сажалка (ж)	['saʒalka]
rivier (de)	рака (ж)	[ra'ka]

berenhol (het)	бярлог (м)	[bʲar'lɔh]
nest (het)	гняздо (н)	[ɣɲaz'dɔ]
boom holte (de)	дупло (н)	[dup'lɔ]
hol (het)	нара (ж)	[na'ra]
mierenhoop (de)	мурашнік (м)	[mu'raʃnik]

224. Dierverzorging

| dierentuin (de) | заапарк (м) | [za:'park] |
| natuurreservaat (het) | запаведнік (м) | [zapa'wɛdnik] |

fokkerij (de)	гадавальнік (м)	[ɣada'vaʎnik]
openluchtkooi (de)	вальера (ж)	[va'ʎjɛra]
kooi (de)	клетка (ж)	['klɛtka]
hondenhok (het)	будка (ж)	['butka]

duiventil (de)	галубятня (ж)	[ɣalu'bʲatɲa]
aquarium (het)	акварыум (м)	[ak'varɪum]
dolfinarium (het)	дэльфінарый (м)	[dɛʎfi'narɪj]

fokken (bijv. honden ~)	разгадоўваць	[razɣa'dɔuvats]
nakomelingen (mv.)	патомства (н)	[pa'tɔmstva]
temmen (tam maken)	прыручаць	[prɪru'tʃats]

voeding (de)	корм (м)	[kɔrm]
voederen (ww)	карміць	[kar'mits]
dresseren (ww)	дрэсіраваць	[drɛsira'vats]

dierenwinkel (de)	заакрама (ж)	[za:k'rama]
muilkorf (de)	наморднік (м)	[na'mɔrdnik]
halsband (de)	ашыйнік (м)	[a'ʃɪjnik]
naam (ov. een dier)	мянушка (ж)	[mʲa'nuʃka]
stamboom (honden met ~)	радаслоўная (ж)	[radas'lɔunaja]

225. Dieren. Diversen

meute (wolven)	зграя (ж)	['zɣraja]
zwerm (vogels)	чарада (ж)	[tʃaraˈda]
school (vissen)	чарада (ж)	[tʃaraˈda]
kudde (wilde paarden)	табун (м)	[taˈbun]
mannetje (het)	самец (м)	[saˈmɛts]
vrouwtje (het)	самка (ж)	['samka]
hongerig (bn)	галодны	[ɣaˈlɔdnɪ]
wild (bn)	дзікі	['dʑiki]
gevaarlijk (bn)	небяспечны	[nɛbʲasʲˈpɛtʃnɪ]

226. Paarden

paard (het)	конь (м)	[kɔɲ]
ras (het)	парода (ж)	[paˈrɔda]
veulen (het)	жарабя (н)	[ʒaraˈbʲa]
merrie (de)	кабыла (ж)	[kaˈbɪla]
mustang (de)	мустанг (м)	[musˈtanh]
pony (de)	поні (м)	['pɔni]
koudbloed (de)	цяжкавоз (м)	[tsʲaʃkaˈvɔs]
manen (mv.)	грыва (ж)	['ɣrɪva]
staart (de)	хвост (м)	[hvɔst]
hoef (de)	капыт (м)	[kaˈpɪt]
hoefijzer (het)	падкова (ж)	[patˈkɔva]
beslaan (ww)	падкаваць	[patkaˈvats]
paardensmid (de)	каваль (м)	[kaˈvaʎ]
zadel (het)	сядло (н)	[sʲadˈlɔ]
stijgbeugel (de)	стрэмя (н)	['strɛmʲa]
breidel (de)	аброць (ж)	[abˈrɔts]
leidsels (mv.)	лейцы (мн)	['lɛjtsɪ]
zweep (de)	нагайка (ж)	[naˈɣajka]
ruiter (de)	коннік (м)	['kɔɲik]
inrijden (ww)	аб'язджаць	[abʰjaʒˈdʒats]
zadelen (ww)	асядлаць	[asʲadˈlats]
een paard bestijgen	сесці ў сядло	['sɛsʲtsi u sʲadˈlɔ]
galop (de)	галоп (м)	[ɣaˈlɔp]
galopperen (ww)	скакаць галопам	[skaˈkadzʲ ɣaˈlɔpam]
draf (de)	рысь (ж)	[rɪsʲ]
in draf (bw)	рыссю	['rɪssy]
renpaard (het)	скакавы конь (м)	[skaˈvɪ ˈkɔɲ]
paardenrace (de)	скачкі (ж мн)	['skatʃki]
paardenstal (de)	стайня (ж)	['stajɲa]

voederen (ww)	карміць	[kar'mits]
hooi (het)	сена (н)	['sɛna]
water geven (ww)	паіць	[pa'its]
wassen (paard ~)	чысціць	['tʃɪsʲtsits]
kluisteren (met hobbles)	стрыножыць	[strɪ'nɔʒits]

grazen (gras eten)	пасвіцца	['pasʲwitsa]
hinniken (ww)	іржаць	[ir'ʒats]
een trap geven	брыкнуць	[brɪk'nuts]

Flora

227. Bomen

boom (de)	дрэва (н)	['drɛva]
loof- (abn)	лiставое	[lista'vɔɛ]
dennen- (abn)	хвойнае	['hvɔjnaɛ]
groenblijvend (bn)	вечназялёнае	[wɛʧnazʲaʹlɜnaɛ]

appelboom (de)	яблыня (ж)	['jablɪɲa]
perenboom (de)	груша (ж)	['ɣruʃa]
zoete kers (de)	чарэшня (ж)	[ʧaʹrɛʃɲa]
zure kers (de)	вiшня (ж)	['wiʃɲa]
pruimelaar (de)	слiва (ж)	['sʲliva]

berk (de)	бяроза (ж)	[bʲaʹrɔza]
eik (de)	дуб (м)	[dup]
linde (de)	лiпa (ж)	['lipa]
esp (de)	асiна (ж)	[a'sina]
esdoorn (de)	клён (м)	['klɜn]

spar (de)	елка (ж)	['ɛlka]
den (de)	сасна (ж)	[sas'na]
lariks (de)	лiстоўнiца (ж)	[lis'tɔunitsa]
zilverspar (de)	пiхта (ж)	['pihta]
ceder (de)	кедр (м)	[kɛdr]

populier (de)	таполя (ж)	[ta'poʎa]
lijsterbes (de)	рабiна (ж)	[ra'bina]
wilg (de)	вярба (ж)	[vʲar'ba]
els (de)	вольха (ж)	['vɔʎha]
beuk (de)	бук (м)	[buk]
iep (de)	вяз (м)	[vʲas]
es (de)	ясень (м)	['jasɛɲ]
kastanje (de)	каштан (м)	[kaʃ'tan]

magnolia (de)	магнолiя (ж)	[maɣ'nɔlija]
palm (de)	пальма (ж)	['paʎma]
cipres (de)	кiпарыс (м)	[kipa'rɪs]
mangrove (de)	мангравае дрэва (н)	['maɲravaɛ 'drɛva]
baobab (apenbroodboom)	баабаб (м)	[ba:'bap]
eucalyptus (de)	эўкалiпт (м)	[ɛuka'lipt]
mammoetboom (de)	секвоя (ж)	[sɛk'vɔja]

228. Heesters

struik (de)	куст (м)	[kust]
heester (de)	хмызняк (м)	[hmɪzʲ'ɲak]

| wijnstok (de) | вінаград (м) | [winaɣ'rat] |
| wijngaard (de) | вінаграднік (м) | [winaɣ'radnik] |

frambozenstruik (de)	маліны (ж мн)	[ma'linɪ]
rode bessenstruik (de)	чырвоныя парэчкі (ж мн)	[tʃɪr'vɔnɪja pa'rɛtʃki]
kruisbessenstruik (de)	агрэст (м)	[aɣ'rɛst]

acacia (de)	акацыя (ж)	[a'katsɪja]
zuurbes (de)	барбарыс (м)	[barba'rɪs]
jasmijn (de)	язмін (м)	[jaz'ʲmin]

jeneverbes (de)	ядловец (м)	[jad'lɔwɛts]
rozenstruik (de)	ружавы куст (м)	['ruʒavɪ kust]
hondsroos (de)	шыпшына (ж)	[ʃɪp'ʃɪna]

229. Champignons

paddenstoel (de)	грыб (м)	[ɣrɪp]
eetbare paddenstoel (de)	ядомы грыб (м)	[ja'dɔmɪ 'ɣrɪp]
giftige paddenstoel (de)	атрутны грыб (м)	[at'rutnɪ 'ɣrɪp]
hoed (de)	шапачка (ж)	['ʃapatʃka]
steel (de)	ножка (ж)	['nɔʃka]

gewoon eekhoorntjesbrood (het)	баравік (м)	[bara'wik]
rosse populierenboleet (de)	падасінавік (м)	[pada'sinawik]
berkenboleet (de)	падбярозавік (м)	[padbʲa'rɔzawik]
cantharel (de)	лісічка (ж)	[li'sitʃka]
russula (de)	сыраежка (ж)	[sɪra'ɛʃka]

morille (de)	смаржок (м)	[smar'ʒɔk]
vliegenzwam (de)	мухамор (м)	[muha'mɔr]
groene knolzwam (de)	паганка (ж)	[pa'ɣaŋka]

230. Vruchten. Bessen

appel (de)	яблык (м)	['ʲjablɪk]
peer (de)	груша (ж)	['ɣruʃa]
pruim (de)	сліва (ж)	['sʲliva]

aardbei (de)	клубніцы (ж мн)	[klub'nitsɪ]
zure kers (de)	вішня (ж)	['wiʃna]
zoete kers (de)	чарэшня (ж)	[tʃa'rɛʃna]
druif (de)	вінаград (м)	[winaɣ'rat]

framboos (de)	маліны (ж мн)	[ma'linɪ]
zwarte bes (de)	чорныя парэчкі (ж мн)	['tʃɔrnɪja pa'rɛtʃki]
rode bes (de)	чырвоныя парэчкі (ж мн)	[tʃɪr'vɔnɪja pa'rɛtʃki]
kruisbes (de)	агрэст (м)	[aɣ'rɛst]
veenbes (de)	журавіны (ж мн)	[ʒura'winɪ]
sinaasappel (de)	апельсін (м)	[apɛʎ'sin]
mandarijn (de)	мандарын (м)	[manda'rɪn]

ananas (de)	ананас (м)	[ana'nas]
banaan (de)	банан (м)	[ba'nan]
dadel (de)	фінік (м)	['finik]

citroen (de)	лімон (м)	[li'mɔn]
abrikoos (de)	абрыкос (м)	[abrɪ'kɔs]
perzik (de)	персік (м)	['pɛrsik]
kiwi (de)	ківі (м)	['kiwi]
grapefruit (de)	грэйпфрут (м)	[ɣrɛjpf'rut]

bes (de)	ягада (ж)	['jaɣada]
bessen (mv.)	ягады (ж мн)	['jaɣadɪ]
vossenbes (de)	брусніцы (ж мн)	[brusʲ'nitsɪ]
bosaardbei (de)	суніцы (ж мн)	[su'nitsɪ]
bosbes (de)	чарніцы (ж мн)	[tʃar'nitsɪ]

231. Bloemen. Planten

bloem (de)	кветка (ж)	['kwɛtka]
boeket (het)	букет (м)	[bu'kɛt]

roos (de)	ружа (ж)	['ruʒa]
tulp (de)	цюльпан (м)	[tsyʎ'pan]
anjer (de)	гваздзік (м)	[ɣvazʲ'dzik]
gladiool (de)	гладыёлус (м)	[ɣladɪɜlus]

korenbloem (de)	валошка (ж)	[va'lɔʃka]
klokje (het)	званочак (м)	[zva'nɔtʃak]
paardenbloem (de)	дзьмухавец (м)	[dzʲmuha'wɛts]
kamille (de)	рамонак (м)	[ra'mɔnak]

aloë (de)	альяс (м)	[a'ʎjas]
cactus (de)	кактус (м)	['kaktus]
ficus (de)	фікус (м)	['fikus]

lelie (de)	лілея (ж)	[li'lɛja]
geranium (de)	герань (ж)	[ɣɛ'raɲ]
hyacint (de)	гіяцынт (м)	[ɣija'tsɪnt]

mimosa (de)	мімоза (ж)	[mi'mɔza]
narcis (de)	нарцыс (м)	[nar'tsɪs]
Oostindische kers (de)	настурка (ж)	[nas'turka]

orchidee (de)	архідэя (ж)	[arhi'dɛja]
pioenroos (de)	півоня (ж)	[pi'vɔɲa]
viooltje (het)	фіялка (ж)	[fi'jalka]

driekleurig viooltje (het)	браткі (мн)	['bratki]
vergeet-mij-nietje (het)	незабудка (ж)	[nɛza'butka]
madeliefje (het)	маргарытка (ж)	[marɣa'rɪtka]

papaver (de)	мак (м)	[mak]
hennep (de)	каноплі (мн)	[ka'nɔpli]
munt (de)	мята (ж)	[ɣʲmʲata]

lelietje-van-dalen (het)	ландыш (м)	['landɪʃ]
sneeuwklokje (het)	падснежнік (м)	[patsʲ'nɛʒnik]
brandnetel (de)	крапіва (ж)	[krapi'va]
veldzuring (de)	шчаўе (н)	['ʃʧauɛ]
waterlelie (de)	гарлачык (м)	[ɣar'latʃɪk]
varen (de)	папараць (ж)	['paparats]
korstmos (het)	лішайнік (м)	[li'ʃajnik]
oranjerie (de)	аранжарэя (ж)	[aranʒa'rɛja]
gazon (het)	газон (м)	[ɣa'zɔn]
bloemperk (het)	клумба (ж)	['klumba]
plant (de)	расліна (ж)	[rasʲ'lina]
gras (het)	трава (ж)	[tra'va]
grasspriet (de)	травінка (ж)	[tra'wiŋka]
blad (het)	ліст (м)	[list]
bloemblad (het)	пялёстак (м)	[pʲa'lɜstak]
stengel (de)	сцябло (н)	[sʲts'abʲlɔ]
knol (de)	клубень (м)	['klubɛɲ]
scheut (de)	расток (м)	[ras'tɔk]
doorn (de)	калючка (ж)	[ka'lytʃka]
bloeien (ww)	цвісці	[tswisʲ'tsi]
verwelken (ww)	вянуць	['vʲanuts]
geur (de)	пах (м)	[pah]
snijden (bijv. bloemen ~)	зразаць	[zra'zats]
plukken (bloemen ~)	сарваць	[sar'vats]

232. Granen, graankorrels

graan (het)	зерне (н)	['zɛrnɛ]
graangewassen (mv.)	зерневыя расліны (ж мн)	['zɛrnɛvɪja rasʲ'linɪ]
aar (de)	колас (м)	['kɔlas]
tarwe (de)	пшаніца (ж)	[pʃa'nitsa]
rogge (de)	жыта (н)	['ʒɪta]
haver (de)	авёс (м)	[a'wɜs]
gierst (de)	проса (н)	['prɔsa]
gerst (de)	ячмень (м)	[jatʃ'mɛɲ]
maïs (de)	кукуруза (ж)	[kuku'ruza]
rijst (de)	рыс (м)	[rɪs]
boekweit (de)	грэчка (ж)	['ɣrɛtʃka]
erwt (de)	гарох (м)	[ɣa'rɔh]
boon (de)	фасоля (ж)	[fa'sɔʎa]
soja (de)	соя (ж)	['sɔja]
linze (de)	сачавіца (ж)	[satʃa'witsa]
bonen (mv.)	боб (м)	[bɔp]

233. Groenten. Groene groenten

groenten (mv.)	гароднiна (ж)	[ɣa'rɔdnina]
verse kruiden (mv.)	зелянiна (ж)	[zɛʎa'nina]
tomaat (de)	памiдор (м)	[pami'dɔr]
augurk (de)	агурок (м)	[aɣu'rɔk]
wortel (de)	морква (ж)	['mɔrkva]
aardappel (de)	бульба (ж)	['buʎba]
ui (de)	цыбуля (ж)	[tsɪ'buʎa]
knoflook (de)	часнок (м)	[ʧas'nɔk]
kool (de)	капуста (ж)	[ka'pusta]
bloemkool (de)	квяцiстая капуста (ж)	[kvʲa'tsistaja ka'pusta]
spruitkool (de)	брусельская капуста (ж)	[bru'sɛʎskaja ka'pusta]
rode biet (de)	бурак (м)	[bu'rak]
aubergine (de)	баклажан (м)	[bakla'ʒan]
courgette (de)	кабачок (м)	[kaba'ʧɔk]
pompoen (de)	гарбуз (м)	[ɣar'bus]
knolraap (de)	рэпа (ж)	['rɛpa]
peterselie (de)	пятрушка (ж)	[pʲat'ruʃka]
dille (de)	кроп (м)	[krɔp]
sla (de)	салата (ж)	[sa'lata]
selderij (de)	сельдэрэй (м)	[sɛʎdɛ'rɛj]
asperge (de)	спаржа (ж)	['sparʒa]
spinazie (de)	шпiнат (м)	[ʃpi'nat]
erwt (de)	гарох (м)	[ɣa'rɔh]
bonen (mv.)	боб (м)	[bɔp]
maïs (de)	кукуруза (ж)	[kuku'ruza]
boon (de)	фасоля (ж)	[fa'sɔʎa]
peper (de)	перац (м)	['pɛrats]
radijs (de)	радыска (ж)	[ra'dɪska]
artisjok (de)	артышок (м)	[artɪ'ʃɔk]

REGIONALE AARDRIJKSKUNDE

Landen. Nationaliteiten

234. West-Europa

Europa (het)	Еўропа	[ɛu'rɔpa]
Europese Unie (de)	Еўрапейскі саюз	[ɛura'pɛjski sa'jus]
Europeaan (de)	еўрапеец (м)	[ɛura'pɛːts]
Europees (bn)	еўрапейскі	[ɛura'pɛjski]
Oostenrijk (het)	Аўстрыя	['austrɪja]
Oostenrijker (de)	аўстрыец (м)	[aust'rɪɛts]
Oostenrijkse (de)	аўстрыйка (ж)	[aust'rɪjka]
Oostenrijks (bn)	аўстрыйскі	[aust'rɪjski]
Groot-Brittannië (het)	Вялікабрытанія	[vʲalikabrɪ'tanija]
Engeland (het)	Англія	['aŋlija]
Engelsman (de)	англічанін (м)	[aŋli'ʧanin]
Engelse (de)	англічанка (ж)	[aŋli'ʧaŋka]
Engels (bn)	англійскі	[aŋ'lijski]
België (het)	Бельгія	['bɛʎɣija]
Belg (de)	бельгіец (м)	[bɛʎ'ɣiɛts]
Belgische (de)	бельгійка (ж)	[bɛʎ'ɣijka]
Belgisch (bn)	бельгійскі	[bɛʎ'ɣijski]
Duitsland (het)	Германія	[ɣɛr'manija]
Duitser (de)	немец (м)	['nɛmɛts]
Duitse (de)	немка (ж)	['nɛmka]
Duits (bn)	нямецкі	[ɲa'mɛtski]
Nederland (het)	Нідэрланды	[nidɛr'landɪ]
Holland (het)	Галандыя	[ɣa'landɪja]
Nederlander (de)	галандзец (м)	[ɣa'landzɛts]
Nederlandse (de)	галандка (ж)	[ɣa'lantka]
Nederlands (bn)	галандскі	[ɣa'lantski]
Griekenland (het)	Грэцыя	['ɣrɛtsɪja]
Griek (de)	грэк (м)	[ɣrɛk]
Griekse (de)	грачанка (ж)	[ɣra'ʧaŋka]
Grieks (bn)	грэчаскі	['ɣrɛʧaski]
Denemarken (het)	Данія	['danija]
Deen (de)	датчанін (м)	[da'ʧanin]
Deense (de)	датчанка (ж)	[da'ʧaŋka]
Deens (bn)	дацкі	['datski]
Ierland (het)	Ірландыя	[ir'landɪja]
Ier (de)	ірландзец (м)	[ir'landzɛts]

| Ierse (de) | ірландка (ж) | [ir'lantka] |
| Iers (bn) | ірландскі | [ir'lantski] |

IJsland (het)	Ісландыя	[is'landıja]
IJslander (de)	ісландзец (м)	[is'landzɛts]
IJslandse (de)	ісландка (ж)	[is'lantka]
IJslands (bn)	ісландскі	[is'lantski]

Spanje (het)	Іспанія	[is'panija]
Spanjaard (de)	іспанец (м)	[is'panɛts]
Spaanse (de)	іспанка (ж)	[is'paŋka]
Spaans (bn)	іспанскі	[is'panski]

Italië (het)	Італія	[i'talija]
Italiaan (de)	італьянец (м)	[ita'ʎjanɛts]
Italiaanse (de)	італьянка (ж)	[ita'ʎjaŋka]
Italiaans (bn)	італьянскі	[ita'ʎjanski]

Cyprus (het)	Кіпр	[kipr]
Cyprioot (de)	кіпрыёт (м)	[kiprıɜt]
Cypriotische (de)	кіпрыётка (ж)	[kiprıɜtka]
Cypriotisch (bn)	кіпрскі	['kiprski]

Malta (het)	Мальта	['maʎta]
Maltees (de)	мальтыец (м)	[maʎ'tıɛts]
Maltese (de)	мальтыйка (ж)	[maʎ'tıjka]
Maltees (bn)	мальтыйскі	[maʎ'tıjski]

Noorwegen (het)	Нарвегія	[nar'wɛɣija]
Noor (de)	нарвежац (м)	[nar'wɛʒats]
Noorse (de)	нарвежка (ж)	[nar'wɛʃka]
Noors (bn)	нарвежскі	[nar'wɛʃski]

Portugal (het)	Партугалія	[partu'ɣalija]
Portugees (de)	партугалец (м)	[partu'ɣalɛts]
Portugese (de)	партугалка (ж)	[partu'ɣalka]
Portugees (bn)	партугальскі	[partu'ɣaʎski]

Finland (het)	Фінляндыя	[fin'ʎandıja]
Fin (de)	фін (м)	[fin]
Finse (de)	фінка (ж)	['fiŋka]
Fins (bn)	фінскі	['finski]

Frankrijk (het)	Францыя	['frantsıja]
Fransman (de)	француз (м)	[fran'tsus]
Française (de)	францужанка (ж)	[fran'tsuʒaŋka]
Frans (bn)	французскі	[fran'tsuski]

Zweden (het)	Швецыя	['ʃwɛtsıja]
Zweed (de)	швед (м)	[ʃwɛt]
Zweedse (de)	шведка (ж)	['ʃwɛtka]
Zweeds (bn)	шведскі	['ʃwɛtski]

Zwitserland (het)	Швейцарыя	[ʃwɛj'tsarıja]
Zwitser (de)	швейцарац (м)	[ʃwɛj'tsarats]
Zwitserse (de)	швейцарка (ж)	[ʃwɛj'tsarka]

Zwitsers (bn)	швейцарскі	[ʃwɛj'tsarski]
Schotland (het)	Шатландыя	[ʃat'landɨja]
Schot (de)	шатландзец (м)	[ʃat'landzɛts]
Schotse (de)	шатландка (ж)	[ʃat'lantka]
Schots (bn)	шатландскі	[ʃat'lantski]

Vaticaanstad (de)	Ватыкан	[vatɨ'kan]
Liechtenstein (het)	Ліхтэнштэйн	[lihtɛnʃ'tɛjn]
Luxemburg (het)	Люксембург	[lyksɛm'burh]
Monaco (het)	Манака	[ma'naka]

235. Centraal- en Oost-Europa

Albanië (het)	Албанія	[al'banija]
Albanees (de)	албанец (м)	[al'banɛts]
Albanese (de)	албанка (ж)	[al'banka]
Albanees (bn)	албанскі	[al'banski]

Bulgarije (het)	Балгарыя	[bal'ɣarɨja]
Bulgaar (de)	балгарын (м)	[bal'ɣarɨn]
Bulgaarse (de)	балгарка (ж)	[bal'ɣarka]
Bulgaars (bn)	балгарскі	[bal'ɣarski]

Hongarije (het)	Венгрыя	['wɛŋrɨja]
Hongaar (de)	венгерац (м)	[wɛ'ŋɛrats]
Hongaarse (de)	венгерка (ж)	[wɛ'ŋɛrka]
Hongaars (bn)	венгерскі	[wɛ'ŋɛrski]

Letland (het)	Латвія	['latwija]
Let (de)	латыш (м)	[la'tɨʃ]
Letse (de)	латышка (ж)	[la'tɨʃka]
Lets (bn)	латышскі	[la'tɨʃski]

Litouwen (het)	Літва	[lit'va]
Litouwer (de)	літовец (м)	[li'towɛts]
Litouwse (de)	літоўка (ж)	[li'tɔuka]
Litouws (bn)	літоўскі	[li'tɔuski]

Polen (het)	Польшча	['pɔʎʧa]
Pool (de)	паляк (м)	[pa'ʎak]
Poolse (de)	полька (ж)	['pɔʎka]
Pools (bn)	польскі	['pɔʎski]

Roemenië (het)	Румынія	[ru'mɨnija]
Roemeen (de)	румын (м)	[ru'mɨn]
Roemeense (de)	румынка (ж)	[ru'mɨnka]
Roemeens (bn)	румынскі	[ru'mɨnski]

Servië (het)	Сербія	['sɛrbija]
Serviër (de)	серб (м)	[sɛrp]
Servische (de)	сербка (ж)	['sɛrpka]
Servisch (bn)	сербскі	['sɛrpski]
Slowakije (het)	Славакія	[sla'vakija]
Slowaak (de)	славак (м)	[sla'vak]

| Slowaakse (de) | славачка (ж) | [sla'vat∫ka] |
| Slowaakse (bn) | славацкі | [sla'vatski] |

Kroatië (het)	Харватыя	[har'vatɪja]
Kroaat (de)	харват (м)	[har'vat]
Kroatische (de)	харватка (ж)	[har'vatka]
Kroatisch (bn)	харвацкі	[har'vatski]

Tsjechië (het)	Чэхія	['t∫ɛhija]
Tsjech (de)	чэх (м)	[t∫ɛh]
Tsjechische (de)	чэшка (ж)	['t∫ɛ∫ka]
Tsjechisch (bn)	чэшскі	['t∫ɛ∫ski]

Estland (het)	Эстонія	[ɛs'tɔnija]
Est (de)	эстонец (м)	[ɛs'tɔnɛts]
Estse (de)	эстонка (ж)	[ɛs'tɔŋka]
Ests (bn)	эстонскі	[ɛs'tɔnski]

Bosnië en Herzegovina (het)	Боснія і Герцагавіна	['bɔsⁱnija i ɣɛrtsaɣa'wina]
Macedonië (het)	Македонія	[makɛ'dɔnija]
Slovenië (het)	Славенія	[sla'wɛnija]
Montenegro (het)	Чарнагорыя	[t∫arna'ɣɔrɪja]

236. Voormalige USSR landen

Azerbeidzjan (het)	Азербайджан	[azɛrbaj'dʒan]
Azerbeidzjaan (de)	азербайджанец (м)	[azɛrbaj'dʒanɛts]
Azerbeidjaanse (de)	азербайджанка (ж)	[azɛrbaj'dʒaŋka]
Azerbeidjaans (bn)	азербайджанскі	[azɛrbaj'dʒanski]

Armenië (het)	Арменія	[ar'mɛnija]
Armeen (de)	армянін (м)	[armⁱa'nin]
Armeense (de)	армянка (ж)	[ar'mⁱaŋka]
Armeens (bn)	армянскі	[ar'mⁱanski]

Wit-Rusland (het)	Беларусь	[bɛla'rusⁱ]
Wit-Rus (de)	беларус (м)	[bɛla'rus]
Wit-Russische (de)	беларуска (ж)	[bɛla'ruska]
Wit-Russisch (bn)	беларускі	[bɛla'ruski]

Georgië (het)	Грузія	['ɣruzija]
Georgiër (de)	грузін (м)	[ɣru'zin]
Georgische (de)	грузінка (ж)	[ɣru'ziŋka]
Georgisch (bn)	грузінскі	[ɣru'zinski]

Kazaxstan (het)	Казахстан	[kazahs'tan]
Kazak (de)	казах (м)	[ka'zah]
Kazakse (de)	казашка (ж)	[ka'za∫ka]
Kazakse (bn)	казахскі	[ka'zahski]

Kirgizië (het)	Кыргызстан	[kɪrɣɪs'tan]
Kirgiziër (de)	кіргіз (м)	[kir'ɣis]
Kirgizische (de)	кіргізка (ж)	[kir'ɣiska]
Kirgizische (bn)	кіргізскі	[kir'ɣiski]

Moldavië (het)	Малдова	[mal'dɔva]
Moldaviër (de)	малдаванін (м)	[malda'vanin]
Moldavische (de)	малдаванка (ж)	[malda'vaŋka]
Moldavisch (bn)	малдаўскі	[mal'dauski]

Rusland (het)	Расія	[ra'sija]
Rus (de)	рускі (м)	['ruski]
Russin (de)	руская (ж)	['ruskaja]
Russisch (bn)	рускі	['ruski]

Tadzjikistan (het)	Таджыкістан	[tadʒikis'tan]
Tadzjiek (de)	таджык (м)	[ta'dʒik]
Tadzjiekse (de)	таджычка (ж)	[ta'dʒitʃka]
Tadzjieks (bn)	таджыкскі	[ta'dʒikski]

Turkmenistan (het)	Туркменістан	[turkmɛnis'tan]
Turkmeen (de)	туркмен (м)	[turk'mɛn]
Turkmeense (de)	туркменка (ж)	[turk'mɛŋka]
Turkmeens (bn)	туркменскі	[turk'mɛnski]

Oezbekistan (het)	Узбекістан	[uzʲbɛkis'tan]
Oezbeek (de)	узбек (м)	[uzʲ'bɛk]
Oezbeekse (de)	узбечка (ж)	[uzʲ'bɛtʃka]
Oezbeeks (bn)	узбекскі	[uzʲ'bɛkski]

Oekraïne (het)	Украіна	[ukra'ina]
Oekraïner (de)	украінец (м)	[ukra'inɛts]
Oekraïense (de)	украінка (ж)	[ukra'iŋka]
Oekraïens (bn)	украінскі	[ukra'inski]

237. Azië

Azië (het)	Азія	['azija]
Aziatisch (bn)	азіяцкі	[azi'jatski]

Vietnam (het)	В'етнам	[vʰɛt'nam]
Vietnamees (de)	в'етнамец (м)	[vʰɛt'namɛts]
Vietnamese (de)	в'етнамка (ж)	[vʰɛt'namka]
Vietnamees (bn)	в'етнамскі	[vʰɛt'namski]

India (het)	Індыя	['indija]
Indiër (de)	індус (м)	[in'dus]
Indische (de)	індуска (ж)	[in'duska]
Indisch (bn)	індыйскі	[in'dijski]

Israël (het)	Ізраіль	[iz'raiʎ]
Israëliër (de)	ізраільцянін (м)	[izraiʎ'tsʲanin]
Israëlische (de)	ізраільцянка (ж)	[izraiʎ'tsʲaŋka]
Israëlisch (bn)	ізраільскі	[iz'raiʎski]

Jood (etniciteit)	яўрэй (м)	[jau'rɛj]
Jodin (de)	яўрэйка (ж)	[jau'rɛjka]
Joods (bn)	яўрэйскі	[jau'rɛjski]
China (het)	Кітай	[ki'taj]

Chinees (de)	кітаец (м)	[ki'taɛts]
Chinese (de)	кітаянка (ж)	[kita'jaŋka]
Chinees (bn)	кітайскі	[ki'tajski]

Koreaan (de)	карэец (м)	[ka'rɛːts]
Koreaanse (de)	караянка (ж)	[kara'jaŋka]
Koreaans (bn)	карэйскі	[ka'rɛjski]

Libanon (het)	Ліван	[li'van]
Libanees (de)	ліванец (м)	[li'vanɛts]
Libanese (de)	ліванка (ж)	[li'vaŋka]
Libanees (bn)	ліванскі	[li'vanski]

Mongolië (het)	Манголія	[ma'ŋɔlija]
Mongool (de)	мангол (м)	[ma'ŋɔl]
Mongoolse (de)	манголка (ж)	[ma'ŋɔlka]
Mongools (bn)	мангольскі	[ma'ŋɔʎski]

Maleisië (het)	Малайзія	[ma'lajzija]
Maleisiër (de)	малаец (м)	[ma'laɛts]
Maleisische (de)	малайка (ж)	[ma'lajka]
Maleisisch (bn)	малайскі	[ma'lajski]

Pakistan (het)	Пакістан	[pakis'tan]
Pakistaan (de)	пакістанец (м)	[pakis'tanɛts]
Pakistaanse (de)	пакістанка (ж)	[pakis'taŋka]
Pakistaans (bn)	пакістанскі	[pakis'tanski]

Saoedi-Arabië (het)	Саудаўская Аравія	[sa'udauskaja a'rawija]
Arabier (de)	араб (м)	[a'rap]
Arabische (de)	арабка (ж)	[a'rapka]
Arabisch (bn)	арабскі	[a'rapski]

Thailand (het)	Тайланд	[taj'lant]
Thai (de)	таец (м)	['taɛts]
Thaise (de)	тайка (ж)	['tajka]
Thai (bn)	тайскі	['tajski]

Taiwan (het)	Тайвань	[taj'vaɲ]
Taiwanees (de)	тайванец (м)	[taj'vanɛts]
Taiwanese (de)	тайванька (ж)	[taj'vaɲka]
Taiwanees (bn)	тайваньскі	[taj'vaɲski]

Turkije (het)	Турцыя	['turtsija]
Turk (de)	турак (м)	['turak]
Turkse (de)	турчанка (ж)	[tur'ʧaŋka]
Turks (bn)	турэцкі	[tu'rɛtski]

Japan (het)	Японія	[ja'pɔnija]
Japanner (de)	японец (м)	[ja'pɔnɛts]
Japanse (de)	японка (ж)	[ja'pɔŋka]
Japans (bn)	японскі	[ja'pɔnski]

Afghanistan (het)	Афганістан	[afɣanis'tan]
Bangladesh (het)	Бангладэш	[baŋla'dɛʃ]
Indonesië (het)	Інданезія	[inda'nɛzija]

Jordanië (het)	Іарданія	[iar'danija]
Irak (het)	Ірак	[i'rak]
Iran (het)	Іран	[i'ran]
Cambodja (het)	Камбоджа	[kam'bodʒa]
Koeweit (het)	Кувейт	[ku'wɛjt]

Laos (het)	Лаос	[la'ɔs]
Myanmar (het)	М'янма	['mʰjanma]
Nepal (het)	Непал	[nɛ'pal]
Verenigde Arabische	Аб'яднаныя Арабскія	[abʰjad'nanɪja a'rapskija
Emiraten	Эміраты	ɛmi'ratɪ]

Syrië (het)	Сірыя	['sirɪja]
Palestijnse autonomie (de)	Палесцінская аўтаномія	[palɛsʲ'tsinskaja auta'nɔmija]
Zuid-Korea (het)	Паўднёвая Карэя	[paud'nɔvaja ka'rɛja]
Noord-Korea (het)	Паўночная Карэя	[pau'nɔtʃnaja ka'rɛja]

238. Noord-Amerika

Verenigde Staten van Amerika	Злучаныя Штаты Амерыкі	['zlutʃanɪja 'ʃtatɪ amɛrɪki]
Amerikaan (de)	амерыканец (м)	[amɛrɪ'kanɛts]
Amerikaanse (de)	амерыканка (ж)	[amɛrɪ'kaŋka]
Amerikaans (bn)	амерыканскі	[amɛrɪ'kanski]

Canada (het)	Канада	[ka'nada]
Canadees (de)	канадзец (м)	[ka'nadzɛts]
Canadese (de)	канадка (ж)	[ka'natka]
Canadees (bn)	канадскі	[ka'natski]

Mexico (het)	Мексіка	['mɛksika]
Mexicaan (de)	мексіканец (м)	[mɛksi'kanɛts]
Mexicaanse (de)	мексіканка (ж)	[mɛksi'kaŋka]
Mexicaans (bn)	мексіканскі	[mɛksi'kanski]

239. Midden- en Zuid-Amerika

Argentinië (het)	Аргенціна	[arɣɛn'tsina]
Argentijn (de)	аргенцінец (м)	[arɣɛn'tsinɛts]
Argentijnse (de)	аргенцінка (ж)	[arɣɛn'tsiŋka]
Argentijns (bn)	аргенцінскі	[arɣɛn'tsinski]

Brazilië (het)	Бразілія	[bra'zilija]
Braziliaan (de)	бразілец (м)	[bra'zilɛts]
Braziliaanse (de)	бразільянка (ж)	[brazi'ʎjaŋka]
Braziliaans (bn)	бразільскі	[bra'ziʎski]

Colombia (het)	Калумбія	[ka'lumbija]
Colombiaan (de)	калумбіец (м)	[kalum'biɛts]
Colombiaanse (de)	калумбійка (ж)	[kalum'bijka]
Colombiaans (bn)	калумбійскі	[kalum'bijski]
Cuba (het)	Куба	['kuba]

215

Cubaan (de)	кубінец (м)	[ku'binɛts]
Cubaanse (de)	кубінка (ж)	[ku'biŋka]
Cubaans (bn)	кубінскі	[ku'binski]

Chili (het)	Чылі	['ʧɪli]
Chileen (de)	чыліец (м)	[ʧɪ'liɛts]
Chileense (de)	чылійка (ж)	[ʧɪ'lijka]
Chileens (bn)	чылійскі	[ʧɪ'lijski]

Bolivia (het)	Балівія	[ba'liwija]
Venezuela (het)	Венесуэла	[wɛnɛsu'ɛla]
Paraguay (het)	Парагвай	[paraɣ'vaj]
Peru (het)	Перу	[pɛ'ru]
Suriname (het)	Сурынам	[surɪ'nam]
Uruguay (het)	Уругвай	[uruɣ'vaj]
Ecuador (het)	Эквадор	[ɛkva'dɔr]

Bahama's (mv.)	Багамскія астравы	[ba'ɣamskija astra'vɪ]
Haïti (het)	Гаіці	[ɣa'itsi]
Dominicaanse Republiek (de)	Дамініканская Рэспубліка	[damini'kanskaja rɛs'publika]
Panama (het)	Панама	[pa'nama]
Jamaica (het)	Ямайка	[ja'majka]

240. Afrika

Egypte (het)	Егіпет	[ɛ'ɣipɛt]
Egyptenaar (de)	егіпцянін (м)	[ɛɣip'tsʲanin]
Egyptische (de)	егіпцянка (ж)	[ɛɣip'tsʲaŋka]
Egyptisch (bn)	егіпецкі	[ɛ'ɣipɛtski]

Marokko (het)	Марока	[ma'rɔka]
Marokkaan (de)	мараканец (м)	[mara'kanɛts]
Marokkaanse (de)	мараканка (ж)	[mara'kaŋka]
Marokkaans (bn)	мараканскі	[mara'kanski]

Tunesië (het)	Туніс	[tu'nis]
Tunesiër (de)	тунісец (м)	[tu'nisɛts]
Tunesische (de)	туніска (ж)	[tu'niska]
Tunesisch (bn)	туніскі	[tu'niski]

Ghana (het)	Гана	['ɣana]
Zanzibar (het)	Занзібар	[zanzi'bar]
Kenia (het)	Кенія	['kɛnija]
Libië (het)	Лівія	['liwija]
Madagaskar (het)	Мадагаскар	[madaɣas'kar]

Namibië (het)	Намібія	[na'mibija]
Senegal (het)	Сенегал	[sɛnɛ'ɣal]
Tanzania (het)	Танзанія	[tan'zanija]
Zuid-Afrika (het)	Паўднёва-Афрыканская Рэспубліка	[paud'nɔva afrɪ'kanskaja rɛs'publika]

Afrikaan (de)	афрыканец (м)	[afrɪ'kanɛts]
Afrikaanse (de)	афрыканка (ж)	[afrɪ'kaŋka]
Afrikaans (bn)	афрыканскі	[afrɪ'kanski]

241. Australië. Oceanië

Australië (het)	Аўстралія	[aust'ralija]
Australiër (de)	аўстраліец (м)	[austra'liɛts]
Australische (de)	аўстралійка (ж)	[austra'lijka]
Australisch (bn)	аўстралійскі	[austra'lijski]
Nieuw-Zeeland (het)	Новая Зеландыя	['nɔvaja zɛ'landɪja]
Nieuw-Zeelander (de)	новазеландзец (м)	[nɔvazɛ'landzɛts]
Nieuw-Zeelandse (de)	новазеландка (ж)	[nɔvazɛ'lantka]
Nieuw-Zeelands (bn)	новазеландскі	[nɔvazɛ'lantski]
Tasmanië (het)	Тасманія	[tas'manija]
Frans-Polynesië	Французская Палінезія	[fran'tsuskaja pali'nɛzija]

242. Steden

Amsterdam	Амстэрдам	[amstɛr'dam]
Ankara	Анкара	[aŋka'ra]
Athene	Афіны	[a'finɪ]
Bagdad	Багдад	[baɣ'dat]
Bangkok	Бангкок	[banh'kɔk]
Barcelona	Барселона	[barsɛ'lɔna]
Beiroet	Бейрут	[bɛj'rut]
Berlijn	Берлін	[bɛr'lin]
Boedapest	Будапешт	[buda'pɛʃt]
Boekarest	Бухарэст	[buha'rɛst]
Bombay, Mumbai	Бамбей	[bam'bɛj]
Bonn	Бон	[bɔn]
Bordeaux	Бардо	[bar'dɔ]
Bratislava	Браціслава	[bratsis'lava]
Brussel	Брусель	[bru'sɛʎ]
Caïro	Каір	[ka'ir]
Calcutta	Калькута	[kaʎ'kuta]
Chicago	Чыкага	[tʃɪ'kaɣa]
Dar Es Salaam	Дар-эс-Салам	[darɛssa'lam]
Delhi	Дэлі	['dɛli]
Den Haag	Гаага	[ɣa'aɣa]
Dubai	Дубай	[du'baj]
Dublin	Дублін	['dublin]
Düsseldorf	Дзюсельдорф	[dzysɛʎ'dɔrf]
Florence	Фларэнцыя	[fla'rɛntsɪja]
Frankfort	Франкфурт	['fraŋkfurt]
Genève	Жэнева	[ʒɛ'nɛva]
Hamburg	Гамбург	['ɣamburh]
Hanoi	Ханой	[ha'nɔj]
Havana	Гавана	[ɣa'vana]
Helsinki	Хельсінкі	['hɛʎsiŋki]

Hiroshima	Хірасіма	[hira'sima]
Hongkong	Ганконг	[ɣa'ŋkɔnh]
Istanbul	Стамбул	[stam'bul]
Jeruzalem	Іерусалім	[iɛrusa'lim]
Kiev	Кіеў	['kiɛu]

Kopenhagen	Капенгаген	[kapɛ'ŋaɣɛn]
Kuala Lumpur	Куала-Лумпур	[ku'ala lum'pur]
Lissabon	Лісабон	[lisa'bɔn]
Londen	Лондан	['lɔndan]
Los Angeles	Лос-Анжэлес	[lɔ'sanʒɛlɛs]

Lyon	Ліён	[liɔn]
Madrid	Мадрыд	[mad'rɪt]
Marseille	Марсэль	[mar'sɛʎ]
Mexico-Stad	Мехіка	['mɛhika]
Miami	Маямі	[ma'jami]

Montreal	Манрэаль	[manrɛ'aʎ]
Moskou	Масква	[mask'va]
München	Мюнхен	['mynhɛn]
Nairobi	Найробі	[naj'rɔbi]
Napels	Неапаль	[nɛ'apaʎ]

New York	Нью-Йорк	[ɲjyɜrk]
Nice	Ніца	['nitsa]
Oslo	Осла	['ɔsla]
Ottawa	Атава	[a'tava]
Parijs	Парыж	[pa'rɪʃ]

Peking	Пекін	[pɛ'kin]
Praag	Прага	['praɣa]
Rio de Janeiro	Рыо-дэ-Жанейра	['rɪɔ dɛ ʒa'nɛjra]
Rome	Рым	[rɪm]
Seoel	Сеул	[sɛ'ul]
Singapore	Сінгапур	[siŋa'pur]

Sint-Petersburg	Санкт-Пецярбург	['saŋkt pɛts'ar'burh]
Sjanghai	Шанхай	[ʃan'haj]
Stockholm	Стакгольм	[staɣ'ɣɔʎm]
Sydney	Сіднэй	[sid'nɛj]
Taipei	Тайбэй	[taj'bɛj]
Tokio	Токіо	['tɔkiɔ]

Toronto	Таронта	[ta'rɔnta]
Venetië	Венецыя	[wɛ'nɛtsɪja]
Warschau	Варшава	[var'ʃava]
Washington	Вашынгтон	[vaʃɪnh'tɔn]
Wenen	Вена	['wɛna]

243. Politiek. Overheid. Deel 1

| politiek (de) | палітыка (ж) | [pa'litɪka] |
| politiek (bn) | палітычны | [pali'tɪtʃnɪ] |

politicus (de)	палітык (м)	[pa'litık]
staat (land)	дзяржава (ж)	[dzʲar'ʒava]
burger (de)	грамадзянін (м)	[ɣramadzʲa'nin]
staatsburgerschap (het)	грамадзянства (н)	[ɣrama'dzʲanstva]

| nationaal wapen (het) | герб (м) нацыянальны | ['ɣɛrp naˈtsıjaˈnaʎnı] |
| volkslied (het) | дзяржаўны гімн (м) | [dzʲar'ʒaunı 'ɣimn] |

regering (de)	урад (м)	[u'rat]
staatshoofd (het)	кіраўнік (м) краіны	[kirau'nik kra'inı]
parlement (het)	парламент (м)	[par'lamɛnt]
partij (de)	партыя (ж)	['partıja]

| kapitalisme (het) | капіталізм (м) | [kapita'lizm] |
| kapitalistisch (bn) | капіталістычны | [kapitalis'tıtʃnı] |

| socialisme (het) | сацыялізм (м) | [satsıja'lizm] |
| socialistisch (bn) | сацыялістычны | [satsıjalis'tıtʃnı] |

communisme (het)	камунізм (м)	[kamu'nizm]
communistisch (bn)	камуністычны	[kamunis'tıtʃnı]
communist (de)	камуніст (м)	[kamu'nist]

democratie (de)	дэмакратыя (ж)	[dɛmak'ratıja]
democraat (de)	дэмакрат (м)	[dɛmak'rat]
democratisch (bn)	дэмакратычны	[dɛmakra'tıtʃnı]
democratische partij (de)	дэмакратычная партыя (ж)	[dɛmakra'tıtʃnaja 'partıja]

liberaal (de)	ліберал (м)	[libɛ'ral]
liberaal (bn)	ліберальны	[libɛ'raʎnı]
conservator (de)	кансерватар (м)	[kansɛr'vatar]
conservatief (bn)	кансерватыўны	[kansɛrva'tıunı]

republiek (de)	рэспубліка (ж)	[rɛs'publika]
republikein (de)	рэспубліканец (м)	[rɛspubli'kanɛts]
Republikeinse Partij (de)	рэспубліканская партыя (ж)	[rɛspubli'kanskaja 'partıja]

verkiezing (de)	выбары (мн)	['vıbarı]
kiezen (ww)	выбіраць	[vıbi'rats]
kiezer (de)	выбаршчык (м)	['vıbarʃtʃık]
verkiezingscampagne (de)	выбарчая кампанія (ж)	['vıbartʃaja kam'panija]

stemming (de)	галасаванне (н)	[ɣalasa'vaɲɛ]
stemmen (ww)	галасаваць	[ɣalasa'vats]
stemrecht (het)	права (н) голасу	['prava 'ɣolasu]

kandidaat (de)	кандыдат (м)	[kandı'dat]
zich kandideren	балаціравацца	[bala'tsiravatsa]
campagne (de)	кампанія (ж)	[kam'panija]
oppositie- (abn)	апазіцыйны	[apazi'tsıjnı]
oppositie (de)	апазіцыя (ж)	[apa'zitsıja]

bezoek (het)	візіт (м)	[wi'zit]
officieel bezoek (het)	афіцыйны візіт (м)	[afi'tsıjnı wi'zit]
internationaal (bn)	міжнародны	[miʒna'rɔdnı]

| onderhandelingen (mv.) | перамовы (мн) | [pɛra'mɔvɪ] |
| onderhandelen (ww) | весці перамовы | ['wɛsʲtsi pɛra'mɔvɪ] |

244. Politiek. Overheid. Deel 2

maatschappij (de)	грамадства (н)	[ɣra'matstva]
grondwet (de)	канстытуцыя (ж)	[kanstɪ'tutsɪja]
macht (politieke ~)	улада (ж)	[u'lada]
corruptie (de)	карупцыя (ж)	[ka'ruptsɪja]

| wet (de) | закон (м) | [za'kɔn] |
| wettelijk (bn) | законны | [za'kɔnɪ] |

| rechtvaardigheid (de) | справядлівасць (ж) | [spravʲad'livasʲts] |
| rechtvaardig (bn) | справядлівы | [spravʲad'livɪ] |

comité (het)	камітэт (м)	[kami'tɛt]
wetsvoorstel (het)	законапраект (м)	[zakɔnapra'ɛkt]
begroting (de)	бюджэт (м)	[by'dʒɛt]
beleid (het)	палітыка (ж)	[pa'litɪka]
hervorming (de)	рэформа (ж)	[rɛ'forma]
radicaal (bn)	радыкальны	[radɪ'kaʎnɪ]

macht (vermogen)	моц (ж)	[mɔts]
machtig (bn)	магутны	[ma'ɣutnɪ]
aanhanger (de)	прыхільнік (м)	[prɪ'hiʎnik]
invloed (de)	уплыў (м)	[up'lɪu]

regime (het)	рэжым (м)	[rɛ'ʒɪm]
conflict (het)	канфлікт (м)	[kanf'likt]
samenzwering (de)	змова (ж)	['zmɔva]
provocatie (de)	правакацыя (ж)	[prava'katsɪja]

omverwerpen (ww)	зрынуць	['zrɪnuts]
omverwerping (de)	звяржэнне (н)	[zʲvʲar'ʒɛnɛ]
revolutie (de)	рэвалюцыя (ж)	[rɛva'lʏtsɪja]

| staatsgreep (de) | пераварот (м) | [pɛrava'rɔt] |
| militaire coup (de) | ваенны пераварот (м) | [va'ɛnɪ pɛrava'rɔt] |

crisis (de)	крызіс (м)	['krɪzis]
economische recessie (de)	эканамічны спад (м)	[ɛkana'mitʃnɪ 'spat]
betoger (de)	дэманстрант (м)	[dɛmanst'rant]
betoging (de)	дэманстрацыя (ж)	[dɛmanst'ratsɪja]
krijgswet (de)	ваеннае становішча (н)	[va'ɛnaɛ sta'nɔwiʃtʃa]
militaire basis (de)	база (ж)	['baza]

| stabiliteit (de) | стабільнасць (ж) | [sta'biʎnasʲts] |
| stabiel (bn) | стабільны | [sta'biʎnɪ] |

uitbuiting (de)	эксплуатацыя (ж)	[ɛksplua'tatsɪja]
uitbuiten (ww)	эксплуатаваць	[ɛkspluata'vats]
racisme (het)	расізм (м)	[ra'sizm]
racist (de)	расіст (м)	[ra'sist]

| fascisme (het) | фашызм (м) | [fa'ʃɪzm] |
| fascist (de) | фашыст (м) | [fa'ʃɪst] |

245. Landen. Diversen

vreemdeling (de)	замежнік (м)	[za'mɛʒnik]
buitenlands (bn)	замежны	[za'mɛʒnɪ]
in het buitenland (bw)	за мяжой	[za mʲa'ʒɔj]

emigrant (de)	эмігрант (м)	[ɛmiɣ'rant]
emigratie (de)	эміграцыя (ж)	[ɛmiɣ'ratsɪja]
emigreren (ww)	эмігрыраваць	[ɛmiɣ'rɪravats]

Westen (het)	Захад	['zahat]
Oosten (het)	Усход	[us'hɔt]
Verre Oosten (het)	Далёкі Усход	[da'lɔki us'hɔt]

beschaving (de)	цывілізацыя (ж)	[tsɪwili'zatsɪja]
mensheid (de)	чалавецтва (н)	[tʃala'wɛtstva]
wereld (de)	свет (м)	[sʲwɛt]
vrede (de)	мір (м)	[mir]
wereld- (abn)	сусветны	[susʲ'wɛtnɪ]

vaderland (het)	радзіма (ж)	[ra'dzima]
volk (het)	народ (м)	[na'rɔt]
bevolking (de)	насельніцтва (н)	[na'sɛʎnitstva]
mensen (mv.)	людзі (мн)	['lydzi]
natie (de)	нацыя (ж)	['natsɪja]
generatie (de)	пакаленне (н)	[paka'lɛŋɛ]
gebied (bijv. bezette ~en)	тэрыторыя (ж)	[tɛrɪ'tɔrɪja]
regio, streek (de)	рэгіён (м)	[rɛɣiɔn]
deelstaat (de)	штат (м)	[ʃtat]

traditie (de)	традыцыя (ж)	[tra'dɪtsɪja]
gewoonte (de)	звычай (м)	['zvɪtʃaj]
ecologie (de)	экалогія (ж)	[ɛka'lɔɣija]

Indiaan (de)	індзеец (м)	[in'dzɛ:ts]
zigeuner (de)	цыган (м)	[tsɪ'ɣan]
zigeunerin (de)	цыганка (ж)	[tsɪ'ɣaŋka]
zigeuner- (abn)	цыганскі	[tsɪ'ɣanski]

rijk (het)	імперыя (ж)	[im'pɛrɪja]
kolonie (de)	калонія (ж)	[ka'lɔnija]
slavernij (de)	рабства (н)	['rapstva]
invasie (de)	нашэсце (н)	[na'ʃɛsʲtsɛ]
hongersnood (de)	голад (м)	['ɣɔlat]

246. Grote religieuze groepen. Bekentenissen

| religie (de) | рэлігія (ж) | [rɛ'liɣija] |
| religieus (bn) | рэлігійны | [rɛ'liɣijnɪ] |

geloof (het)	вера (ж)	['wɛra]
geloven (ww)	верыць	['wɛrɪts]
gelovige (de)	вернік (м)	['wɛrnik]

| atheïsme (het) | атэізм (м) | [atɛ'izm] |
| atheïst (de) | атэіст (м) | [atɛ'ist] |

christendom (het)	хрысціянства (н)	[hrɪsˠtsi'janstva]
christen (de)	хрысціянін (м)	[hrɪsˠtsi'janin]
christelijk (bn)	хрысціянскі	[hrɪsˠtsi'janski]

katholicisme (het)	каталіцызм (м)	[katali'tsɪzm]
katholiek (de)	каталік (м)	[kata'lik]
katholiek (bn)	каталіцкі	[kata'litski]

protestantisme (het)	пратэстанцтва (н)	[pratɛs'tantstva]
Protestante Kerk (de)	пратэстанцкая царква (ж)	[pratɛs'tantskaja tsark'va]
protestant (de)	пратэстант (м)	[pratɛs'tant]

orthodoxie (de)	праваслаўе (н)	[pravas'lauɛ]
Orthodoxe Kerk (de)	праваслаўная царква (ж)	[pravas'launaja tsark'va]
orthodox	праваслаўны	[pravas'launɪ]

presbyterianisme (het)	прэсвітэрыянства (н)	[prɛsʲwitɛrɪ'janstva]
Presbyteriaanse Kerk (de)	прэсвітэрыянская царква (ж)	[prɛsʲwitɛrɪ'janskaja tsark'va]
presbyteriaan (de)	прэсвітэрыянін (м)	[prɛsʲwitɛrɪ'janin]
lutheranisme (het)	лютэранская царква (ж)	[lytɛ'ranskaja tsark'va]
lutheraan (de)	лютэранін (м)	[lytɛ'ranin]

| baptisme (het) | баптызм (м) | [bap'tɪzm] |
| baptist (de) | баптыст (м) | [bap'tɪst] |

Anglicaanse Kerk (de)	англіканская царква (ж)	[aŋli'kanskaja tsark'va]
anglicaan (de)	англіканец (м)	[aŋli'kanɛts]
mormonisme (het)	мармонства (н)	[mar'mɔnstva]
mormoon (de)	мармон (м)	[mar'mɔn]

| Jodendom (het) | іудаізм (м) | [iuda'izm] |
| jood (aanhanger van het Jodendom) | іудзей (м) | [iu'dzɛj] |

| boeddhisme (het) | будызм (м) | [bu'dɪzm] |
| boeddhist (de) | будыст (м) | [bu'dɪst] |

| hindoeïsme (het) | індуізм (м) | [indu'izm] |
| hindoe (de) | індуіст (м) | [indu'ist] |

islam (de)	іслам (м)	[is'lam]
islamiet (de)	мусульманін (м)	[musuʎ'manin]
islamitisch (bn)	мусульманскі	[musuʎ'manski]

sjiisme (het)	шыізм (м)	[ʃɪ'izm]
sjiiet (de)	шыіт (м)	[ʃɪ'it]
soennisme (het)	сунізм (м)	[su'nizm]
soenniet (de)	суніт (м)	[su'nit]

247. Religies. Priesters

priester (de)	святар (м)	[sʲvʲaˈtar]
paus (de)	Папа (м) Рымскі	[ˈpapa ˈrɪmski]
monnik (de)	манах (м)	[maˈnah]
non (de)	манашка (ж)	[maˈnaʃka]
pastoor (de)	пастар (м)	[ˈpastar]
abt (de)	абат (м)	[aˈbat]
vicaris (de)	вікарый (м)	[wiˈkarɪj]
bisschop (de)	епіскап (м)	[ɛˈpiskap]
kardinaal (de)	кардынал (м)	[kardɪˈnal]
predikant (de)	прапаведнік (м)	[prapaˈwɛdnik]
preek (de)	пропаведзь (ж)	[ˈprɔpawɛts]
kerkgangers (mv.)	прыхаджане (м мн)	[prɪhaˈdʒanɛ]
gelovige (de)	вернік (м)	[ˈwɛrnik]
atheïst (de)	атэіст (м)	[atɛˈist]

248. Geloof. Christendom. Islam

Adam	Адам	[aˈdam]
Eva	Ева	[ˈɛva]
God (de)	Бог (м)	[bɔh]
Heer (de)	Госпад (м)	[ˈɣɔspat]
Almachtige (de)	Усёмагутны (м)	[usɔmaˈɣutnɪ]
zonde (de)	грэх (м)	[ɣrɛh]
zondigen (ww)	грашыць	[ɣraˈʃɪts]
zondaar (de)	грэшнік (м)	[ˈɣrɛʃnik]
zondares (de)	грэшніца (ж)	[ˈɣrɛʃnitsa]
hel (de)	пекла (н)	[ˈpɛkla]
paradijs (het)	рай (м)	[raj]
Jezus	Ісус	[iˈsus]
Jezus Christus	Ісус Хрыстос	[iˈsus hrɪsˈtɔs]
Heilige Geest (de)	Святы Дух (м)	[sʲvʲaˈtɪ ˈduh]
Verlosser (de)	Збаўца (м)	[ˈzbautsa]
Maagd Maria (de)	Багародзіца (ж)	[baɣaˈrɔdzitsa]
duivel (de)	Д'ябал (м)	[ˈdʰjabal]
duivels (bn)	д'ябальскі	[ˈdʰjabaʎski]
Satan	Сатана (м)	[sataˈna]
satanisch (bn)	сатанінскі	[sataˈninski]
engel (de)	анёл (м)	[aˈnɔl]
beschermengel (de)	анёл-ахоўнік (м)	[aˈnɔl aˈhɔunik]
engelachtig (bn)	анёльскі	[aˈnɔʎski]

apostel (de)	апостал (м)	[a'postal]
aartsengel (de)	архангел (м)	[ar'haŋɛl]
antichrist (de)	антыхрыст (м)	[an'tɪhrɪst]

Kerk (de)	Царква (ж)	[tsark'va]
bijbel (de)	Біблія (ж)	['biblija]
bijbels (bn)	біблейскі	[bib'lɛjski]

Oude Testament (het)	Стары Запавет (м)	[sta'rɪ zapa'wɛt]
Nieuwe Testament (het)	Новы Запавет (м)	['nɔvɪ zapa'wɛt]
evangelie (het)	Евангелле (н)	[ɛ'vaŋɛllɛ]
Heilige Schrift (de)	Святое Пісанне (н)	[sʲvʲa'tɔɛ pi'saŋɛ]
Hemel, Hemelrijk (de)	Царства (н) Нябеснае	['tsarstva ɲa'bɛsnaɛ]

gebod (het)	запаведзь (ж)	['zapawɛts]
profeet (de)	прарок (м)	[pra'rɔk]
profetie (de)	прароцтва (н)	[pra'rɔtstva]

Allah	Алах (м)	[a'lah]
Mohammed	Магамет	[maɣa'mɛt]
Koran (de)	Каран (м)	[ka'ran]

moskee (de)	мячэць (ж)	[mʲa'tʃɛts]
moellah (de)	мула (м)	[mu'la]
gebed (het)	малітва (ж)	[ma'litva]
bidden (ww)	маліцца	[ma'litsa]

pelgrimstocht (de)	паломніцтва (н)	[pa'lɔmnitstva]
pelgrim (de)	паломнік (м)	[pa'lɔmnik]
Mekka	Мека	['mɛka]

kerk (de)	царква (ж)	[tsark'va]
tempel (de)	храм (м)	[hram]
kathedraal (de)	сабор (м)	[sa'bɔr]
gotisch (bn)	гатычны	[ɣa'tɪtʃnɪ]
synagoge (de)	сінагога (ж)	[sina'ɣɔɣa]
moskee (de)	мячэць (ж)	[mʲa'tʃɛts]

kapel (de)	капліца (ж)	[kap'litsa]
abdij (de)	абацтва (н)	[a'batstva]
nonnenklooster (het)	манастыр (м)	[manas'tɪr]
mannenklooster (het)	манастыр (м)	[manas'tɪr]

klok (de)	звон (м)	[zvɔn]
klokkentoren (de)	званіца (ж)	[zva'nitsa]
luiden (klokken)	званіць	[zva'nits]

kruis (het)	крыж (м)	[krɪʃ]
koepel (de)	купал (м)	['kupal]
icoon (de)	абраз (м)	[ab'ras]

ziel (de)	душа (ж)	[du'ʃa]
lot, noodlot (het)	лёс (м)	['lɔs]
kwaad (het)	зло (н)	[zlɔ]
goed (het)	дабро (н)	[dab'rɔ]
vampier (de)	вампір (м)	[vam'pir]

heks (de)	ведзьма (ж)	['wɛʣʲma]
demoon (de)	дэман (м)	['dɛman]
duivel (de)	чорт (м)	[ʧɔrt]
geest (de)	дух (м)	[duh]

| verzoeningsleer (de) | адкупленне (н) | [atkup'lɛɲɛ] |
| vrijkopen (ww) | адкупіць | [atku'pits] |

mis (de)	служба (ж)	['sluʒba]
de mis opdragen	служыць	[slu'ʒits]
biecht (de)	споведзь (ж)	['spowɛts]
biechten (ww)	спавядацца	[spavʲa'datsa]

heilige (de)	святы (м)	[sʲvʲa'ti]
heilig (bn)	свяшчэнны	[sʲvʲaʃ'ʧɛɳi]
wijwater (het)	святая вада (ж)	[sʲvʲa'taja va'da]

ritueel (het)	рытуал (м)	[rɪtu'al]
ritueel (bn)	рытуальны	[rɪtu'aʎnɪ]
offerande (de)	ахвярапрынашэнне (н)	[ahvʲaraprɪna'ʃɛɲɛ]

bijgeloof (het)	забабоны (мн)	[zaba'bɔnɪ]
bijgelovig (bn)	забабонны	[zaba'bɔɳɪ]
hiernamaals (het)	замагільнае жыццё (н)	[zama'ɣiʎnaɛ ʒɪ'tsɜ]
eeuwige leven (het)	вечнае жыццё (н)	['wɛʧnaɛ ʒɪ'tsɜ]

DIVERSEN

249. Diverse nuttige woorden

achtergrond (de)	фон (м)	[fɔn]
balans (de)	баланс (м)	[ba'lans]
basis (de)	база (ж)	['baza]
begin (het)	пачатак (м)	[pa'ʧatak]
beurt (wie is aan de ~?)	чарга (ж)	[ʧar'ɣa]

categorie (de)	катэгорыя (ж)	[katɛ'ɣɔrija]
comfortabel (~ bed, enz.)	зручны	['zruʧnɪ]
compensatie (de)	кампенсацыя (ж)	[kampɛn'satsɪja]
deel (gedeelte)	частка (ж)	['ʧastka]

deeltje (het)	часцінка (ж)	[ʧasʲ'tsiŋka]
ding (object, voorwerp)	рэч (ж)	[rɛʧ]
dringend (bn, urgent)	тэрміновы	[tɛrmi'nɔvɪ]
dringend (bw, met spoed)	тэрмінова	[tɛrmi'nɔva]
effect (het)	эфект (м)	[ɛ'fɛkt]

eigenschap (kwaliteit)	уласцівасць (ж)	[ulasʲ'tsivasʲts]
einde (het)	канец (м)	[ka'nɛts]
element (het)	элемент (м)	[ɛlɛ'mɛnt]
feit (het)	факт (м)	[fakt]
fout (de)	памылка (ж)	[pa'mɪlka]

geheim (het)	таямніца (ж)	[tajam'nitsa]
graad (mate)	ступень (ж)	[stu'pɛɲ]
groei (ontwikkeling)	рост (м)	[rɔst]
hindernis (de)	перашкода (ж)	[pɛraʃ'kɔda]
hinderpaal (de)	перашкода (ж)	[pɛraʃ'kɔda]

hulp (de)	дапамога (ж)	[dapa'mɔɣa]
ideaal (het)	ідэал (м)	[idɛ'al]
inspanning (de)	намаганне (н)	[nama'ɣaɳɛ]
keuze (een grote ~)	выбар (м)	['vɪbar]
labyrint (het)	лабірынт (м)	[labi'rɪnt]

manier (de)	спосаб (м)	['spɔsap]
moment (het)	момант (м)	['mɔmant]
nut (bruikbaarheid)	карысць (ж)	[ka'rɪsʲts]
onderscheid (het)	адрозненне (н)	[ad'rɔzʲnɛɳɛ]

ontwikkeling (de)	развіццё (н)	[razʲwi'tsɜ]
oplossing (de)	рашэнне (н)	[ra'ʃɛɳɛ]
origineel (het)	арыгінал (м)	[arɪɣi'nal]
pauze (de)	паўза (ж)	['pauza]
positie (de)	пазіцыя (ж)	[pa'zitsɪja]
principe (het)	прынцып (м)	['prɪnʧɪp]

probleem (het)	праблема (ж)	[prab'lɛma]
proces (het)	працэс (м)	[pra'tsɛs]
reactie (de)	рэакцыя (ж)	[rɛ'aktsɪja]

reden (om ~ van)	прычына (ж)	[prɪ'tʃɪna]
risico (het)	рызыка (ж)	['rɪzɪka]
samenvallen (het)	супадзенне (н)	[supa'dzeɲɛ]
serie (de)	серыя (ж)	['sɛrɪja]

situatie (de)	сітуацыя (ж)	[situ'atsɪja]
soort (bijv. ~ sport)	від (м)	[wit]
standaard (bn)	стандартны	[stan'dartnɪ]
standaard (de)	стандарт (м)	[stan'dart]
stijl (de)	стыль (м)	[stɪʎ]

stop (korte onderbreking)	перапынак (м)	[pɛra'pɪnak]
systeem (het)	сістэма (ж)	[sis'tɛma]
tabel (bijv. ~ van Mendelejev)	табліца (ж)	[tab'litsa]
tempo (langzaam ~)	тэмп (м)	[tɛmp]
term (medische ~en)	тэрмін (м)	['tɛrmin]

type (soort)	тып (м)	[tɪp]
variant (de)	варыянт (м)	[varɪ'jant]
veelvuldig (bn)	часты	['tʃastɪ]
vergelijking (de)	параўнанне (н)	[parau'naɲɛ]
voorbeeld (het goede ~)	прыклад (м)	['prɪklat]

voortgang (de)	прагрэс (м)	[praɣ'rɛs]
voorwerp (ding)	аб'ект (м)	[abʰ'ɛkt]
vorm (uiterlijke ~)	форма (ж)	['forma]
waarheid (de)	ісціна (ж)	['is'tsina]
zone (de)	зона (ж)	['zona]

250. Beperkende bijwoorden. Bijvoeglijke naamwoorden. Deel 1

accuraat (uurwerk, enz.)	акуратны	[aku'ratnɪ]
achter- (abn)	задні	['zadni]
additioneel (bn)	дадатковы	[dadat'kovɪ]

arm (bijv. ~e landen)	бедны	['bɛdnɪ]
begrijpelijk (bn)	зразумелы	[zrazu'mɛlɪ]
belangrijk (bn)	важны	['vaʒnɪ]
belangrijkst (bn)	найважнейшы	[najvaʒ'nɛjʃɪ]

beleefd (bn)	ветлівы	['wɛtlivɪ]
beperkt (bn)	абмежаваны	[abmɛʒa'vanɪ]
betekenisvol (bn)	значны	['znatʃnɪ]
bijziend (bn)	блізарукі	[bliza'ruki]
binnen- (abn)	унутраны	[u'nutranɪ]

bitter (bn)	горкі	['ɣorki]
blind (bn)	сляпы	[sʲʎa'pɪ]
breed (een ~e straat)	шырокі	[ʃɪ'rɔki]
breekbaar (porselein, glas)	ломкі	['lɔmki]

227

buiten- (abn)	вонкавы	['voŋkavı]
buitenlands (bn)	замежны	[za'mɛʒnı]
burgerlijk (bn)	грамадзянскі	[ɣrama'dzʲanski]
centraal (bn)	цэнтральны	[tsɛnt'raʌnı]
dankbaar (bn)	удзячны	[u'dzʲaʧnı]
dicht (~e mist)	густы	[ɣus'tı]

dicht (bijv. ~e mist)	густы	[ɣus'tı]
dicht (in de ruimte)	блізкі	['bliski]
dichtbij (bn)	блізкі	['bliski]
dichtstbijzijnd (bn)	найбліжэйшы	[najbli'ʒɛjʃı]

diepvries (~product)	замарожаны	[zama'roʒanı]
dik (bijv. muur)	тоўсты	['toustı]
dof (~ licht)	цьмяны	['tsmʲanı]
dom (dwaas)	дурны	[dur'nı]

donker (bijv. ~e kamer)	цёмны	['tsɜmnı]
dood (bn)	мёртвы	['mɜrtvı]
doorzichtig (bn)	празрысты	[praz'rıstı]
droevig (~ blik)	сумны	['sumnı]
droog (bn)	сухі	[su'hi]

dun (persoon)	худы	[hu'dı]
duur (bn)	дарагі	[dara'ɣi]
eender (bn)	аднолькавы	[ad'noʌkavı]
eenvoudig (bn)	лёгкі	['lɜhki]
eenvoudig (bn)	просты	['prostı]

eeuwenoude (~ beschaving)	старажытны	[stara'ʒıtnı]
enorm (bn)	вялізны	[vʲa'liznı]
geboorte- (stad, land)	родны	['rodnı]
gebruind (bn)	загарэлы	[zaɣa'rɛlı]

gelijkend (bn)	падобны	[pa'dobnı]
gelukkig (bn)	шчаслівы	[ʃʧas'livı]
gesloten (bn)	зачыненны	[za'ʧınɛnı]
getaand (bn)	смуглы	['smuɣlı]

gevaarlijk (bn)	небяспечны	[nɛbʲas'pɛʧnı]
gewoon (bn)	звычайны	[zvı'ʧajnı]
gezamenlijk (~ besluit)	сумесны	[su'mɛsnı]
glad (~ oppervlak)	гладкі	['ɣlatki]
glad (~ oppervlak)	роўны	['rounı]

goed (bn)	добры	['dobrı]
goedkoop (bn)	танны	['taŋı]
gratis (bn)	бясплатны	[bʲasp'latnı]
groot (bn)	вялікі	[vʲa'liki]

hard (niet zacht)	цвёрды	['tsvɜrdı]
heel (volledig)	цэлы	['tsɛlı]
heet (bn)	гарачы	[ɣa'raʧı]
hongerig (bn)	галодны	[ɣa'lodnı]
hoofd- (abn)	галоўны	[ɣa'lounı]
hoogste (bn)	найвышэйшы	[najvı'ʃɛjʃı]

| huidig (courant) | цяперашні | [tsʲa'pɛraʃni] |
| jong (bn) | малады | [mala'dɨ] |

juist, correct (bn)	правільны	['prawiʎnɨ]
kalm (bn)	спакойны	[spa'kɔjnɨ]
kinder- (abn)	дзіцячы	[dzi'tsʲatʃɨ]
koel (~ weer)	халаднаваты	[haladna'vatɨ]

kort (kortstondig)	кароткачасовы	[karɔtkatʃa'sovɨ]
kort (niet lang)	кароткі	[ka'rɔtki]
koud (~ water, weer)	халодны	[ha'lɔdnɨ]
kunstmatig (bn)	штучны	['ʃtutʃnɨ]

laatst (bn)	апошні	[a'pɔʃni]
lang (een ~ verhaal)	доўгі	['dɔuɣi]
langdurig (bn)	працяглы	[pra'tsʲaɣlɨ]
lastig (~ probleem)	складаны	[skla'danɨ]

leeg (glas, kamer)	пусты	[pus'tɨ]
lekker (bn)	смачны	['smatʃnɨ]
licht (kleur)	светлы	['sʲwɛtlɨ]
licht (niet veel weegt)	лёгкі	['lɔhki]

linker (bn)	левы	['lɛvɨ]
luid (bijv. ~e stem)	гучны	['ɣutʃnɨ]
mager (bn)	хударлявы	[hudar'ʎavɨ]
mat (bijv. ~ verf)	матавы	['matavɨ]
moe (bn)	стомлены	['stɔmlɛnɨ]

moeilijk (~ besluit)	цяжкі	['tsʲaʃki]
mogelijk (bn)	магчымы	[mah'tʃɨmɨ]
mooi (bn)	прыгожы	[prɨ'ɣɔʒɨ]
mysterieus (bn)	загадкавы	[za'ɣatkavɨ]

naburig (bn)	суседні	[su'sɛdni]
nalatig (bn)	нядбайны	[ɲad'bajnɨ]
nat (~te kleding)	мокры	['mɔkrɨ]
nerveus (bn)	нервовы	[nɛr'vovɨ]
niet groot (bn)	невялікі	[nɛvʲa'liki]

niet moeilijk (bn)	няцяжкі	[ɲa'tsʲaʃki]
nieuw (bn)	новы	['nɔvɨ]
nodig (bn)	патрэбны	[pat'rɛbnɨ]
normaal (bn)	нармальны	[nar'maʎnɨ]

251. Beperkende bijwoorden. Bijvoeglijke naamwoorden. Deel 2

onbegrijpelijk (bn)	незразумелы	[nɛzrazu'mɛlɨ]
onbelangrijk (bn)	нязначны	[ɲaz'natʃnɨ]
onbeweeglijk (bn)	нерухомы	[nɛru'hɔmɨ]
onbewolkt (bn)	бязвоблачны	[bʲaz'vɔblatʃnɨ]
ondergronds (geheim)	падпольны	[pat'pɔʎnɨ]
ondiep (bn)	мелкі	['mɛlki]
onduidelijk (bn)	незразумелы	[nɛzrazu'mɛlɨ]

onervaren (bn)	нявопытны	[ɲa'vɔpɪtnɪ]
onmogelijk (bn)	немагчымы	[nɛmah'tʃɪmɪ]
onontbeerlijk (bn)	неабходны	[nɛap'hɔdnɪ]
onophoudelijk (bn)	бесперапынны	[bɛsʲpɛra'pɪŋɪ]
ontkennend (bn)	адмоўны	[ad'mɔunɪ]
open (bn)	адчынены	[a'tʃɪnɛnɪ]
openbaar (bn)	грамадскі	[ɣra'matski]
origineel (ongewoon)	арыгінальны	[arɪɣi'naʎnɪ]
oud (~ huis)	стары	[sta'rɪ]
overdreven (bn)	празмерны	[prazʲ'mɛrnɪ]
passend (bn)	прыдатны	[prɪ'datnɪ]
permanent (bn)	сталы	['stalɪ]
plat (bijv. ~ scherm)	плоскі	['plɔski]
prachtig (~ paleis, enz.)	прыгожы	[prɪ'ɣɔʒɪ]
precies (bn)	дакладны	[dak'ladnɪ]
prettig (bn)	прыемны	[prɪ'ɛmnɪ]
privé (bn)	прыватны	[prɪ'vatnɪ]
punctueel (bn)	пунктуальны	[puŋktu'aʎnɪ]
rauw (niet gekookt)	сыры	[sɪ'rɪ]
recht (weg, straat)	прамы	[pra'mɪ]
rechter (bn)	правы	['pravɪ]
rijp (fruit)	спелы	['sʲpɛlɪ]
riskant (bn)	рызыкоўны	[rɪzɪ'kɔunɪ]
ruim (een ~ huis)	прасторны	[pras'tɔrnɪ]
rustig (bn)	ціхі	['tsihi]
scherp (bijv. ~ mes)	востры	['vɔstrɪ]
schoon (niet vies)	чысты	['tʃɪstɪ]
slecht (bn)	дрэнны	['drɛŋɪ]
slim (verstandig)	разумны	[ra'zumnɪ]
smal (~le weg)	вузкі	['vuski]
snel (vlug)	хуткі	['hutki]
somber (bn)	цёмны	['tsɜmnɪ]
speciaal (bn)	спецыяльны	[sʲpɛtsɪ'jaʎnɪ]
sterk (bn)	моцны	['mɔtsnɪ]
stevig (bn)	трывалы	[trɪ'valɪ]
straatarm (bn)	бедны	['bɛdnɪ]
teder (liefderijk)	пяшчотны	[pʲaʃ'tʃɔtnɪ]
tegenovergesteld (bn)	супрацьлеглы	[suprats'lɛɣlɪ]
tevreden (bn)	задаволены	[zada'vɔlɛnɪ]
tevreden (klant, enz.)	задаволены	[zada'vɔlɛnɪ]
treurig (bn)	сумны	['sumnɪ]
tweedehands (bn)	ужываны	[uʒɪ'vanɪ]
uitstekend (bn)	выдатны	[vɪ'datnɪ]
uitstekend (bn)	надзвычайны	[nadzvɪ'tʃajnɪ]
uniek (bn)	унікальны	[uni'kaʎnɪ]
veilig (niet gevaarlijk)	бяспечны	[bʲasʲ'pɛtʃnɪ]
ver (in de ruimte)	далёкі	[da'lɜki]

verenigbaar (bn)	сумяшчальны	[sumⁱaʃˈtʃaʎnɪ]
vermoeiend (bn)	стомны	[ˈstɔmnɪ]
verplicht (bn)	абавязковы	[abavⁱasˈkɔvɪ]
vers (~ brood)	свежы	[ˈsⁱwɛʒɪ]

verst (meest afgelegen)	далёкі	[daˈlɜki]
vettig (voedsel)	тлусты	[ˈtlustɪ]
vijandig (bn)	варожы	[vaˈrɔʒɪ]
vloeibaar (bn)	вадкі	[ˈvatki]
vochtig (bn)	вільготны	[wiʎˈɣɔtnɪ]
vol (helemaal gevuld)	поўны	[ˈpɔunɪ]

volgend (~ jaar)	наступны	[nasˈtupnɪ]
voorbij (bn)	мінулы	[miˈnulɪ]
voornaamste (bn)	аснОўны	[asˈnɔunɪ]
vorig (~ jaar)	мінулы	[miˈnulɪ]

vriendelijk (aardig)	мілы	[ˈmilɪ]
vriendelijk (goedhartig)	добры	[ˈdɔbrɪ]
vrij (bn)	вольны	[ˈvɔʎnɪ]
vrolijk (bn)	вясёлы	[vⁱaˈsɜlɪ]
vruchtbaar (~ land)	урадлівы	[uradˈlivɪ]

vuil (niet schoon)	брудны	[ˈbrudnɪ]
waarschijnlijk (bn)	імаверны	[imaˈwɛrnɪ]
warm (bn)	цёплы	[ˈtsɜplɪ]
wettelijk (bn)	законны	[zaˈkɔŋɪ]
zacht (bijv. ~ kussen)	мяккі	[ˈmⁱakki]

zacht (bn)	ціхі	[ˈtsihi]
zeldzaam (bn)	рэдкі	[ˈrɛtki]
ziek (bn)	хворы	[ˈhvɔrɪ]
zoet (~ water)	прэсны	[ˈprɛsnɪ]
zoet (bn)	салодкі	[saˈlɔtki]

zonnig (~e dag)	сонечны	[ˈsɔnɛtʃnɪ]
zorgzaam (bn)	клапатлівы	[klapatˈlivɪ]
zout (de soep is ~)	салёны	[saˈlɜnɪ]
zuur (smaak)	кіслы	[ˈkislɪ]
zwaar (~ voorwerp)	цяжкі	[ˈtsⁱaʃki]

DE 500 BELANGRIJKSTE WERKWOORDEN

252. Werkwoorden A-C

aaien (bijv. een konijn ~)	гладзіць	['ɣladzits]
aanbevelen (ww)	рэкамендаваць	[rɛkamɛnda'vats]
aandringen (ww)	настойваць	[nas'tojvats]
aankomen (ov. de treinen)	прыбываць	[prɪbɪ'vats]

aanleggen (bijv. bij de pier)	прычальваць	[prɪ'ʧaʎvats]
aanraken (met de hand)	дакранацца	[dakra'natsa]
aansteken (kampvuur, enz.)	запаліць	[zapa'lits]
aanstellen (in functie plaatsen)	прызначаць	[prɪzna'ʧats]

aanvallen (mil.)	атакаваць	[ataka'vats]
aanvoelen (gevaar ~)	адчуваць	[atʃu'vats]
aanvoeren (leiden)	узначальваць	[uzna'ʧaʎvats]
aanwijzen (de weg ~)	паказаць	[paka'zats]

aanzetten (computer, enz.)	уключаць	[ukly'ʧats]
ademen (ww)	дыхаць	['dɪhats]
adverteren (ww)	рэкламаваць	[rɛklama'vats]
adviseren (ww)	раіць	['raits]

afdalen (on.ww.)	спускацца	[spus'katsa]
afgunstig zijn (ww)	зайздросціць	[zajzd'rosʲtsits]
afhakken (ww)	адсячы	[atsʲa'ʧɪ]
afhangen van ...	залежаць	[za'lɛʒats]

afluisteren (ww)	падслухоўваць	[patslu'houvats]
afnemen (verwijderen)	здымаць	[zdɪ'mats]
afrukken (ww)	адарваць	[adar'vats]
afslaan (naar rechts ~)	паварочваць	[pava'rotʃvats]

afsnijden (ww)	адразаць	[adra'zats]
afzeggen (ww)	скасаваць	[skasa'vats]
amputeren (ww)	ампутаваць	[amputa'vats]
amuseren (ww)	забаўляць	[zabau'ʎats]

antwoorden (ww)	адказваць	[at'kazvats]
applaudisseren (ww)	апладзіраваць	[apla'dziravats]
aspireren (iets willen worden)	імкнуцца	[imk'nutsa]
assisteren (ww)	асісціраваць	[asisʲ'tsiravats]

bang zijn (ww)	баяцца	[ba'jatsa]
barsten (plafond, enz.)	трэскацца	['trɛskatsa]
bedienen (in restaurant)	абслугоўваць	[apslu'ɣouvats]
bedreigen (bijv. met een pistool)	пагражаць	[paɣra'ʒats]

bedriegen (ww)	падманваць	[pad'manvats]
beduiden (betekenen)	азначаць	[azna'tʃats]
bedwingen (ww)	стрымліваць	['strɪmlivats]
beëindigen (ww)	заканчваць	[za'kantʃvats]
begeleiden (vergezellen)	суправаджаць	[suprava'dʒats]
begieten (water geven)	паліваць	[pali'vats]
beginnen (ww)	пачынаць	[patʃɪ'nats]
begrijpen (ww)	разумець	[razu'mɛts]
behandelen (patiënt, ziekte)	лячыць	[ʎa'tʃɪts]
beheren (managen)	кіраваць	[kira'vats]
beïnvloeden (ww)	уплываць	[uplɪ'vats]
bekennen (misdadiger)	прызнавацца	[prɪzna'vatsa]
beledigen (met scheldwoorden)	абражаць	[abra'ʒats]
beledigen (ww)	крыўдзіць	['krɪudzits]
beloven (ww)	абяцаць	[abʲa'tsats]
beperken (de uitgaven ~)	абмяжоўваць	[abmʲa'ʒouvats]
bereiken (doel ~, enz.)	дасягаць	[dasʲa'ɣats]
bereiken (plaats van bestemming ~)	дасягаць	[dasʲa'ɣats]
beschermen (bijv. de natuur ~)	ахоўваць	[a'houvats]
beschuldigen (ww)	абвінавачваць	[abwina'vatʃvats]
beslissen (~ iets te doen)	вырашаць	[vɪra'ʃats]
besmet worden (met …)	заразіцца	[zara'zitsa]
besmetten (ziekte overbrengen)	заражаць	[zara'ʒats]
bespreken (spreken over)	абмяркоўваць	[abmʲar'kouvats]
bestaan (een ~ voeren)	жыць	[ʒɪts]
bestellen (eten ~)	заказваць	[za'kazvats]
bestraffen (een stout kind ~)	караць	[ka'rats]
betalen (ww)	плаціць	[pla'tsits]
betekenen (beduiden)	значыць	['znatʃɪts]
betreuren (ww)	шкадаваць	[ʃkada'vats]
bevallen (prettig vinden)	падабацца	[pada'batsa]
bevelen (mil.)	загадваць	[za'ɣadvats]
bevredigen (ww)	задавальняць	[zadavaʎ'ɲats]
bevrijden (stad, enz.)	вызваляць	[vɪzva'ʎats]
bewaren (oude brieven, enz.)	захоўваць	[za'houvats]
bewaren (vrede, leven)	захоўваць	[za'houvats]
bewijzen (ww)	даказваць	[da'kazvats]
bewonderen (ww)	захапляцца	[zahap'ʎatsa]
bezitten (ww)	валодаць	[va'lodats]
bezorgd zijn (ww)	непакоіцца	[nɛpa'koitsa]
bezorgd zijn (ww)	хвалявацца	[hvaʎa'vatsa]
bidden (praten met God)	маліцца	[ma'litsa]
bijvoegen (ww)	дадаваць	[dada'vats]

| binden (ww) | звязваць | ['zʲvʲazvats] |
| binnengaan (een kamer ~) | увайсці | [uvajsʲ'tsi] |

blazen (ww)	дзьмуць	[dzʲmuts]
blozen (zich schamen)	чырванець	[tʃɪrva'nɛts]
blussen (brand ~)	тушыць	[tu'ʃɪts]
boos maken (ww)	злаваць	[zla'vats]

boos zijn (ww)	злавацца	[zla'vatsa]
breken	разарвацца	[razar'vatsa]
(on.ww., van een touw)		
breken (speelgoed, enz.)	ламаць	[la'mats]
brengen (iets ergens ~)	прывозіць	[prɪ'vozits]

charmeren (ww)	зачароўваць	[zatʃa'rɔuvats]
citeren (ww)	цытаваць	[tsɪta'vats]
compenseren (ww)	кампенсаваць	[kampɛnsa'vats]
compliceren (ww)	ускладніць	[usklad'nits]

componeren (muziek ~)	напісаць	[napi'sats]
compromitteren (ww)	кампраметаваць	[kampramɛta'vats]
concurreren (ww)	канкурыраваць	[kaŋku'rɪravats]
controleren (ww)	кантраляваць	[kantraʎa'vats]

coöpereren (samenwerken)	супрацоўнічаць	[supra'tsɔunitʃats]
coördineren (ww)	каардынаваць	[ka:rdɪna'vats]
corrigeren (fouten ~)	выпраўляць	[vɪprau'ʎats]
creëren (ww)	стварыць	[stva'rɪts]

253. Werkwoorden D-K

danken (ww)	дзякаваць	['dzʲakavats]
de was doen	мыць	[mɪts]
de weg wijzen	накіроўваць	[naki'rɔuvats]
deelnemen (ww)	удзельнічаць	[u'dzɛʎnitʃats]
delen (wisk.)	дзяліць	[dzʲa'lits]

denken (ww)	думаць	['dumats]
doden (ww)	забіваць	[zabi'vats]
doen (ww)	рабіць	[ra'bits]
dresseren (ww)	дрэсіраваць	[drɛsira'vats]

drinken (ww)	піць	[pits]
drogen (klederen, haar)	сушыць	[su'ʃɪts]
dromen (in de slaap)	сніць сны	['sʲnits 'snɪ]
dromen (over vakantie ~)	марыць	['marɪts]
duiken (ww)	ныраць	[nɪ'rats]

durven (ww)	асмельвацца	[asʲ'mɛʎvatsa]
duwen (ww)	штурхаць	[ʃtur'hats]
een auto besturen	весці машыну	['vɛsʲtsi ma'ʃɪnu]
een bad geven	купаць	[ku'pats]
een bad nemen	мыцца	['mɪtsa]
een conclusie trekken	рабіць выснову	[ra'bits vɪs'novu]

een foto maken (ww)	фатаграфаваць	[fataɣrafa'vats]
eisen (met klem vragen)	патрабаваць	[patraba'vats]
erkennen (schuld)	прызнаваць	[prızna'vats]
erven (ww)	атрымліваць у спадчыну	[at'rımlivats u 'spatʃɪnu]

eten (ww)	есці	['ɛsʲtsi]
excuseren (vergeven)	прабачаць	[praba'tʃats]
existeren (bestaan)	існаваць	[isna'vats]
feliciteren (ww)	віншаваць	[winʃa'vats]
gaan (te voet)	ісці	[isʲ'tsi]

gaan slapen	класціся спаць	['klasʲtsisʲa 'spats]
gaan zitten (ww)	сесці	['sɛsʲtsi]
gaan zwemmen	купацца	[ku'patsa]
garanderen (garantie geven)	гарантаваць	[ɣaranta'vats]

gebruiken (bijv. een potlood ~)	карыстацца	[karıs'tatsa]
gebruiken (woord, uitdrukking)	спажыць	[spa'ʒıts]
geconserveerd zijn (ww)	захавацца	[zaha'vatsa]
gedateerd zijn (ww)	датавацца	[data'vatsa]
gehoorzamen (ww)	падпарадкоўвацца	[patparat'kɔuvatsa]

gelijken (op elkaar lijken)	быць падобным	['bıts pa'dɔbnım]
geloven (vinden)	верыць	['wɛrıts]
genoeg zijn (ww)	хапаць	[ha'pats]
geven (ww)	даваць	[da'vats]
gieten (in een beker ~)	наліваць	[nali'vats]

glimlachen (ww)	усміхацца	[usʲmi'hatsa]
glimmen (glanzen)	свяціцца	[sʲvʲaʲtsitsa]
gluren (ww)	падглядаць	[padɣʎa'dats]
goed raden (ww)	адгадаць	[adɣa'dats]
gooien (een steen, enz.)	кідаць	['kidats]

grappen maken (ww)	жартаваць	[ʒarta'vats]
graven (tunnel, enz.)	капаць	[ka'pats]
haasten (iemand ~)	прыспешваць	[prısʲ'pɛʃvats]
hebben (ww)	мець	[mɛts]
helpen (hulp geven)	дапамагаць	[dapama'ɣats]

herhalen (opnieuw zeggen)	паўтараць	[pauta'rats]
herinneren (ww)	памятаць	['pamʲatats]
herinneren aan ... (afspraak, opdracht)	нагадваць	[na'ɣadvats]
herkennen (identificeren)	пазнаваць	[pazna'vats]
herstellen (repareren)	папраўляць	[paprau'ʎats]

het haar kammen	прычэсвацца	[prı'tʃesvatsa]
hopen (ww)	спадзявацца	[spadzʲa'vatsa]
horen (waarnemen met het oor)	чуць	[tʃuts]
houden van (muziek, enz.)	любіць	[ly'bits]
huilen (wenen)	плакаць	['plakats]
huiveren (ww)	уздрыгваць	[uzd'rıɣvats]

huren (een boot ~)	наймаць	[naj'mats]
huren (huis, kamer)	наймаць	[naj'mats]
huren (personeel)	наймаць	[naj'mats]
imiteren (ww)	імітаваць	[imita'vats]

importeren (ww)	імпартаваць	[imparta'vats]
inenten (vaccineren)	рабіць прышчэпку	[ra'bits prɪʃ'tʃɛpku]
informeren (informatie geven)	інфармаваць	[infarma'vats]
informeren naar ... (navraag doen)	даведвацца	[da'wɛdvatsa]
inlassen (invoegen)	устаўляць	[ustau'ʎats]

inpakken (in papier)	загортваць	[za'ɣɔrtvats]
inspireren (ww)	натхняць	[nath'ɲats]
instemmen (akkoord gaan)	згаджацца	[zɣa'dʒatsa]
interesseren (ww)	цікавіць	[tsi'kawits]

irriteren (ww)	раздражняць	[razdraʒ'ɲats]
isoleren (ww)	ізаляваць	[izaʎa'vats]
jagen (ww)	паляваць	[paʎa'vats]
kalmeren (kalm maken)	супакойваць	[supa'kɔjvats]

kennen (kennis hebben van iemand)	ведаць	['wɛdats]
kennismaken (met ...)	знаёміцца	[znaзmitsa]
kiezen (ww)	выбіраць	[vɪbi'rats]
kijken (ww)	глядзець	[ɣʎa'dzɛts]

klaarmaken (een plan ~)	падрыхтаваць	[padrɪhta'vats]
klaarmaken (het eten ~)	гатаваць	[ɣata'vats]
klagen (ww)	скардзіцца	['skardzitsa]
kloppen (aan een deur)	стукаць	['stukats]

kopen (ww)	купляць	[kup'ʎats]
kopieën maken	размножыць	[razm'nɔʒɪts]
kosten (ww)	каштаваць	[kaʃta'vats]
kunnen (ww)	магчы	[mah'tʃɪ]
kweken (planten ~)	расціць	[rasʲ'tsits]

254. Werkwoorden L-R

lachen (ww)	смяяцца	[sʲmʲaʲa'jatsa]
laden (geweer, kanon)	зараджаць	[zara'dʒats]
laden (vrachtwagen)	грузіць	[ɣru'zits]
laten vallen (ww)	упускаць	[upus'kats]

lenen (geld ~)	пазычаць	[pazɪ'tʃats]
leren (lesgeven)	навучаць	[navu'tʃats]
leven (bijv. in Frankrijk ~)	жыць	[ʒɪts]
lezen (een boek ~)	чытаць	[tʃɪ'tats]

lid worden (ww)	далучацца	[dalu'tʃatsa]
liefhebben (ww)	кахаць	[ka'hats]
liegen (ww)	хлусіць	[hlu'sits]

liggen (op de tafel ~)	ляжаць	[ʎaˈʒats]
liggen (persoon)	ляжаць	[ʎaˈʒats]
lijden (pijn voelen)	пакутаваць	[paˈkutavats]
losbinden (ww)	адвязваць	[adˈvʲazvats]
luisteren (ww)	слухаць	[ˈsluhats]
lunchen (ww)	абедаць	[aˈbɛdats]
markeren (op de kaart, enz.)	адзначыць	[adzˈnatʃɪts]
melden (nieuws ~)	паведамляць	[pawɛdamˈʎats]
memoriseren (ww)	запомніць	[zaˈpɔmnits]
mengen (ww)	змешваць	[ˈzʲmɛʃvats]
mikken op (ww)	цэліцца	[ˈtsɛlitsa]
minachten (ww)	пагарджаць	[paɣarˈdʒats]
moeten (ww)	мусіць	[ˈmusits]
morsen (koffie, enz.)	разліваць	[razˈlʲiˈvats]
naderen (dichterbij komen)	падыходзіць	[padɪˈhɔdzits]
neerlaten (ww)	апускаць	[apusˈkats]
nemen (ww)	браць	[brats]
nodig zijn (ww)	патрабавацца	[patrabaˈvatsa]
noemen (ww)	называць	[nazɪˈvats]
noteren (opschrijven)	пазначыць	[pazˈnatʃɪts]
omhelzen (ww)	абдымаць	[abdɪˈmats]
omkeren (steen, voorwerp)	перавярнуць	[pɛravʲarˈnuts]
onderhandelen (ww)	весці перамовы	[ˈwɛsʲtsi pɛraˈmɔvɪ]
ondernemen (ww)	рабіць захады па ...	[raˈbidzʲ ˈzahadɪ pa]
onderschatten (ww)	недаацэньваць	[nɛda:ˈtsɛɲvats]
onderscheiden (een ereteken geven)	узнагародзіць	[uznaɣaˈrɔdzits]
onderstrepen (ww)	падкрэсліць	[patkˈrɛsʲlits]
ondertekenen (ww)	падпісваць	[patˈpisvats]
onderwijzen (ww)	інструктаваць	[instruktaˈvats]
onderzoeken (alle feiten, enz.)	разгледзець	[razɣˈlɛdzɛts]
ongerust maken (ww)	непакоіць	[nɛpaˈkɔits]
onmisbaar zijn (ww)	патрабавацца	[patrabaˈvatsa]
ontbijten (ww)	снедаць	[ˈsʲnɛdats]
ontdekken (bijv. nieuw land)	адкрываць	[atkrɪˈvats]
ontkennen (ww)	адмаўляць	[admauˈʎats]
ontlopen (gevaar, taak)	пазбягаць	[pazʲbʲaˈɣats]
ontnemen (ww)	пазбаўляць	[pazbauˈʎats]
ontwerpen (machine, enz.)	праектаваць	[praɛktaˈvats]
oorlog voeren (ww)	ваяваць	[vajaˈvats]
op orde brengen	прыводзіць у парадак	[prɪˈvɔdzits u paˈradak]
opbergen (in de kast, enz.)	хаваць	[haˈvats]
opduiken (ov. een duikboot)	усплываць	[usplɪˈvats]
openen (ww)	адчыняць	[atʃɪˈɲats]
ophangen (bijv. gordijnen ~)	вешаць	[ˈwɛʃats]

ophouden (ww)	спыняць	[spɪ'ɲats]
oplossen (een probleem ~)	рашыць	[ra'ʃits]
opmerken (zien)	заўважаць	[zauva'ʒats]

opmerken (zien)	убачыць	[u'batʃits]
opscheppen (ww)	выхваляцца	[vɪhva'ʎatsa]
opschrijven (op een lijst)	упісваць	[u'pisvats]
opschrijven (ww)	запісваць	[za'pisvats]

opstaan (uit je bed)	уставаць	[usta'vats]
opstarten (project, enz.)	запускаць	[zapus'kats]
opstijgen (vliegtuig)	узлятаць	[uzʲʎa'tats]
optreden (resoluut ~)	дзейнічаць	['dzɛjnitʃats]

organiseren (concert, feest)	зладжваць	['zladʒvats]
overdoen (ww)	перарабляць	[pɛrarab'ʎats]
overheersen (dominant zijn)	пераважаць	[pɛrava'ʒats]
overschatten (ww)	пераацэньваць	[pɛra:'tsɛɲvats]

overtuigd worden (ww)	пераконвацца	[pɛra'kɔnvatsa]
overtuigen (ww)	пераконваць	[pɛra'kɔnvats]
passen (jurk, broek)	пасаваць	[pasa'vats]
passeren (~ mooie dorpjes, enz.)	праязджаць	[prajaʒ'dʒats]

peinzen (lang nadenken)	задумацца	[za'dumatsa]
penetreren (ww)	пранікаць	[prani'kats]
plaatsen (ww)	класці	['klasʲtsi]
plaatsen (zetten)	размяшчаць	[razʲmʲaʃ'tʃats]

plannen (ww)	планаваць	[plana'vats]
plezier hebben (ww)	весяліцца	[wɛsʲa'litsa]
plukken (bloemen ~)	рваць	[rvats]
prefereren (verkiezen)	аддаваць перавагу	[adda'vats pɛra'vaɣu]

proberen (trachten)	спрабаваць	[spraba'vats]
proberen (trachten)	паспрабаваць	[paspraba'vats]
protesteren (ww)	пратэставаць	[pratɛsta'vats]
provoceren (uitdagen)	правакаваць	[pravaka'vats]

raadplegen (dokter, enz.)	кансультавацца з ...	[kansuʎta'vatsa z]
rapporteren (ww)	дакладваць	[dak'ladvats]
redden (ww)	ратаваць	[rata'vats]
regelen (conflict)	уладжваць	[u'ladʒvats]

reinigen (schoonmaken)	чысціць	['tʃɪsʲtsits]
rekenen op ...	разлічваць на ...	[razʲ'litʃvats na]
rennen (ww)	бегчы	['bɛhtʃɪ]
reserveren (een hotelkamer ~)	браніраваць	[bra'niravats]

rijden (per auto, enz.)	ехаць	['ɛhats]
rillen (ov. de kou)	дрыжаць	[drɪ'ʒats]
riskeren (ww)	рызыкаваць	[rɪzɪka'vats]
roepen (met je stem)	паклікаць	[pak'likats]
roepen (om hulp)	клікаць	['klikats]

ruiken (bepaalde geur verspreiden)	пахнуць	['pahnuts]
ruiken (rozen)	нюхаць	['nyhats]
rusten (verpozen)	адпачываць	[atpatʃɪ'vats]

255. Verbs S-V

samenstellen, maken (een lijst ~)	складаць	[skla'dats]
schieten (ww)	страляць	[stra'ʎats]
schoonmaken (bijv. schoenen ~)	чысціць	['tʃɪsʲtsits]
schoonmaken (ww)	прыбіраць	[prɪbi'rats]

schrammen (ww)	драпаць	['drapats]
schreeuwen (ww)	крычаць	[krɪ'tʃats]
schrijven (ww)	пісаць	[pi'sats]
schudden (ww)	трэсці	['trɛsʲtsi]

selecteren (ww)	адабраць	[adab'rats]
simplificeren (ww)	спрашчаць	[spraʃ'tʃats]
slaan (een hond ~)	біць	[bits]
sluiten (ww)	зачыняць	[zatʃɪ'ɲats]

smeken (bijv. om hulp ~)	маліць	[ma'lits]
souperen (ww)	вячэраць	[vʲa'tʃɛrats]
spelen (bijv. filmacteur)	іграць	[iɣ'rats]
spelen (kinderen, enz.)	гуляць	[ɣu'ʎats]

spreken met ...	гаварыць з ...	[ɣava'rɪts s]
spuwen (ww)	пляваць	[pʎa'vats]
stelen (ww)	красці	['krasʲtsi]
stemmen (verkiezing)	галасаваць	[ɣalasa'vats]
steunen (een goed doel, enz.)	падтрымаць	[pattrɪ'mats]

stoppen (pauzeren)	спыняцца	[spɪ'ɲatsa]
storen (lastigvallen)	турбаваць	[turba'vats]
strijden (tegen een vijand)	змагацца	[zma'ɣatsa]
strijden (ww)	ваяваць	[vaja'vats]

strijken (met een strijkbout)	прасаваць	[prasa'vats]
studeren (bijv. wiskunde ~)	вывучаць	[vɪvu'tʃats]
sturen (zenden)	адправляць	[atprau'ʎats]
tellen (bijv. geld ~)	лічыць	[li'tʃɪts]

terugkeren (ww)	вяртацца	[vʲar'tatsa]
terugsturen (ww)	адправіць назад	[atp'rawits na'zat]
toebehoren aan ...	належаць	[na'lɛʒats]
toegeven (zwichten)	саступаць	[sastu'pats]

| toenemen (on. ww) | павялічвацца | [pavʲa'litʃvatsa] |
| toespreken (zich tot iemand richten) | звяртацца | [zʲvʲar'tatsa] |

toestaan (goedkeuren)	дазваляць	[dazva'ʎats]
toestaan (ww)	дазваляць	[dazva'ʎats]

toewijden (boek, enz.)	прысвячаць	[prɪsʲvʲa'tʃats]
tonen (uitstallen, laten zien)	паказваць	[pa'kazvats]
trainen (ww)	трэніраваць	[trɛnira'vats]
transformeren (ww)	трансфармаваць	[transfarma'vats]

trekken (touw)	цягнуць	[tsʲaɣ'nuts]
trouwen (ww)	ажаніцца	[aʒa'nitsa]
tussenbeide komen (ww)	умешвацца	[u'mɛʃvatsa]
twijfelen (onzeker zijn)	сумнявацца	[sumɲa'vatsa]

uitdelen (pamfletten ~)	раздаць	[raz'dats]
uitdoen (licht)	тушыць	[tu'ʃɨts]
uitdrukken (opinie, gevoel)	выказаць	['vɪkazats]
uitgaan (om te dineren, enz.)	выйсці	['vɪjsʲtsi]
uitlachen (bespotten)	кпіць	[kpits]

uitnodigen (ww)	запрашаць	[zapra'ʃats]
uitrusten (ww)	абсталёўваць	[apsta'lɜuvats]
uitsluiten (wegsturen)	выключаць	[vɪkly'tʃats]
uitspreken (ww)	вымаўляць	[vɪmau'ʎats]

uittorenen (boven ...)	узвышацца	[uzvɪ'ʃatsa]
uitvaren tegen (ww)	лаяць	['lajats]
uitvinden (machine, enz.)	вынаходзіць	[vɪna'hɔdzits]
uitwissen (ww)	сцерці	['sʲtsɛrtsi]

vangen (ww)	лавіць	[la'wits]
vastbinden aan ...	прывязваць	[prɪ'vʲazvats]
vechten (ww)	біцца	['bitsa]
veranderen (bijv. mening ~)	змяніць	[zʲmʲa'nits]

verbaasd zijn (ww)	здзіўляцца	[zʲdziu'ʎatsa]
verbazen (verwonderen)	здзіўляць	[zʲdziu'ʎats]
verbergen (ww)	хаваць	[ha'vats]
verbieden (ww)	забараняць	[zabara'ɲats]

verblinden (andere chauffeurs)	асляпляць	[asʲʎap'ʎats]
verbouwereerd zijn (ww)	дзівіцца	[dzi'witsa]
verbranden (bijv. papieren ~)	паліць	[pa'lits]
verdedigen (je land ~)	абараняць	[abara'ɲats]

verdenken (ww)	падазраваць	[padazra'vats]
verdienen (een complimentje, enz.)	заслугоўваць	[zaslu'ɣouvats]
verdragen (tandpijn, enz.)	цярпець	[tsʲar'pɛts]
verdrinken (in het water omkomen)	тануць	[ta'nuts]

verdubbelen (ww)	падвойваць	[pad'vɔjvats]
verdwijnen (ww)	знікнуць	['zʲniknuts]
verenigen (ww)	аб'яднойваць	[abʰjad'nɔuvats]
vergelijken (ww)	параўнойваць	[parau'nɔuvats]

vergeten (achterlaten)	пакідаць	[paki'dats]
vergeten (ww)	забываць	[zabɪ'vats]
vergeven (ww)	выбачаць	[vɪba'tʃats]
vergroten (groter maken)	павялічваць	[pavʲa'litʃvats]
verklaren (uitleggen)	тлумачыць	[tlu'matʃɪts]

verklaren (volhouden)	сцвярджаць	[sʲtsvʲar'dʒats]
verklikken (ww)	даносіць	[da'nɔsits]
verkopen (per stuk ~)	прадаваць	[prada'vats]
verlaten (echtgenoot, enz.)	кідаць	['kidats]
verlichten (gebouw, straat)	асвятляць	[asʲvʲatʲʎats]

verlichten (gemakkelijker maken)	палегчыць	[pa'lɛhtʃɪts]
verliefd worden (ww)	закахацца	[zaka'hatsa]
verliezen (bagage, enz.)	губляць	[ɣub'ʎats]
vermelden (praten over)	згадваць	['zɣadvats]

vermenigvuldigen (wisk.)	памнажаць	[pamna'ʒats]
verminderen (ww)	памяншаць	[pamʲan'ʃats]
vermoeid raken (ww)	стамляцца	[stam'ʎatsa]
vermoeien (ww)	стамляць	[stam'ʎats]

256. Verbs V-Z

vernietigen (documenten, enz.)	знішчаць	[zʲniʃ'tʃats]
veronderstellen (ww)	дапускаць	[dapus'kats]
verontwaardigd zijn (ww)	абурацца	[abu'ratsa]
veroordelen (in een rechtszaak)	прысуджаць	[prɪsu'dʒats]

veroorzaken ... (oorzaak zijn van ...)	спрычыніцца да ...	[sprɪ'tʃɪnitsa da]
verplaatsen (ww)	перасоўваць	[pɛra'sɔuvats]
verpletteren (een insect, enz.)	раздушыць	[razdu'ʃɪts]
verplichten (ww)	прымушаць	[prɪmu'ʃats]
verschijnen (bijv. boek)	выйсці	['vijsʲtsi]

verschijnen (in zicht komen)	з'яўляцца	[zjau'ʎatsa]
verschillen (~ van iets anders)	адрознівацца	[ad'rɔzʲnivatsa]
versieren (decoreren)	упрыгожваць	[uprɪ'ɣɔʒvats]
verspreiden (pamfletten, enz.)	распаўсюджваць	[raspau'sydʒvats]

verspreiden (reuk, enz.)	распаўсюджваць	[raspau'sydʒvats]
versterken (positie ~)	умацоўваць	[uma'tsɔuvats]
verstommen (ww)	замоўкнуць	[za'mɔuknuts]
vertalen (ww)	перакладаць	[pɛrakla'dats]
vertellen (verhaal ~)	апавядаць	[apavʲa'dats]
vertrekken (bijv. naar Mexico ~)	ад'язджаць	[adʰjaʒ'dʒats]

vertrouwen (ww)	давяраць	[davʲa'rats]
vervolgen (ww)	працягваць	[pra'tsʲaɣvats]
verwachten (ww)	чакаць	[ʧa'kats]

verwarmen (ww)	награваць	[naɣra'vats]
verwarren (met elkaar ~)	блытаць	['blɪtats]
verwelkomen (ww)	вітаць	[wi'tats]
verwezenlijken (ww)	ажыццяўляць	[aʒɪtsʲau'ʎats]

verwijderen (een obstakel)	ліквідаваць	[likwida'vats]
verwijderen (een vlek ~)	выводзіць	[vɪ'vɔdzits]
verwijten (ww)	папракаць	[papra'kats]
verwisselen (ww)	мяняць	[mʲa'ɲats]
verzoeken (ww)	прасіць	[pra'sits]

verzuimen (school, enz.)	прапускаць	[prapus'kats]
vies worden (ww)	запэцкацца	[za'pɛtskatsa]
vinden (denken)	лічыць	[li'ʧɪts]
vinden (ww)	знаходзіць	[zna'hɔdzits]

vissen (ww)	лавіць рыбу	[la'wits 'rɪbu]
vleien (ww)	ліслівіць	[lisʲ'liwits]
vliegen (vogel, vliegtuig)	лятаць	[ʎa'tats]
voederen (een dier voer geven)	карміць	[kar'mits]

volgen (ww)	накіроўвацца	[naki'rɔuvatsa]
voorstellen (introduceren)	прадстаўляць	[pratsstau'ʎats]
voorstellen (Mag ik jullie ~)	знаёміць	[znaɜmits]
voorstellen (ww)	прапаноўваць	[prapa'nɔuvats]

voorzien (verwachten)	прадбачыць	[prad'batʃɪts]
vorderen (vooruitgaan)	прасоўвацца	[pra'sɔuvatsa]
vormen (samenstellen)	утвараць	[utva'rats]
vullen (glas, fles)	напаўняць	[napau'ɲats]

waarnemen (ww)	назіраць	[nazi'rats]
waarschuwen (ww)	папярэджваць	[papʲa'rɛdʒvats]
wachten (ww)	чакаць	[ʧa'kats]
wassen (ww)	мыць	[mɪts]

weerspreken (ww)	пярэчыць	[pʲa'rɛtʃɪts]
wegdraaien (ww)	адварочвацца	[adva'rɔtʃvatsa]
wegdragen (ww)	выносіць	[vɪ'nɔsits]
wegen (gewicht hebben)	важыць	['vaʒɪts]

wegjagen (ww)	прагнаць	[praɣ'nats]
weglaten (woord, zin)	прапускаць	[prapus'kats]
wegvaren (uit de haven vertrekken)	адчальваць	[a'ʧaʎvats]
weigeren (iemand ~)	адмаўляць	[admau'ʎats]

wekken (ww)	будзіць	[bu'dzits]
wensen (ww)	жадаць	[ʒa'dats]
werken (ww)	працаваць	[pratsa'vats]
weten (ww)	ведаць	['wɛdats]

willen (verlangen)	хацець	[ha'tsɛts]
wisselen (omruilen, iets ~)	абменьвацца	[ab'mɛɲvatsa]
worden (bijv. oud ~)	рабіцца	[ra'bitsa]
worstelen (sport)	бароцца	[ba'rɔtsa]
wreken (ww)	помсціць	['pɔmsˈtsits]

zaaien (zaad strooien)	сеяць	['sɛjats]
zeggen (ww)	сказаць	[ska'zats]
zich baseerd op	грунтавацца	[ɣrunta'vatsa]
zich bevrijden van ... (afhelpen)	пазбаўляцца	[pazbau'ʎatsa]

zich concentreren (ww)	канцэнtravацца	[kantsɛntra'vatsa]
zich ergeren (ww)	раздражняцца	[razdraʒ'ɲatsa]
zich gedragen (ww)	паводзіць сябе	[pa'vɔdzits sʲa'bɛ]
zich haasten (ww)	спяшацца	[sʲpʲa'ʃatsa]
zich herinneren (ww)	прыгадваць	[prɪ'ɣadvats]

zich herstellen (ww)	папраўляцца	[paprau'ʎatsa]
zich indenken (ww)	уяўляць сабе	[ujau'ʎats sa'bɛ]
zich interesseren voor ...	цікавіцца	[tsi'kawitsa]
zich scheren (ww)	галіцца	[ɣa'litsa]

zich trainen (ww)	трэніравацца	[trɛnira'vatsa]
zich verdedigen (ww)	абараняцца	[abara'ɲatsa]
zich vergissen (ww)	памыляцца	[pamɪ'ʎatsa]
zich verontschuldigen	прасіць прабачэння	[pra'sits praba'tʃɛɲja]

zich vervelen (ww)	сумаваць	[suma'vats]
zijn (ww)	быць	[bɪts]

zinspelen (ww)	намякаць	[namʲa'kats]
zitten (ww)	сядзець	[sʲa'dzɛts]
zoeken (ww)	шукаць	[ʃu'kats]
zondigen (ww)	грашыць	[ɣra'ʃɪts]

zuchten (ww)	уздыхнуць	[uzdɪh'nuts]
zwaaien (met de hand)	махаць	[ma'hats]
zwemmen (ww)	плаваць	['plavats]
zwijgen (ww)	маўчаць	[mau'tʃats]